예수의 사상과 활동

만민의 깃발 예수, 그 희망의 메시지

예수의 사상과 활동

만민의 깃발 예수, 그 희망의 메시지

초판 1쇄 발행 2024년 5월 13일

지은이	김행선
펴낸이	윤관백
펴낸곳	선인
등 록	제5-77호(1998.11.4)
주 소	서울시 양천구 남부순환로 48길 1(신월동 163-1) 1층
전 화	02)718-6252/6257
팩 스	02)718-6253
E-mail	suninbook@naver.com

정 가 18,000원
ISBN 979-11-6068-888-7 03230

예수의 사상과 활동

만민의 깃발 예수, 그 희망의 메시지

김행선 지음

 선인

성탄의 기쁨

예수의 탄생은
하나님의 사랑의 증거요
우리에겐 기쁨이다.

우리는
아기 예수의 눈 속에서
빛을 보았고,
아기 예수의 미소에서
구원을 보았다.

우리의 거친 손에 들린
아기 예수는 생명의 떡이다.

전쟁으로 무너진 가자지구,
성탄이 멈춘 베들레헴에도
아기 예수는 평화의 꿈을 가져오고

죄악과 불의함으로 물든 세상에
아기 예수는 정의의 왕으로 오신다.
절망과 고통에 억눌린 자들에게
아기 예수는 희망과 위로로 오신다.

절망의 끝에서 희망을 꿈꾸며
사랑과 평화를 염원하는
이 성탄절에
예수 강림은 분명 기적이다.

책을 펴내며

어머니의 죽음과 저작활동으로 쇠약해진 나의 육신은 겨울의 추위를 끝내 이겨내지 못하고, 심한 독감에 걸리고 말았다. 독감으로 더욱 무너진 육신은 영양주사로도 지탱할 수 없어 내 영혼은 오직 생명의 에너지를 예수(Jesus) 그리스도 그분께 구한다.

뼈아픈 좌절 끝에서 예수의 생명이 내 육신에 힘이 되기를 바라듯이, 그 예수의 생명과 희망의 힘을 본서를 통해 가난과 질병, 그리고 전쟁 등으로 고통받는 사람들에게 전하고자 한다.

예수는 우리의 능력이요, 위로이며, 은총인 그리스도요, 메시아이심을 고백한다.

예수 그리스도의 오심을 기뻐하라!

지극히 높은 곳에는 하나님께 영광이요, 하나님을 바라는 이 땅에는 진정한 기쁨과 평안이 있을지어다. 이때 예수의 오심은 우리의 생명이 되고, 신화의 예수는 역사의 예수로 우리의 삶에 다가와 빛이 된다. 하나님이 자신을 낮추시고, 인간의 몸으로 오심은 우리들에게 놀랍고 경이로운 구원의 기적이다.

이 책을 늘 돌보아 주시고 은총의 빛으로 비추어 주시는 하나님께 바친다. 그리고 어려운 가운데서도 출판에 대한 긍지와 자부심으로 버티고 성장해온 선인문화사의 무궁한 발전과 번영을 진심으로 기도드린다. 또한 필자를 변함없이 아끼고 응원해 주는 가족들과 친구들 및 교인들에게 감사드린다.

2023년 12월 24일 김행선

목차

목차

:

일러두기

- 본서는 필자가 쓴 『동서양 고전의 이해』라는 책에서 「서양사상의 뿌리를 찾아서」라는 부분 중 「예수의 사상과 예수운동」이라는 글을 기본으로 한다.
- 이 작업은 Chat GPT 3.5와 뤼튼 AI 검색을 사용하여 생성되었다.
- 예수에 관한 논저와 목사님들의 설교, 그리고 인터넷이나 유튜브에 올라온 복음서 강의 및 인터넷 사전을 참고하여 보완하고 재구성한 것이다.
- 본서에 인용된 성경은 『성경전서 개역 한글판』(대한성서공회, 1986)과 『성경전서(표준 새 번역 현대어)』(대한성서공회, 1993)과 『톰슨 2 주석성경』(기독지혜사, 1988), 그리고 『Note 여백성경 개역개정』(생명의 말씀사, 2022) 등이다.

:

머리말

나사렛 예수, 혹은 예수 그리스도라 불리는 인물은 20세기 세계 인구의
1/3 이상이 믿는 종교인 기독교의 창시자이다. 그는 의심할 여지없이 세계 역
사상 가장 널리 알려졌고, 가장 큰 영향력을 끼친 인물이다. 오늘날 20억 명
이 자신을 기독교인으로 규정한다. 이러한 사실은 많은 사람이 신과 관계
맺는 방식뿐 아니라, 세상을 살아가는 방식에도 예수를 중심에 두고 있음을
뜻한다. 역사상 어떤 인물도 예수만큼 이 세계를 갈라놓는 문화적 경계를
가로질러 다양한 문화 환경에 광범위하게 뿌리내리지 못했다.[1]

나사렛 예수는 그 존재 자체가 인류 최대의 사건이며, 그가 인류에게
나타난 그 자체가 기적이다. 그는 사람들을 사랑하는 법을 가르쳐 주셨
고, 그렇게 함으로써 삶이 평안해지는 방법을 알려주셨다. 우리가 다시
행복한 꿈을 꿀 수 있게 해 주고, 우리로 하여금 우리의 영혼에 대해 생각

---

1 리처드 보컴 저, 김경민 역, 『예수 생애와 의미』, 비아, 2016, 11-12쪽.

하게끔 해 주었다. 그것이 우리 인생에 일어난 기적이다.[2]

예수의 행적과 메시지들은 『신약성경』에 기록되어 있다. 예수에 대한 초기 교회의 신앙에는 신학적 동기와 전제가 들어 있기 때문에 예수의 진정한 생애를 정확히 파악하기 어렵다. 그의 생애는 짧았고, 그는 어떠한 기록된 말도 남기지 않았다. 그의 삶과 죽음에 대해 씌어진 동시대의 기록도 없다. 따라서 역사적으로 예수를 파악하기 위해서는 거의 예외 없이 기독교 전통, 특히 마태(Matthew), 마가(Mark), 누가(Luke), 요한(John) 복음서 구성을 위해 사용된 자료에 의존한다. 사복음서는 예수를 중심으로 일어난 사건을 기록한 책으로, 가장 신빙성이 높은 역사성을 지니고 있다.[3]

복음서는 예수를 따르는 제자들과 사도들이 그를 통해 새로운 삶의 경험을 한 이후, 예수를 하나님의 아들이자, 살아 있는 그리스도, 곧 메시아로 믿는 신앙고백과 그들의 사상을 기록한 책이다. 또한 하나님이 펼치시는 구원사에 대한 구체적인 증거이며, 구원받은 사람들의 생생한 증언이기도 하다. 이는 이스라엘 민족뿐만 아니라 온 인류를 향한 구원의 메시지이자, 희망의 메시지이다. 이러한 점에서 복음서의 모든 문서들은 비록 저자, 내용, 기록된 장소, 시간 등이 다르지만 하나의 통일성을 가지고 있다.

본서에서 살펴보게 될 복음서는 신약성경 앞부분을 이루는 마태, 마가, 누가, 요한복음을 가리키는 말이다. 사복음서라고도 한다. 이중 마태, 마가, 누가복음은 비슷한 관점에서 기록했다고 하여 공관복음서로 불린다.[4] 이와는 다른 시각에서 서술된 제4복음서인 요한복음은 복음서 중에

---

2 칼릴 지브란 저, 박영만 역, 『사람의 아들 예수』, 프리윌, 2016, 23쪽, 62-63쪽.
3 김행선, 『동서양 고전의 이해』, 이회, 1999, 351쪽; 정용석, 『예수-어느 갈릴리 랍비 이야기』, 동연, 2022, 37-42쪽.
4 「복음서」, 『교회용어사전』, m.terms.naver.com.

서 가장 늦게 기록된 것으로, 기독교가 유대교로부터 독립되어 발전하면서 유대교와의 갈등과 대립 속에서 기독교의 완성을 전하고 있으며, 복음서 중 종교의 신비성을 가장 많이 드러내고 있다.

각각의 복음서는 예수의 생애와 가르침에 대한 다양한 시각과 관점을 제공한다. 이는 예수의 공생애와 메시지를 다각도로 조망하게 함으로써 그분이 이루신 구속의 역사를 더욱 풍성하고 은혜롭게 전달해 주는 역할을 한다. 각각의 특성을 보면 마태는 유대인을 대상으로 예수를 메시아로 부각시키면서, 예수를 구약성경의 예언들과 연결시켜 강조한다. 마가복음은 로마 전역의 사람들을 대상으로 예수를 섬기는 자인 종으로 부각시키면서 예수의 행적과 능력에 초점을 맞춘다. 누가복음은 헬라지역 사람들을 대상으로 예수를 참 사람으로 부각시키면서, 예수의 인류적 사업과 구원계획을 강조하고 여러 사회적 이슈에 대한 예수의 관심을 다룬다. 요한복음은 온 세상 사람들을 대상으로 예수를 영원 전부터 성부와 함께 하신 근본 하나님으로 묘사하고 있다. 즉 요한복음은 예수 그리스도의 신성성과 그의 구원역사를 강조하고, 예수의 사랑과 자비에 중점을 둔다.[5]

요컨대 사복음서는 기쁜 구원의 소식을 전하러 온 예수의 가르침과 생애에 관해서 인간들이 남긴 증언의 기록이다. 복음서의 주된 내용은 예수의 말씀과 그 행적이며, 그 핵심은 예수의 십자가에서의 죽으심과 부활이다. 복음서가 추구하는 바는, 세상의 모든 인생들에게 예수를 믿게 하고, 그로 인해 하나님이 예비하신 복과 은혜를 누리게 하는 데 있다. 특히 예수가 전한 복음은 하나님 나라가 가까이 왔으며, 전 인류가 그 놀라운 왕국에 초대되었다는 것이다. 그것은 하나님으로부터의 기쁜 소식이며, 인류에게 구원을 가져다 주고자 하는 하나님의 사랑의 고백이자, 인간을 신적 생명

---

5 「복음서」, 『교회용어사전』; 「복음서의 개념」, Chat GPT 3.5.

에 내맡기고자 하는 초대이다. 사복음서는 이러한 기쁜 소식을 기록한 것이기 때문에 '복음서'라고 하며, 모든 교회들이 공인하는 정경이다.[6]

복음서의 핵심은 마가복음 1장 1절에 기록된 "하나님의 아들 예수 그리스도의 복음의 시작이다."라고 할 수 있다. 여기서 복음은 '좋은 소식'이라는 뜻이며, 하나님의 아들 예수의 신성성과 구원의 역할을 상징하는 것으로, 예수의 중요성과 그의 사역이 인간 역사에 미치는 영향을 강조한다.[7] 즉 예수의 통치가 시작되고, 예수의 나라, 곧 하나님 나라가 온다는 것이다. 요컨대 예수가 하나님의 아들이자 그리스도요, 메시아라는 것이 복음의 시작이요 끝이다.

우리가 접하는 『신약성경』은 대략 기원후 50년에서 150년 사이에 기록된 것들이다. 예수의 십자가 사건 이후 처음 20년 동안에는 아무런 문서없이 구전으로만 그의 말씀과 그에 관한 이야기들이 전해졌다. 그러다가 사도 바울(Paul)이 이방지역 전도여행 중에 자기가 세우거나, 지도했던 교회들에게 기원후 50년에서 64년 사이에 신앙적인 서신을 쓰기 시작했고, 기원후 70년 경부터 복음서들이 기록되었다. 복음서는 복음서 저자들이 문서나 구전 형태로 내려오던 예수전승을 기술한 신학적 문헌들을 뜻한다.[8]

복음서는 세속적 삶을 외면한 신학자들의 서재에서 나온 책이 아니요, 또 어느 날 하루아침에 쓰여진 기적의 책도 아니다. 복음서는 아주 오랜 세월을 지나면서 오늘날과 같은 형태의 복음서가 되었다. 처음에는 입에서 입으로 전해지다가 복음서의 저자들이 문서로 기록한 것이다. 따라서 복음서의 밑바닥에 도도히 흐르는 물결은, 곧 이들 저자들의 신앙과 역사정신 및 하나님에 대한 유일신앙이 자리잡고 있다.

---

6 「복음서」, 『두산백과』, m.terms.naver.com; 「복음서」, 『교회용어사전』.
7 「하나님의 아들 예수 그리스도의 복음의 시작이라는 말씀의 해석」, Chat GPT 3.5.
8 김행선, 『동서양 고전의 이해』, 342쪽; 「복음서」, 『위키백과』, ko.m.wikipedia.org.

신약이란 '새 언약', 또는 '새 계약'을 의미하며, 27권으로 되어 있다. 오늘날 우리가 접하는 『신약성경』은 구약 39권과 함께 실천신앙의 기준과 척도로서 권위를 인정받아 온 '정경(正經)'이다. 정경이라는 말은 그리스어 '카논(Kanon)'에서 유래된 말이며, '곧은 막대기' 또는 '척도를 재는 자'라는 뜻을 지닌 것으로 신앙의 규칙과 표준이 되며, 모형이 되는 말씀이라는 뜻이다. 그리고 당시 많은 신앙문서들 가운데 정경에서 제외된 책들을 '외경' 또는 '위경'이라 한다. 예수와 그의 제자들은 세상 종말이 곧 임할 것이라는 생각 때문에 말씀을 전하는 일에만 전념했고, 말씀을 영구적인 형태로 기록하는 데에는 관심을 쏟지 못했다. 그러나 종말이 지연되면서 이 세상에서 신앙인들을 올바르게 지도하고, 훈련시켜야 한다는 필요성에서 신앙적인 문서들이 쓰여지기 시작했다. 그리하여 수많은 문서들이 생겨나게 되었으며, 이러한 과정에서 정경과 외경이 구분되었던 것이다.

한편 18세기 '라이마루스(Reimarus)'로부터 시작된 '역사적 예수'에 관한 연구는 쉴라이에르마허(Schleiermacher), 리츨(Ritschl), 하르낙(Harnack), 헤르만(Hermann) 등의 탁월한 자유주의 신학자들과 함께 인본주의 신학의 창궐 이후 19세기부터 20세기 초까지 활발히 진행되었다. '역사적 예수'란 용어는 우리가 알든 모르든 실존했던 예수를 가리키는데 사용되기도 하고, 또한 때로는 학자들 사이에서 재구성될 수 있는 존재로서의 예수를 가리키는 데 사용되기도 한다. 그들은 복음서의 이면에 숨어 있는 소위 실재적 예수를 복원하려는 수다한 시도들을 전개하는 데, 그 과정은 자연스럽게 이성적이며, 합리적인 모습을 지닌 '인간 예수'의 모습에 집중되었다.[9]

예수는 2천 년 전 팔레스타인에서 살았던 역사적 실존인물일 뿐 아니

9 김행선, 위의 책, 351쪽; 역사적 예수 문제는 신학논쟁 가운데서 가장 난해하고도 뜨거운 쟁점이다. 이에 관한 구체적인 정리와 내용은 김진호 편, 『예수 르네상스』, 한국신학연구소, 1996 참고.

라, 언제 어디서나 만날 수 있는 분이다. 그 만남은 역사적 지식이나 과학적 탐구를 통해서가 아니라, 하나님의 은혜 안에서 성령의 인도로 이루어지는 신비롭고 영적인 사건이다.[10]

예수 연구사의 주류에서 예수의 사상과 활동을 사회정치적 차원에서 해석한 연구는 그리 많지 않다. 오히려 대부분의 학자들은 예수가 사회정치적 문제에 깊이 개입되어 있다는 관점 자체를 거부하는 경향이 있었다. 넓은 의미에서 볼 때 이러한 경향은 예수를 반로마적 혁명가냐 아니면, 비정치적 평화주의자냐라는 양자택일을 강요해 온 것이다.

이러한 기존의 연구 경향과는 달리 미국 메사추세츠 대학의 종교학과 교수인 R.A. 호슬리는 '비폭력의 옹호자'로 그려진 일반적인 예수상은 이제 더 이상 역사적으로 믿을 만한 것이 못된다고 주장하고 있다. 그동안 "원수를 사랑하라", "다른 뺨도 돌려대라"라는 예수의 가르침은 비폭력적 태도로 이해해 왔고, 로마에 대한 무저항의 자세로 받아들여져 왔으나, 사실상 이러한 설명들이 근거하고 있는 대부분의 문헌들은 역사적으로 타당하지 못하거나 부정확하다는 것이다.

그리하여 호슬리 교수는 예수가 당시 폭력적인 현실을 어떻게 다루었는지를 재검토하면서, 기존에 『신약성경』을 오로지 종교적 생활만을 다루고 있는 것처럼 해석해 온 경향을 비판했다. 그는 성경의 자료들이 형성되거나 쓰여질 당시에는 종교와 정치의 분리성이 존재하지 않았을 뿐만 아니라, 전통적인 고대사회에서는 종교가 정치 및 경제와 분리되는 일이 없었다고 했다. 그러나 일반적으로 계몽주의 이후 서구문화에 개인주의적 편향이 강하게 잠재되어 온 이래, 종교가 생활과 분리된 영역이라는 현대적 가정에 따라 신약성경의 학자들은 예수를 완전히 비정치적으로 해석하

---

10 정용석, 『예수-어느 갈릴리 랍비 이야기』, 39쪽.

곤 했다고 주장했다.[11]

그러나 비정치성을 강조하며 신비주의로 치닫는 종교일수록 사회성, 정치성을 없애려는 정치성을 띠고 있으며, 그렇기 때문에 더욱 위험한 것이다. 왜냐하면 사람들에게 비현실적인 종교적 무지를 강요하기 때문이다. 복음서에 그려진 예수는 분명 그 시대가 낳은 시대의 아들로서의 '역사적 예수'였다고 볼 수 있다.

특히 복음서에 나타난 예수의 사상과 그 활동이 분단의 아픔을 갖고 살아가는 오늘날 한국인에게 어떤 의미의 복음일 수 있는가 이다. 역사적인 삶과 분리되거나 현재성을 상실한 성경 읽기는 단지 신앙인으로서 필독해야 할 경전이거나, 또는 비신앙인으로서 자신의 교양을 쌓으려는 고전에 불과할 것이다.

본서의 목적은 오늘날의 기독교가 초기 기독교의 정신, 즉 예수의 근본정신과 그 복음을 잃어버린 것을 회복시키는 데 있다. 오늘날의 기독교는 대속의 십자가가 지니고 있는 구원의 빛, 은총의 빛을 상실하고, 다만 십자가 없는 기독교, 기복적인 능력의 종교, 기적과 권력을 추구하는 종교, 빵의 종교로 전락하고 말았다. 그리하여 본서의 목적은 복음서에 나타난 예수의 정신을 통해서 그 생명력과 역사성 및 사회성을 밝히고, 그 희망의 메시지를 통해 우리가 처해 있는 고난과 역경을 극복하며, 역사와 인생을 새롭게 일으켜 세울 수 있는 참된 힘과 믿음을 발견하고 실천하는 데 있다.

본서는 먼저 예수가 태어난 시대배경과 복음서에 나타난 예수의 역사

---

11 R.A. 호슬리 저, 이준모 역, 「정치적 예수에 대한 역사적인 물음」, 김진호 편, 『예수 르네상스』, 한국신학연구소, 1996, 188-193쪽; 구체적으로 호슬리 교수는 복음서에 가득하게 나타나는 예수와 적대 세력, 즉 당시 종교지도자들과 로마 당국자들 사이에 나타난 갈등과 대립을 설명함으로써, 이것이 단지 종교적인 차원이 아니라 정치경제적인 것이었음을 논증하고 있다. 리처드 호슬리 저, 박흥용 역, 『예수와 권세들』, 한국기독교연구소, 2020.

인식을 밝히고, 그가 주로 활동했던 지역의 특수성과 함께 구체적으로 예수의 정체성 및 사상과 그 활동을 살펴보고자 한다.

시대배경과 역사인식은 예수가 살았던 시대의 정치, 종교, 사회경제적 배경을 이해하고, 예수의 삶과 가르침이 어떻게 이런 배경 속에서 발전하게 되고, 갈등과 대립을 야기하게 되는지를 밝혀준다. 또한 예수의 영향력이 어떻게 역사의 흐름을 바꾸었고, 어떤 시대적 상황에서 그가 메시아적 역할을 수행했는지를 이해하는 데 중요한 역할을 한다.

본서는 예수에 대한 관점을 역사적이면서도, 더불어 신학적인 의미를 종합하여 집필하고자 한다. 그 어느 한쪽으로 치우친 관점은 예수를 바라보는 균형잡힌 시선으로부터 벗어나기 때문이다. 예수의 역사성과 신학성, 예수의 외면과 내면, 인성과 신성 모두를 종합적으로 살피는 것이 본서의 관점이다.

제1장

⋮

시대상황과
유다사회

시대상황과 유다사회

I. 시대상황과 활동지역

성경의 창세기에 따르면 하나님은 이스라엘 민족의 최초의 영웅이자 믿음의 선조이며, 복의 근원이라는 아브라함(Abraham)과 영원한 계약을 맺었다. 그 계약이란 곧 여호와가 아브라함과 그 후손을 자신의 백성으로 택하여 이들에게 가나안 땅을 영원한 소유지로 주겠다는 약속이었다. 이러한 여호와의 언약이 바로 이스라엘 민족이 팔레스타인을 '약속의 땅'이라고 부르며, 그 소유권을 주장할 수 있는 역사적 근거였다. 이 약속의 땅은 현재의 이스라엘 뿐만 아니라, 이집트, 레바논, 시리아, 요르단, 이라크의 일부를 포함하고 있다. 따라서 팔레스타인 소유권의 역사적 정당성을 둘러싸고 발생한 전쟁은 이스라엘의 독립선포 이후 발생한 제1차 중동전(1948년), 수에즈 전쟁(1956년), 제3차 중동전(1967년), 제4차 중동전(1973년) 등을 비롯해서 1987년과 2000년에 발생한 인티파다, 가자지구의 이슬람

군사단체인 하마스와 이스라엘 간의 전쟁 등이다.[1]

　팔레스타인은 동지중해 연안에 접하여 남북으로 가늘고 길게 위치하고 있다. 이곳은 성경에서 '젖과 꿀이 흐르는 가나안 땅'이라고 아름답게 표현된 지역이지만, 역사적으로 굴곡이 많은 곳이었다. 팔레스타인은 기원전 63년 폼페이우스(Pompeius)가 유대인의 막대한 저항을 이기고, 이 지역을 정복한 이래 로마의 지배를 받았다. 예수 시대 팔레스타인은 크게 세 지역으로 나뉘는데, 북쪽으로부터 남쪽으로 갈릴리, 사마리아, 유다가 있다. 그밖의 지역으로 유다 동쪽에 베레아, 남쪽에 이두매가 있다. 당시 팔레스타인은 세 개의 정부가 수립되어 있었다. 즉 헤롯의 사후 헤롯 왕국은 셋으로 분할되어 그의 아들들에게 분할되었다. 유다와 이두메, 남부 사마리아는 헤롯 아켈라우스(Herod Archelaus)에게, 갈릴리와 베레아 지방은 아켈라우스의 친동생인 헤롯 안티파스(Antipas)에게, 그리고 갈릴리 북부는 빌립(Phillip)에게 각각 돌아갔다. 로마 제국은 황제의 대리인인 총독 및 다른 분봉왕들인 헤롯 안티파스와 빌립, 아켈라우스 등을 통해서 유대인을 통치했다.[2]

　예수 탄생 당시 팔레스타인의 통치자는 이두메 사람인 헤롯대왕이었다. 로마는 기원전 39~38년에 헤롯을 유다왕으로 임명하고, 친로마 정권

---

1 김행선, 『동서양 고전의 이해』, 이회, 1999, 256쪽; 「이스라엘과 팔레스타인간의 전쟁의 역사」, Chat GPT 3.5; 팔레스타인이라는 지명은 '블레셋 사람의 땅'이라는 말에서 유래했다. 기원전 450년 경 헤로도토스의 『역사』에서 가나안을 '팔라이스티네'라고 부르기 시작했고, 그 후에 로마제국의 하드리아누스(Hardrianus) 황제가 바코크바의 난을 진압한 후 시리아 '팔레스티나'라는 이름으로 로마제국의 행정구역 안에 편입시켰다. 팔레스타인은 이후 이스라엘이 건국하는 1948년까지 지중해 동쪽 해안과 요단강 사이의 지역을 가리키는 말로 쓰였다. 현재 이스라엘 국가는 팔레스타인을 성서에 나오는 대로 이스라엘 땅, 거룩한 땅 또는 약속의 땅으로 부른다. 정용석, 『예수-어느 갈릴리 랍비 이야기』, 동연, 2022, 75쪽; 인티파다는 아랍어로 '봉기'를 뜻하며, 이스라엘에 대한 팔레스타인의 격렬한 저항을 가리키는 용어이다. 「인티파다에 대해」, 뤼튼 AI 검색.
2 김행선, 위의 책, 256쪽, 343-345쪽; 정용석, 위의 책, 76쪽.

을 통해서 유다를 통치하는 간접 식민통치를 행했다.[3] 일개 평민이요 반쪽
자리 유대인으로써 어떤 정당한 근거없이 유다의 왕위에 오른 헤롯은 로
마를 이용하여 엄청난 재량권을 가진 통치자가 되었다. 자치권에 대한 대
가로 헤롯은 로마 변방의 군사적 방파제 역할을 담당했다. 특히 그는 권력
의 정통성을 확보하기 위해 성전의 주된 후원자가 되어 예루살렘 성전을
재건하는 작업을 기원전 20년에 시작했으며, 헤롯 사후 기원후 63년에 완
성시켰다. 이 거대한 건축사업에는 1만 명의 인부가 정규 고용되었으며,
그 중에는 성전이 더럽혀지지 않도록 하기 위해 그것을 감시하는 1천 명의
제사장들도 포함되어 있었다. 헤롯은 성전을 공사하는 데 막대한 비용을
들였다. 헤롯 이전의 어떤 사람도 성전을 짓는데 그만큼 많은 돈을 투자
한 사람은 없을 것이다.[4]

이밖에도 헤롯은 예루살렘을 비롯해서 여러 지역에 대규모의 궁전을
세우고, 성채를 건축했으며, 북왕국의 수도 사마리아를 요새화 했다. 헤
롯은 처음에 로마 황제에게 경의를 표하기 위해 5년마다 성대한 경기대
회를 열기로 작정하고, 평지에 원형 경기장을 건설한 것은 물론 예루살렘
에도 경기장을 건축했다. 그는 로마 황제와 세력가들의 환심을 사기 위해
거대한 도시들을 세우고, 아폴로 신전을 비롯해서 신전들을 건설했다. 또
한 그는 로마시에 수많은 건축물을 세우고, 대규모의 수로 및 로마식 성,
극장, 로마식 항구도시 등을 건설했으며, 예루살렘을 명실상부한 최고의
도시로 만들려고 했다. 이와 같은 헤롯왕의 건축사업은 로마제국의 영향

---

3 김행선, 위의 책, 343쪽; 로마의 정복지에 대한 식민통치 방식은 식민시(植民市, 정복지에
  요새를 건설하여 군대를 주둔시켜 수비케 한 도시), 자치시(자치권은 인정하나 군대 및 사법
  권은 로마가 장악한 도시), 동맹시(同盟市, 군사적 협력의 의무만 있고 완전한 자치를 인정
  한 도시)로 나누어 통치했다. 강정식, 『세계문화사』, 형설출판사, 1994, 121쪽.
4 김행선, 위의 책, 343-344쪽; 요세푸스 저, 김지찬 역, 『유대고대사 2』, 생명의 말씀사,
  2023, 292쪽, 356쪽.

력을 강화하고, 로마 황제의 영광과 그 위업에 기여했으며, 헤롯 왕권을 강화시켰을 뿐만 아니라, 유대인의 반란을 진압하는 데 중요한 역할을 했다. 그러나 헤롯왕의 대규모 건설사업은 무수한 대중들의 노동력 착취와 희생을 전제로 한 것이었으며, 더 나아가 대중들에게 무거운 세금을 가중시키게 되었다. 화려한 건축사업 및 그 유지비, 개발정책비, 군대, 첩보원 등 정권 안보비용에 엄청난 국가비용이 소모되었으며, 그 재정은 여러 명목으로 대중들에게 전가되었다.[5]

유대인들은 식민지 백성으로서 막중한 세금을 부담했으며, 수입의 절반 또는 그 이상을 세금으로 납부하고 있었다. 돈이 없는 경우 고리대금을 빌릴 수밖에 없었고, 이를 갚지 못하면 땅과 재산을 빼앗기거나, 감옥에 갇히고, 노예로 팔리기도 했다.[6]

헤롯은 예루살렘을 장악한 후에 모든 왕궁의 보물들을 탈취했으며, 부유한 자의 재산을 강탈했다. 헤롯왕의 핍박과 박해로 인한 고통은 끝이 없는 것 같았다. 유대인들은 만족할 줄 모르는 헤롯왕의 탐욕으로 인해 생활이 말이 아니었다.[7]

한편 헤롯의 잔인한 행동은 가히 광적이어서 대중들의 저항과 원성이 높았다. 일례로 그는 기원전 7년에 그의 공식적인 부인 10명 가운데 유대인 미리암(Miriam) 1세에게서 얻은 두 아들을 대역죄로 처형하고, 장모까지 살해하는 등 자신에게 저항하는 자는 누구라도 공공연하게 투옥, 고문, 사형시켰다. 따라서 성경 속에 기록되어 있는 그의 어린이 학살명령사건은 황당무계한 이야기만은 아니었다.

5 김행선, 위의 책, 344쪽; 「헤롯왕이 벌인 건축사업들에 대해」, Chat GPT 3.5; 「헤롯대왕의 건축사업」, Chat GPT 3.5; 요세푸스, 「유대고대사」 2, 386쪽.
6 정용석, 「예수-어느 갈릴리 랍비 이야기」, 85쪽.
7 요세푸스, 「유대고대사」 2, 289-290쪽.

헤롯은 점차 난폭해지기 시작하더니, 마침내 미친 사람처럼 행동했다. 그는 죽을 날이 얼마 남지 않았음에도 불구하고 악한 계획들을 세우기도 했다. 그는 식구들을 살해하는 일을 꺼리지 않더니, 이제는 그 일을 즐기는 듯했으며, 헤롯의 살해 명령에서 그가 진정 인간일까 하는 의구심마저 느끼게 했다. 그는 임종의 순간에도 자신의 장례식이 애곡 소리로 가득 차게 하기 위해 전 유대인들이 사랑하는 가족을 잃고 울부짖도록 만들었다. 그는 자신에 대해 어떤 잘못도 저지르지 않았고, 그렇다고 해서 죄인도 아닌 자들을 한 집에서 한 명씩 살해하도록 명령했던 것이다. 보통 사람같으면 임종의 순간에는 적에게 미움을 털어버리고 용서의 마음을 가질 것인데, 헤롯은 이와는 정반대였다. 그는 격정의 노예가 되어 모든 인간을 짐승처럼 취급한 야만스러운 인간이었으며, 의(義)와는 담을 쌓은 사람이었다. 헤롯은 '유대의 왕'이라기보다는 '유대의 적'이었다.[8]

바로 이 때문에 그의 통치기간 동안 많은 정치적 불안과 반란에 직면하게 되었다. 당시 유대인 사제들과 백성들 사이에서 많은 반란이 일어났다. 이는 헤롯의 지배에 대한 반대와 로마제국에 대한 불만에서 비롯되었다. 이 반란은 헤롯왕이 그의 요새로서 헤롯의 포럼(Herodium)을 건설할 때 특히 격렬했다. 유대인들은 로마문화를 홍보하는 헤롯의 건축사업이 자신들의 종교와 문화를 위협한다고 여겼기 때문이다. 이는 로마제국의 강력한 대응으로 진압되었다. 또한 헤롯왕은 그의 가족과 관련된 내부적인 불화와 반란에도 직면했다. 더 나아가 예루살렘의 시민 10명이 그를 살해하기로 공모하는 일도 발생했다.[9]

---

8 요세푸스, 『유대고대사』 2, 336쪽, 461-464쪽.
9 요세푸스, 『유대고대사』 2, 336쪽; 「헤롯왕 암살공모계획」, Chat GPT 3.5; 「헤롯왕 당시 반란과 암살시도」, Chat GPT 3.5; 「헤롯의 포럼 건설과 반란」, Chat GPT 3.5; 「헤롯대왕 때 발생한 반란에 대해」, 뤼튼 AI 검색.

헤롯이 임종의 자리에 눕자 유대 젊은이들은 그가 성전에 세우게 했던 금독수리상을 끌어내려 때려부쉈다. 금독수리상은 로마의 태양신을 상징하는 우상숭배이자, 로마의 식민지배를 상징하는 것이었기 때문이다. 이 일로 인해 처형된 마티아스(Matthias)와 유다스(Judas)를 애곡하며 보복하는 폭동이 헤롯 아켈라우스가 즉위하는 유월절에 일어났는데, 이는 유혈로 진압되었다.[10]

헤롯왕이 기원전 4년 그의 나이 70세에 여리고에 있는 겨울 궁전에서 사망하자, 왕실은 그 후계자를 위한 분쟁에 여념이 없었다. 여기에 예루살렘 성전을 중심으로 하는 귀족들이 가세하여 왕국은 큰 혼란에 빠지게 되었다. 이에 대중들은 헤롯 가문의 통치를 폐지해 달라고 로마에 요구하면서 저항운동을 일으켰다. 이때 시리아의 로마총독인 바루스(Varus)는 대병력을 이끌고 와서 민란을 무자비하게 진압하고 돌아갔으며, 이후에도 팔레스타인을 진격하여 '갈릴리 지방'을 평정하고, 저항 본거지인 '세포리스'를 초토화시켰다. 이때 많은 유대인들이 처형되었다.

특히 우리는 예수의 고향인 '나사렛'이 바로 세포리스의 인근지역이었다는 사실과 함께 로마군대가 진압한 지역이 갈릴리 지방이었다는 사실을 주목해야 할 것이다. 나사렛은 갈릴리 지방의 한 촌읍으로 도시 '세포리스'에서 남동쪽으로 6킬로미터 떨어진 지점에 위치하고 있었다. 세포리스는 과거 헤롯왕의 군사 요새지 중의 하나이며, 헤롯이 죽자 갈릴리의 대중 지도자 헤제키아(Hezekiah)의 아들 '유다(Judah)'가 대중들과 더불어 이 도시를 점령하여 봉기의 거점으로 삼았다. 이 봉기는 로마군대에 의해 진압되었다. 그 결과 세포리스는 초토화되었고, 그 주민들은 노예로 팔려가는 비운을 겪었다. 나사렛의 많은 젊은이들도 이 봉기에 가담했을 것으로 추

---

10 루돌프 불트만 저, 허혁·김경희 공역, 『예수』, 새글사, 1972, 17쪽; 요세푸스, 『유대고대사』 2, 458-469쪽; 허호익, 「예수의 탄생과 헤롯왕의 통치」, 『새가정』, 2015.2, 54쪽.

정하고 있으며, 봉기의 참여 여부와는 상관없이 많은 사람들이 생명을 잃거나 노예로 팔려갔다.

따라서 예수운동의 본거지인 갈릴리 지방은 유대인들이 로마에 저항하는 중심지의 하나로 알려졌으며, 유대 민족주의의 온상이 되었다. 나사렛은 '반역의 땅'으로 낙인찍혀 멸시와 학대의 대상이 되었다. 일례로 요한복음 1장 46절에 기록된 것처럼 사람들이 예수를 가리켜 "나사렛에서 무슨 신통한 것이 나올 수 있겠는가"라고 하며, 조소의 눈길을 보냈다. 후에 나사렛과는 아무런 관계도 없는 사도 바울까지도 "우리가 보니 이 사람은 전염병과 같은 자라. 온 천하에 있는 모든 유대인들을 선동하여 반란을 일으키려는 자이며, 나사렛 도당의 괴수"라고 고발되기도 했다.[11] 요컨대 갈릴리나 나사렛은 천대, 어둠, 가난, 멸시, 반역 등 온갖 부정적인 말들의 의미가 담겨져 있다.

갈릴리 지방과 겟세마네 호숫가는 헤롯 안티파스의 관할 구역이었다. 안티파스는 기원후 14~37년간 로마의 통치자였던 티베리우스(Tiberius) 황제를 기념하기 위해 티베리아라고 명명된 도시를 건립했다. 이 도시는 갈릴리 지방에서 가장 아름다운 지역인 겟세마네 호숫가에 세워졌다. 티베리아 도시는 헬레니즘 문화를 대표하고, 상업로로 통하는 지역으로 인구 밀도가 높았으며, 어업과 상업이 번창했다.

이 도시는 이 지역에 있는 온천수에 힘입어서 목욕시설을 자랑하기도 했다. 그러나 티베리아 도시는 공동묘지 근처에 세워져 있었기 때문에 유대인들이 불결한 땅으로 인식하여 이주하지 않았다. 따라서 안티파스는 극빈자들과 자유민들 및 포로들을 강제로 이 지역으로 이주시켰다. 그리고

---

11 사도행전 24장 5절; 김행선, 『동서양 고전의 이해』, 345쪽; 로마제국에 대한 저항을 선도한 유다나 바나바도 갈릴리 출신이었다.

안티파스는 그 지방의 유지인 바리새인들이나 율법학자들로부터 환심을 사기 위해서 그곳에다 회당을 세웠다.[12] 그리하여 안티파스는 티베리아를 중심으로 갈릴리 지역을 관리하여 지역경제와 정치에 큰 영향을 미쳤다.

갈릴리 지방은 이러한 지역의 특수상황 외에 당시 시대적인 사회불평등 현상에 의해 빈익빈·부익부 현상의 불평등 상황이 심화되었다. 유대인은 로마 제국의 통치하에 있었는데, 로마 제국은 통치구조상 극심한 사회적 불평등을 유지했다. 특히 로마 제국의 지배층은 강력한 군사력과 세력을 통해 권력을 유지하며, 이로 인해 소수의 귀족과 군사들이 지배적인 지위를 차지했다. 로마 제국이 강제로 징수한 세금은 지방의 부자들을 더욱 부유하게 만들었고, 가난한 자들에게는 중대한 부담이 되었다. 더 나아가 소수의 부유한 지주들은 대부분의 땅을 소유했으며, 농업노동자들은 주로 농지를 빌려 일하거나 노예로 일했다. 사회적으로는 특정 직업이나 계급에 대한 편견이 존재했으며, 종교적으로도 유대인 사회 내에서는 종교적 법칙이나 관습에 따른 사회적 구분이 존재했다. 이로 인해 유다사회는 사회적 불평등 현상이 만연하게 된 것이다.[13]

이러한 암울한 시대에 이스라엘 민족은 억압의 시대를 종식시킬 해방자이자, 정의로운 통치를 구현할 '살아있는 메시아'가 나타나기를 고대했다. 대중들은 새로운 질서, 새로운 사회인 '하나님 나라', 곧 메시아 왕국을 갈망하고 있었던 것이다. 그리하여 당시 메시아 운동들이 활발하게 전개되었다.

---

12 김행선, 위의 책, 346쪽; 회당이란 '같이', '인도한다'는 뜻이다. 회당은 성전과 더불어 교회의 전신이요, 그림자이다. 그 기원은 분명치 않지만 바벨론 포로기로 보는 견해가 지배적이다. 회당은 대부분 그 지방의 높은 곳이나 혹은 강변에 세워졌으며, 유대인의 예배처이자 재판소였으며, 학교였다. 따라서 회당은 유대인들의 종교생활의 중심지였으며, 예배와 교육을 위한 모임장소였다. 이는 유대인들이 성경을 읽고 해석하고 기도하는 곳으로 사용되었고, 지역사회의 중심이기도 했다. 회당에서는 율법의 가르침과 성경의 해석이 이루어지며, 종교적인 토론과 예배가 이루어졌다. 예수와 그의 제자들도 회당에서 가르침을 전하고 예배를 드리곤 했다. 김행선, 같은 책, 346쪽; 「예수 시대 회당이란」, Chat GPT 3.5.
13 「예수 시대 갈릴리 지방의 사회적 불평등에 대해」, Chat GPT 3.5.

이는 갈릴리와 유다를 비롯해서 유대 전역에 걸쳐 반란으로 나타났다. 그 발생원인은 위와 같은 사회적 불평등의 심화 외에 백성들을 통제할 왕이 없었기 때문이며, 게다가 반란을 진압하러 온 외국병사들이 반란을 진압하기는 커녕, 오히려 사태를 악화시켰기 때문이었다. 그들은 자기들의 탐욕을 채우는 데 급급했을 뿐만 아니라 백성들에게 온갖 피해를 주었다. 요세푸스는 이 운동들에 대한 기록에서, 시골출신으로 이루어진 민중집단은 자기들의 많은 사람들 중에 한 명을 왕으로 환호했고, 그 지도자들은 왕권을 갈망하거나 왕관을 쓰거나 왕처럼 행동했다고 진술했다.[14]

베레아에서는 헤롯왕의 종이었던 시몬(Simon)이라는 사람이 왕으로 등장했으며, 유대에서는 건장한 체구를 가진 무명의 목동에 불과한 아트롱게스(Athronges)가 스스로 왕의 행세를 하며 의회를 조직하고 로마인과 헤롯당에 항전했다. 이들의 가장 큰 목적은 로마인들과 왕족들을 살해하는 것이었다. 유대 사가 요세푸스(Josephus)는 반란자들을 "강도"라고 부르고 있으나, 이런 것들은 실로 예외없이 메시아 운동이었음을 보여준다. 40년대에 와서는 이 운동들은 더욱 증가하여 예루살렘과 지방 여기저기서 반란이 일어났으며 메시아적인 예언자와 심지어 왕까지 출현했다. 그리고 이러한 메시아적 반란들을 진압하기 위해 로마는 군단급의 보조군대를 동원했다. 그 군대는 먼저 갈릴리를 공격했고, 세포리스를 불태웠으며, 주민들을 노예로 삼았다. 그로 인해 그 지역은 예수가 태어날 즈음에 폐허가 되었고, 또 집단적 트라우마를 겪었다. 이런 시대에 세례 요한(John the Baptist)과 예수가 역사의 전면에 나타났다. 이들의 운동 역시 메시아 운동이었다.[15]

---

14 요세푸스, 『유대고대사』 2, 479쪽; 리처드 호슬리 저, 박홍용 역, 『예수와 권세들』, 한국기독교연구소, 2020, 129-130쪽.

15 루돌프 불트만 저, 허혁·김경희 공역, 『예수』, 새글사, 1972, 17-20쪽; 요세푸스, 『유대고대사』 2, 477-481쪽; 리처드 호슬리 저, 박홍용 역, 『예수와 권세들』, 131쪽, 135쪽; 요세푸스 저, 박정수·박찬웅 공역, 『유대전쟁사』 1, 나남, 2008, 188-189쪽.

2. 유다사회

예수가 활동하던 시기 유다사회는 대표적으로 네 종류의 사회계층, 즉 사두개파, 바리새파, 에세네파, 그리고 젤롯당 등으로 분류되어 있었다. 당시 유다사회를 총지배하고 있었던 총독은 유다사회나 문화를 잘 모르는 외부인이었기 때문에 각 지역의 지도층과 유기적 관계를 맺을 필요가 있었다. 이들 지도층은 주로 제사장과 귀족계급의 사두개파 사람들로 구성되었다. 총독은 이들에게 지배층으로서의 일정한 자율권을 보장해 주었으나, 사적 군사력은 허용하지 않았으며, 이들의 우두머리인 대사제의 임명권을 장악하고 있었다. 사두개파 사람들은 예루살렘 성전을 장악하고, 로마 총독과의 협력 및 타협 아래 그 배타적인 지배권력을 형성해 갔다.

사두개인이란 다윗(David)과 솔로몬(Solomon) 시대의 대제사장이었던 사독의 후예를 자처하는 당파로 주로 예루살렘 귀족이나 대제사장 무리들로 구성되었다. 이들은 매우 유식하고 지체가 높은 사람들이었다. 숫자적으로는 소수였으나 부자들이 많았고 영향력이 컸다. 도시 중심으로 살았고, 대부분이 예루살렘 도성 안에서 살았다. 따라서 이들은 유다사회 최대 통치기관인 산헤드린 공회의 심장이자 정치권력의 최상층에 있는 당파였다. 제사장 계급은 사두개인들이 모두 독점했다. 이들은 하나님을 예배하는 데에 집중하기 보다는, 종교와 정치의 구심점이라 할 수 있는 제사장을 중심으로 귀족들의 권익을 대변하는 현실적인 정치집단이었다. 이들은 종교인이었지만 실제로는 종교에는 거의 관심이 없었고, 지배자인 로마의 결정에 부지런히 동의하던 철저한 현실주의자들이었다. 이들은 오직 부유한 평안만을 향수하고자 하여, 로마인의 지배까지도 평화와 복지를 가져오는 것이라 하여 환영했다. 사두개인은 바리새인과는 다르게 성문화

된 율법만 하나님의 말씀으로 인정했고, 모세(Mose) 오경만을 받아들였다. 이들은 바리새파와 함께 산헤드린의 양대 세력을 이루고 있었지만, 바리새인들과는 다르게 너무나 현실적이어서 신앙의 순수성이 없었고, 윤리성마저 결여되어 있었다. 성전을 둘러싼 영향력에 있어서 바리새인과 사두개인은 서로 대립하는 세력이었다.[16]

또한 사두개파 사람들은 헬레니즘 문화에 동정적이었고, 정치적 타협에 능란했으며, 바리새인과는 달리 오직 안일만을 추구하려는 현세주의자들이었다. 이들은 기득권을 장악하고 현실에 집착하는 보수주의자들이었기 때문에, 내세나 부활, 영적 세계와 영혼 및 천사와 마귀, 귀신 등의 존재를 믿지 않았다.

예루살렘 성전체제의 핵심적인 권력기구인 '산헤드린'이라는 협의기구는 유대인의 '최고 재판소'로서의 사법권과 함께 행정권을 가진 영향력 있는 '정치집단'이었다. 이 기구의 구성원은 주로 사제 귀족인 제사장과 평신도 귀족인 장로들, 사두개인들, 그리고 율법학자들로 구성된 71명의 공회원이었다. 대제사장은 산헤드린의 의장으로 임명되었다. 특히 산헤드린은 유다 백성에게 세금을 징수하여 총독에게 바치는 일도 대행했다. 이들은 이 일을 효과적으로 수행하기 위해 세금 청부인인 '세리'를 고용했다.

'세리'는 당시 로마제국의 관리로서 유대인 중에서 임명받아 청부식으로 세를 징수했다. 이들은 맡은 구역의 할당액을 로마에 바친 후 관행적으로 더 많은 금액을 불법적이며, 폭력적·강제적인 방법으로 징수하여 유대인들의 냉대와 증오의 대상이 되었으며, 일상적으로 '부정축재자'나 '매국노', 또는 '민족반역자'로 간주되었다. 당시 사람들 사이에 "산중에는 사

---

16 김행선, 『동서양 고전의 이해』, 348쪽; 엘림교회, 「부활논쟁-마태복음 22장 23-33절」, m.blog.naver.com, 2022.11.7; 김용옥, 『도올의 마가복음 강해』, 통나무, 2019, 544쪽; 강정식, 『세계문화사』, 133쪽.

나운 사자가 있고, 거리에는 포악한 세리가 있다", "세리는 면허증을 가진 강도다"라는 말까지 있었다. 이들은 오늘날의 마피아나 환각제의 밀매조직과 비슷한 지극히 타락한 장사꾼으로 인식되었다. 따라서 세리들은 교정이 불가능한 '죄인' 취급을 받아 그들의 증언은 유다사회의 법으로 인정되지 않았고, 그들이 제공하는 금전은 헌금이나 자선금으로도 용납되지 않았으며, 회당 출입이 허락되지 않았다. 그리하여 세리들은 이방인들 및 창녀들과 몰려다니곤 했다.

한편 『신약성경』에서 자주 등장하는 서기관은 율법학자와 같은 계층의 사람들이다. 이들의 역사적 유래는 멀리 유대인들이 바빌로니아에서 포로생활을 했던 시기까지 올라간다. 이때 율법에 대한 깊은 연구가 시작되었고, 율법을 복사하는 전문가들이 생겼는데, 이들이 바로 서기관이었다. 이들은 '랍비' 또는 '율법사' 등으로 불려지기도 했으며, 대부분 바리새인으로서 각각 공공기관 또는 사설단체에 소속되어 율법의 이론적 발전과 율법 강의 및 그 적용에 힘썼다. 특히 율법학자들이나 바리새인은 법과 교육의 분야를 모두 장악하고, 대중들의 일상생활 속에 이를 적용시켰던 사람들이었다. 이들은 당시 대중들이 대망하고 있었던 메시아 왕국과 사후세계, 영혼의 불멸, 육체의 부활, 천사의 존재 등을 믿었다. 따라서 이들은 지역사회에서 때로는 대중들의 신망을 받기도 했다.

바리새파는 히브리어 '페루쉼'에서 유래된 말로써 '분리된', '구별된', '거룩한', '배타적인 신앙의'란 뜻이다. 이는 율법을 지극히 세심하게 지키면서 불결한 것과 부정한 자들로부터 분리해 나온 사람들이라는 의미이다. 바리새파의 기원은 B.C. 2세기경 엄격한 율법주의적 신앙집단인 '하시딤(Hasidim 경건한 사람들)'이다. 이 집단은 마카비 혁명기간 동안 수리아의 헬라화 정책에 대항하여 조직된 집단이며, 신앙적으로 보수적이요, 경건주의자였던 유대인들을 헬라문화에 동화시키려는 수리아의 정책에 반대하여 선민으로서 성결하게 살자는 경건주의 운동에서 시작되었다. 헬라주의 타파, 율법 중심의 신앙회복, 경건주의적 생활, 유대교 부흥 등을 중심 모토로 했다.[17]

바리새파는 매우 검소하게 생활했으며, 진수성찬을 경멸했다. 그들은 이성의 행위를 좇았으며, 이성의 명령을 실천에 옮기기 위해서 최선을 다해야 한다고 생각했다. 그들은 노인들에게 경의를 표했으며, 선조 적부터 내려오는 전통을 감히 바꾸려고 생각하지 않았다.[18]

따라서 바리새인은 율법과 구전 준수에 엄격하여 헬라문화 및 사상과는 어떠한 타협도 용납하지 않는 전통주의자들이었다. 그 사고방식은 대체로 편협하고, 형식을 중시했다. 이들은 유대인들 사이에서 중요한 영향력을 행사했으며 율법을 엄격히 준수하고, 율법을 해석하는 데에 있어서 전통을 중요시했다. 그들은 유대교의 율법과 전통을 보존하려고 노력했고, 종교적 의식과 예배의 중요성을 강조했다. 바리새파는 유대인 사회에서 권위를 갖는 지식인들이었으며, 종교적으로 매우 근면했다. 그들은 유대교의 교육 및 종교적 생활에서 주도적인 역할을 했다. 그러나 그들의 엄격하고도 교만한 태도는 그들을 존경하는 사람들로부터도 비웃음을 받곤 했다. 이들은 회당 중심으로 그 권한을 지켜가던 사람들이었으며, 자신의 기득권을 견고히 유지하기 위해 예루살렘 중심의 율법체제에 순응적인 태도를 취했다. 그리하여 그들이 대중들의 일상생활에 적용하는 율법은 그 본래의 대중적 성격을 상실하고, 지배권력을 옹호하는 종교이념으로 기능하게 되었다. 율법규정을 많이 만들어 오히려 사람들에게 짐을 지우고, 사람들을 더 힘들게 만들었다. 이는 대중 속에서 혁신적인 운동을

---

17 「바리새파」, 『라이프성경사전』, m.terms.naver.com.
18 요세푸스, 『유대고대사』 2, 497쪽.

전개하던 예수운동과 충돌할 수밖에 없었다. 예수는 바리새파의 율법적인 엄격함과 외면적인 태도를 비판하며, 사랑과 자비의 중요성을 강조했다.[19]

예수는 무리와 제자들에게 말씀하시기를, "서기관들과 바리새인들이 모세의 자리에 앉았으니 그러므로 무엇이든지 그들이 말하는 바는 행하고 지키되 그들이 하는 행위는 본받지 말라. 그들은 말만 하고 행하지 아니하며"라고 하셨다.(마태복음 23장 1-3절) 이는 서기관들과 바리새인들의 말과 행동이 일치하지 않는 위선적인 태도를 질책하신 것이다. 따라서 예수는 제자들에게 바리새인과 사두개인의 누룩을 주의하라고 하셨다. 이는 바리새인과 사두개인의 가르침과 태도를 경계하는 것으로, 제자들에게 율법의 엄격한 준수와 종교적 형식주의에만 초점을 맞추지 말고, 오히려 신념의 순수성과 신앙의 진실함을 추구하라는 것이다. 예수는 바리새인과 사두개인이 외면적인 종교적 태도에 집착하면서 내면적으로는 변화하지 않는 것을 비판했다. 그리하여 예수는 바리새인과 사두개인들의 잘못된 가르침과 악한 행동을 누룩에 비유하면서, 그들의 누룩을 철저히 경계하라고 말씀하신 것이다.[20] 이는 율법적인 규정 이상의 것을 중요시하고, 하나님과 사람을 사랑하고 공의로운 삶을 살도록 한 것이다.

한편 예수 당시 바리새인과 사두개인은 서로 화합할 수 없는 존재였다. 그러나 그들은 예수를 거부하는 일에는 한 마음을 품었다. 이들은 하늘로부터 오는 표적을 통해 예수 스스로 하나님께로부터 온 사람임을 증명하라고 도전했다.

이에 예수는 표적을 구하는 바리새인과 서기관들 및 사두개인을 향해 "너희가 날씨는 분별할 줄 알면서 시대의 표적은 분별할 수 없느냐"(마태복

---

19 김행선, 『동서양 고전의 이해』, 348쪽; 「유대사회에서 바리새파란」, Chat GPT 3.5.
20 「예수가 바리새인과 사두개인의 누룩을 주의하라고 하신 뜻은」, Chat GPT 3.5.

음 16장 3절)라고 힐문하시며, 악하고 음란한 세대라고 규정했다. 그동안 예수가 많은 기적을 행했음에도 불구하고 더 큰 표적을 기대하는 그들에게 예수는 '요나의 표적' 외에는 보일 표적이 없다고 했다. '요나의 표적'이란 요나가 물고기 뱃속에서 3일 간 죽은 듯이 있다가 다시 살아나 선포했던 복음을 믿고, 니느웨가 회개하고 심판을 면한 사건을 말한다. 이는 믿음의 본질에 대해 말씀한 것으로, 진정한 믿음이란 표적과 기적에만 있는 것이 아니며, 하나님의 말씀을 믿음으로 받아들이는 순종에 있음을 강조한 것이다.[21]

더 나아가 요나의 표적이란 새로운 세계를 예고하고 예수의 권위를 보여주는 일을 가리키며, 특히 예수의 죽음과 부활을 뜻하는 것이다. 이는 요나가 물고기 뱃속에서 사흘을 보낸 후에 구원을 받은 것처럼, 예수도 사흘 동안 땅 속에 있다가 부활하여 구원의 이행을 완수할 것이라는 점을 예고한 것이다.[22]

그리고 예수는 끝끝내 복음을 거절하는 서기관과 바리새인들을 향해 말씀하시기를, "심판 때에 니느웨 사람들이 일어나 이 세대 사람을 정죄하리니 이는 그들이 요나의 전도를 듣고 회개하였음이거니와 요나보다 더 큰 이가 여기 있다"라고 했다.[23]

그러나 예수는 바리새인의 집에 초대 받는 것에 응하시기도 했다. 왜냐하면 바리새인도 사랑했기 때문이다. 예수는 원수까지도 사랑하고 우리를 박해하는 자를 위해 기도하라고 하셨다.[24]

한편 에세네파는 기원전 2세기에 형성되어 기원후 1세기에 사라진 유대교의 한 파이다. 에세네파는 바리새파, 사두개파와 더불어 유대인의 세

---

21 「요나의 표적 밖에는 보일 표적이 없다는 예수의 말씀의 뜻은」, Chat GPT 3.5.
22 「예수가 말씀한 요나의 표적이란」, Chat GPT 3.5; 마태복음 12장 40절.
23 마태복음 12장 41절.
24 마태복음 5장 44-45절.

종파 가운데 하나로, 신비적인 금욕주의를 내세우며 장로의 지도 아래 공동생활을 했다. 에세네파의 유래는 유대인의 종교적 자유와 독립을 위해 싸운 유다 마카비 전쟁에 적극 가담한 하시딤 세력 중 강경파가 유다 마카비가 전사한 후, 그의 동생 요나탄(Jonathan)이 실권을 잡자 대제사장직의 문제를 두고 요나탄에 반대하며 돌아서면서 형성한 세력이다. 일부 학자들은 에세네파가 유다 마카비 전쟁 이후에 유대인 사회의 변화와 함께 형성된 것으로 주장한다. 이러한 변화는 헬레니즘 문화와 로마 제국의 영향 아래 유다사회의 정치, 종교, 사회구조에 큰 변화를 가져왔고, 이에 반발하여 고독한 광야에서 고요한 생활을 추구하는 단체인 에세네파가 생겨났을 것으로 보고 있다. 그러나 에세네파의 유래에 관련해서는 아직도 학자들 사이에서 논란의 여지가 많고, 고대 유대사에 대한 연구가 계속 진행되면서 더 많은 정보가 나오고 있다. 에세네파가 흔히 '쿰란공동체'라고 불리는 이유는 이들이 금욕생활을 하던 곳이 정치적 이유로 완전히 파괴되었고, 그들의 정착지 중 하나였던 쿰란동굴이 온전히 발견되었기 때문이다. 이들은 앞으로 도래할 종말에 대한 기대와 신앙을 갖고 있었기 때문에, 세상을 부정적으로 이해하고 로마사회와 격리되려는 경향이 강했다.[25]

에세네파의 사상은 고대 유대인 사회의 주류로부터 상당히 독특했다. 그들은 세계적인 미래에 대한 예언과 미래에 오는 재림을 기대했다. 에세네파는 공동체 규칙을 정하여 공동체 생활을 조직하고 종교적 신앙을 정리했다. 에세네파는 만물이 하나님께 기인한다고 믿었으며, 영혼의 불멸을 가르쳤고, 의의 보상을 받기 위해 끊임없이 노력해야 한다고 생각했다. 이들은 '덕', 특히 '의'를 추구하는 데 있어서는 어떤 이들보다 뛰어났다. 이들은 공포를 일으키는 대상을 두려워하지 않으며, 강한 정신력으로

---

25 「에세네파」, 『나무위키』, namu.wiki, 2024.2.28; 「에세네파」, 『국어사전』, ko.dict.naver.com; 「에세네파」, 『위키백과』, ko.m.wikipedia.org.

예수의 사상과 활동

40

고통을 이겨내고, 명예로운 죽음이 영원한 삶보다 낫다고 여겼다.[26]

에세네파는 여러 도시에 떨어져 주로 광야에 살며, 공동체를 형성하여 단란한 생활을 영위했다. 이들은 율법을 엄격히 준수하고, 순수한 종교적 의식과 철저한 도덕성을 추구했다. 이들은 고기, 포도주, 성적 쾌락을 끊으며, 세속적인 유흥으로부터 멀리 떨어져 극도의 수련생활을 했다. 교파의 장들은 세상을 피해 사는 은둔자이며, 고유의 규칙과 법도들을 가지고 있었다. 이처럼 단순한 생활방식과 올바른 규율 덕분에 이들은 장수를 누려 대다수가 100세 이상 오래 살았다. 특히 이들은 공동체 구성원 사이의 경제적 평등, 재산공유제 실시, 무기제조 금지, 스스로 노동을 통한 자급자족 공동체 실현 등 구약의 예언자들이 외쳤던 '도덕적 사회주의'의 이상을 그들 나름의 독특한 방법으로 실현하였다. 에세네파가 인류 역사에 존재했던 최초의 '인도주의적 사회주의 공동체'라는 클라우스너(Klausner)의 평가는 결코 과장된 것이 아니었다. 이들은 독신생활을 당연한 것으로 여겼고, 육체의 부활을 부정했다. 이들이 결혼하지 않은 것은 결혼이 가정의 불화를 일으킬 소지가 많다고 생각한 때문이었다. 또한 이들은 종을 두지 않았는데, 종을 두면 공정하지 못할 위험성이 많다고 본 때문이다. 세례 요한 역시 에세네파에 속한 사람이라고 추정하고 있다.[27]

에세네파는 예수 시대에도 존재했지만, 그들의 역할은 그리 크지 않았다. 그러나 에세네파의 생활방식과 사상은 고대 유대교의 다양성과 그 시대의 종교적 풍토를 이해하는 데 중요한 자료를 제공한다.

---

26 요세푸스, 『유대고대사』 2, 498쪽; 「유대 마카비 전쟁 이후 형성된 에세네파에 대해」, Chat GPT 3.5; 요세푸스, 『유대전쟁사』 1, 206쪽.

27 김행선, 『동서양 고전의 이해』, 349쪽; 「에세네파」, 『나무위키』, namu.wiki, 2023.11.7; 김명수, 『역사적 예수의 생애』, 한국신학연구소, 2004, 86~87쪽; 요세푸스, 『유대고대사』 2, 499쪽; 김용옥, 『도올의 마가복음 강해』, 133쪽; 「유대 마카비 전쟁 이후 형성된 에세네파에 대해」, Chat GPT 3.5; 요세푸스, 『유대전쟁사』 1, 206쪽.

이밖에도 당시 유다사회에는 '젤롯당'이라고 하는 혁명집단이 있었다. 젤롯이라는 말은 '칼을 가슴에 품고 다닌다'는 말에서 유래했다. 이들은 1-2세기 중반경 로마의 지배에 항거하여 조직된 유대인 당파이다. 유대인 역사가 요세푸스는 그들을 당시 유대교의 3대 분파였던 바리새파, 사두개파, 에세네파에 이은 제4의 당파라고 불렀으며, 제1차 로마반란(66-70)을 선동한 폭도라고 규정했다. 이 종파의 창시자는 갈릴리인 유다(Juda)였으며, 갈릴리 지방에 사는 많은 사람들이 그의 추종자가 되었기 때문에 젤롯당을 '갈릴리 사람들'이라고도 불렀다.[28]

젤롯당은 로마 제국의 통치하에 있는 유대인들 사이에서 일어난 극단주의와 정치적 분열로 인해 발생했다. 로마 제국의 지배 아래, 유대인들은 세금과 군대에 대한 부담을 겪었다. 이는 유다사회 내에서 로마에 대한 반발과 불만을 촉발시켰다. 그리하여 유다사회 내에서는 로마와의 협력을 지지하는 사람들과 독립을 주장하는 사람들 간의 갈등이 심화되었다. 각기 다른 정치적 견해를 가진 사람들 사이에서 분열이 심화되면서 젤롯당과 같은 파가 등장하게 된 것이다. 더 나아가 사회적으로는 부유한 유대인과 가난한 유대인들 간의 격차도 이러한 분열을 부추겼다. 이러한 불평등은 정치적인 갈등의 연료가 되었던 것이다.[29]

특히 경제적으로 세금문제는 유대인들의 사회적 불만을 촉발시켰으며, 젤롯당이 탄생하게 된 직접적인 배경이 되었다. 유대와 사마리아 그리고 이두매 지역을 다스렸던 헤롯의 큰 아들 헤롯 아켈라우스가 실정을 거듭하여 결국 통치 10년 만에 면직되었다. 그 후로 그가 다스리던 지역

---

28 「열심당」, 「두산백과」, m.terms.naver.com; 한정섭, 「예수님의 생애와 열두 제자」, 부흥과개혁사, 2013, 45쪽; 요세푸스, 「유대고대사」 2, 499쪽; 벡토니우스 H.J.군네벡 저, 문희석 역, 「이스라엘 역사」, 한국신학연구소, 1975, 292쪽.
29 「유다사회의 한 파였던 젤롯당이 발생하게 된 배경」, Chat GPT 3.5.

은 로마에서 파견된 총독에 의해 관장되었다. 아켈라우스가 면직되던 해인 A.D. 6년에 로마는 팔레스타인에서 더 많은 세금을 징수할 목적으로 당시 시리아의 총독 구레뇨(Quirinius)로 하여금 팔레스타인에서 인구조사를 실시하도록 했다. 이때 바리새파 사람 갈릴리 출신의 유다가 로마의 인구조사를 전면 거부했다. 동시에 그는 로마와 그들의 꼭두각시 정권인 헤롯 왕조에게 세금을 내는 것은 율법이 규정한 십계명을 거역하는 행위라고 하였다. 그렇지 않아도 감당할 수 없는 과다한 세금에 눌려 사회적으로 불만에 쌓여 있던 갈릴리 지역의 사람들이 유다의 납세거부운동에 적극적으로 참여하면서 많은 대중들의 호응을 받기에 이르렀다.[30]

젤롯당은 원래 율법을 충실히 지키고 하나님께 열정적으로 헌신하는 집단으로서, 다른 모든 면에서는 바리새파와 같았으나, 자유에 대한 신념과 불가분의 관계를 맺고 있었다. 이들은 바리새파 내에서도 매우 극단적이고 호전적인 분파였다. 그들의 정신적 근원은 여호와께 대한 열성으로 우상숭배자를 몰살시켰던 아론(Aaron)의 손자 비느하스(Phinehas, 민수기 25장 7-13절)와 만군의 여호와를 위해 열심이었던 엘리야(Elijah, 열왕기상 19장 10절)에게 두고 있다. 젤롯당은 하나님만이 그들의 지배자요 주인이라고 주장했으며, 어떠한 죽음에도 개의치 않았을 뿐만 아니라, 어떤 위협 앞에서도 하나님 외에는 그 누구에게도 주(主)라고 하지 않았다. 유다의 추종세력은 이스라엘 왕은 야훼 하나님 한 분뿐이지, 로마의 황제가 될 수 없다는 '하나님 유일 통치사상'을 표어로 내걸고, '젤롯당'을 결성하여 인구조사에 응하거나 로마에 세금을 납부하는 사람은 하나님의 절대 계명을 거역하는 사람이라고 배척했다. 갈릴리 소농을 중심으로 시작된 젤롯당의 납세거부운동은 순식간에 팔레스타인 전역으로 마치 들불처럼 번져나갔다. 그들은

---

30 김명수, 『역사적 예수의 생애』, 87-88쪽; 당시 열심당 운동의 본거지는 헤롯 안티파스의 궁전이 있는 세포리스였다. 「유다의 반란」, 뤼튼 AI 검색.

유대인이 신의 선민임을 확신하고, 로마군이나 그들의 앞잡이들을 공격하는 데 있어서 폭력을 동반하였고, 무장투쟁을 선언했다. 이들은 로마제국에 의한 유대인 지배를 뒤엎기 위해 직접적인 폭력이나 무력에 호소하는 열광적인 애국자 집단이었다. 그래서 '열심당'이라고도 한다. 예수의 열두 제자 가운데 시몬(Simon)이라는 제자가 열심당원이었다.[31]

젤롯당은 게릴라 부대로 "단검을 든 자"라는 뜻의 시카리(Sicarii)를 결성하여 로마의 통치를 종식시키기 위해 로마 군영을 기습하거나 요시찰 인물들을 암살하는 일도 하였다. A.D. 68년 예루살렘이 점령되었을 때, 젤롯당은 제일 먼저 관청에 들어가 노예문서와 채무문서를 불태웠다. 그들은 메시아 사상에 근거한 성전 중심의 신정국가를 건설하기 위해 혼신을 기울였다. 그러나 이러한 젤롯당의 꿈은 5년 동안의 전쟁 끝에 A.D. 70년 로마의 야전 사령관 티투스(Titus)가 이끄는 로마군단에 의해서 예루살렘이 함락됨으로써 산산이 조각나고 말았다.[32]

이상과 같이 예수가 활동하던 당시 유다사회는 로마 총독이 다스리는 식민통치와 로마로부터 지배권력을 위임받은 왕과 귀족 및 제사장 그리고 율법학자들과 바리새파 등이 유다사회를 율법으로 통치하는 이중의 권력 구조로 되어 있었다. 그리고 이러한 식민권력과 율법체제 아래 이스라엘 백성들은 더욱 궁핍한 삶을 살아가고 있었다.

---

31 김명수, 위의 책, 87-88쪽; 「열심당」, 『두산백과』, m.terms.naver.com; 요세푸스, 『유대고대사』 2, 499쪽; 「열심당」, 『라이프성경사전』, m.terms.naver.com; 열심당은 언제나 칼을 품고 다녔다. 그래서 예수가 십자가를 앞두고 겟세마네 동산에서 기도하실 때 예수를 잡으러 온 자들에게 베드로가 칼을 사용했는데, 이 칼은 열심당원의 것일 가능성이 크다고 보기도 한다. 한정섭, 『예수님의 생애와 열두 제자』, 45쪽.
32 김명수, 위의 책, 87-88쪽; 「젤롯당의 게릴라 부대인 시카리의 영어이름」, 뤼튼 AI 검색.

제2장

⋮

예수는 누구인가

만민의 깃발, 메시아의 등장

예수는 누구인가
만민의 깃발, 메시아의 등장

I. 예수의 족보

신약성경에는 예수의 족보를 두 번씩이나 기록하고 있다. 즉 마태복음 1장 1-16절과 누가복음 3장 23-38절이다. 마태복음은 유대인들을 대상으로 예수의 족보를 기록한 것이다. 유대인들은 가족관계와 역사적 배경에 대한 관심이 많았기 때문에, 마태복음은 예수가 다윗의 자손이며, 유대인의 기대에 부응하는 그리스도임을 강조하기 위해 예수의 족보를 열거한 것이다. 반면에 누가복음은 이방인들을 대상으로 하고 있어서 예수의 인류적 측면과 세계사적 기원과 관련하여 예수의 사역과 구원역사에 더 집중해서 그의 족보를 소개하고 있다.[1]

신약성경의 시작이자 창세기인 마태복음은 예수의 족보로 시작한다. 마태복음에 기록된 예수의 족보는 예수의 탄생이 하나님이 일으키신 놀라

---

1 「예수의 족보가 복음서에 두 번이나 기록된 이유」, Chat GPT 3.5.

운 사건임을 암시하고 있다.[2] 마태복음 1장 1절은 이렇게 시작하고 있다. "아브라함과 다윗의 자손 예수 그리스도의 계보라." 이는 예수가 누구인 지를 설명한 것이다.

예수가 아브라함과 다윗의 혈통에서 태어나신 것을 보여주는 이 족보 는 예수가 하나님이 언약하신 메시아, 즉 구세주임을 증거하는 것으로, 그가 구약의 모든 예언의 완성인 것을 선포한 것이다. 이스라엘 민족은 끊임없이 외적(外敵)으로부터 위협을 받아 결국에는 나라를 잃게 되는 고통 스러운 역사를 걸어왔다. 이러한 체험으로부터 한 사람의 구제자(救濟者)를 대망(待望)하는 시장이 길러지게 되었다. 이 시장에 의하면 이상적인 왕이 탄생하여 이스라엘의 국난(國難)을 타개하고 이 세상에 평화와 번영을 가져 다 준다는 것이다. 이 경우에 있어서 이상적인 왕의 모습은 언제나 다윗 왕을 염두에 두고 생각되었다. 유대인들은 다윗왕을 이스라엘 국력을 최 고조로 성장시킨 국가적 영웅으로 기억하고 있다. 더 나아가 다윗왕은 유 대인들에게 하나님의 특별한 선택을 받은 왕으로, 하나님과의 언약의 중 심인물로 존경받는다. 하나님은 다윗에 대한 약속을 통해 그의 후손들이 이스라엘을 영원히 다스리게 될 것을 약속했으며, 이는 다윗 가문에서 메 시아가 출현할 것이라는 예언과 연관되어 있다. 유대인들은 메시아의 등 장을 기다리며, 이를 통해 하나님의 약속이 이루어질 것을 믿어 왔다. 메 시아는 유대인들의 역사적, 정치적, 종교적 기대의 대상이다. 메시아가 오면, 그가 이스라엘을 회복하고, 모든 민족의 왕으로 세워져 평화와 공 의를 세상에 펼칠 것이라고 기대한 것이다. 그러므로 다윗 가문과 메시아 의 등장은 유대인들의 신앙과 역사적인 기대의 중심에 있었다.[3]

---

2 정용석, 『예수-어느 갈릴리 랍비 이야기』, 동연, 2022, 154쪽.
3 「다윗 가문과 메시아의 등장에 대해」, Chat GPT 3.5; 「메시아」, 『위키백과』, ko.wikipedia. org/wiki/

특히 구약시대 미가 선지자는 메시아를 대망하는 이스라엘 백성들을 향해 구체적으로 미가 5장 2-15절에서 메시아가 탄생할 곳은 바로 다윗의 고향인 베들레헴이라고 했으며, 메시아가 이스라엘의 "평강"이 될 것이라고 예언했다. 즉 그가 이스라엘의 원수들을 전멸시키고, 완전한 승리를 줄 것이라고 했다.

따라서 당시 유대인에게 메시아는 로마를 무찌르고, 이스라엘을 이 세상에서 가장 강한 나라로 만들어주는 분이다. 심지어 예수의 제자들도 예수의 부활 이후, 즉 예수가 메시아라는 확신을 가진 후 예수께 이 때가 이스라엘을 회복하실 때냐고 묻는다.[4]

요컨대 마태 기자는 예수의 족보를 통해 예수가 구약시대부터 예언된 다윗 왕족의 직계 후손이며, 메시아임을 서두부터 선포한 것이다.

누가복음 3장 23-38절에 기록된 예수의 족보는 "예수께서 가르치심을 시작하실 때에 삼십 세쯤 되시니라. 사람들이 아는 대로는 요셉의 아들이니"라고 시작하고 있다. 이는 예수를 인간의 아버지인 요셉의 아들로부터 시작하여 다윗의 후손으로, 그리고 더 나아가 인류의 시조인 아담과 그 위로 창조주 하나님에게까지 연결시킨 것이다. 이를 통해 예수의 신격성과 그의 역사적이고 육체적인 인성의 연결성이 강조되며, 유대인들에게 그의 메시아적 신분을 입증해 주고 있다. 이는 유대인뿐만 아니라 온 인류의 메시아이며, 하나님의 아들이심을 증거하는 것이다.[5]

요컨대 예수에 관한 두 족보는 모두 예수의 육체적 출생과 관련시켜 그가 역사적으로 실존한 인물임을 드러내고 있으며, 더 나아가 다윗왕의 후손으로 기록됨으로써 예수의 메시아적 신분을 강조한 것이다.

---

4 사도행전 1장 6절.
5 「누가복음 3장 23-38절 문단해설」, 「노트 여백성경 개역 개정」, 생명의 말씀사, 2022.

2. 세례 요한

세례 요한은 유다 산골에 사는 한 평사제 가문 출신이었으며, 유대 왕 헤롯 때에 아비야(Abijah) 반열의 제사장 사가랴(Zechariah)와 그의 아내이자 아론의 자손인 엘리사벳(Elizabeth) 사이에서 태어났다. 이 두 사람은 하나님 앞에 의인이었으며, 주의 모든 계명과 규례대로 흠이 없이 행한 사람들이었다. 당시 사제귀족들이 누리는 풍요로운 생활과는 달리 평사제들의 생활은 매우 비참했다. 그들은 자신들에게 돌아와야 할 몫을 간혹 사제귀족들의 농간에 의해 강탈당하기도 했으므로 굶어 죽은 사제들도 있었다.[6]

서기 28년경(티베리우스 황제 치세 15년) 세례 요한은 혈기와 열정에 넘치는 젊은 고행자로 소문이 온 팔레스타인 지역에 퍼져 있었다. 세례 요한은 어릴 적부터 '나지르(Nazir)'였기 때문에 서약을 하고 계행(戒行)을 지켜 나가는 금욕적 생활을 하고 있었다. 그는 주로 광야에서 고행생활을 하면서, 낙타털 옷을 입고 허리에 가죽띠를 띠고, 음식은 메뚜기와 석청을 먹으며, 요단강 가로 나아가 사람들에게 세례를 주는 운동을 전개했다.[7]

그때 세례 요한은 유대 광야에서 전파하여 말하되, "회개하라 천국이 가까이 왔느니라"라고 하였다. 그리고 그는 "광야에 외치는 자의 소리가 있어 이르되 너희는 주의 길을 준비하라. 그가 오실 길을 곧게 하라"라고 하였다.[8] 이는 선지자 이사야(Isaiah)의 말씀의 성취이며, 왕이신 예수가 오실 것을 공식적으로 알리는 선포였다. 세례 요한은 주의 길을 예비하는 사명을 받았던 것이다.

---

6 김행선, 『동서양 고전의 이해』, 이회, 1999, 355쪽; 누가복음 1장 5-6절.
7 김행선, 위의 책, 349쪽; 마태복음 3장 4-6절.
8 마태복음 3장 1-6절.

광야는 세례 요한의 선교활동이 이루어진 장소로, 유대인의 영적 정체성에 대한 회개와 새로운 시작의 상징적인 공간으로 여겨졌다. 세례 요한은 자신은 광야에서 외치는 소리에 불과하다고 하면서, 그가 그리스도가 아님을 분명히 했다. 세례 요한은 예수를 이스라엘에 나타내려는 자이며, 예수가 하나님의 아들임을 증언하고, 예수가 왕이라는 사실을 증명해 주는 사람으로 등장하고 있다.

유대인들의 종교지도자인 제사장들과 레위인들은 세례를 주는 세례 요한에게 찾아와서 그의 정체와 신분이 무엇인지를 물었다. "네가 메시아냐, 네가 엘리야냐, 네가 선지자냐"이다. 이에 세례 요한은 모두 아니라고 답한다. 세례 요한은 말한다. "나는 주가 오시기 전에 주의 길을 곧게 하라고 광야에서 외치는 자의 소리일 뿐이다", "나는 그의 신발끈을 풀어줄 자격조차 없는 사람이다"라고 하면서, 끊임없이 사람들의 시선을 '예수'에게로 이동하게 한다.[9] 세례 요한은 예수가 그리스도이심을 증언하면서, "그는 흥해야 하겠고 나는 쇠하여야 하리라"(요한복음 3장 30절)라고 말할 정도로 자신의 정체성을 분명히 한 사람이다.

사람들은 보통 주연이 되기를 원한다. 그러나 세례 요한은 철저하게 조연이 되는 역할에 충실한 자였다. 그는 자신의 존재와 삶의 목적을 분명하게 알았기 때문이다. 세례 요한의 삶의 목적은 바로 예수의 길을 예비하는 것이었다. 많은 사람들이 세례 요한을 그리스도라고 생각하고(누가복음 3장 15절), 그에게 다가와 높이고 섬기려 할 때도 자신의 역할과 신분을 망각하지 않았다. 그리하여 세례 요한은 예수가 메시아 되심과 구원자 되심을 나타냈다.

세례 요한은 예수 그리스도의 임박을 예고하고, 사람들에게 회개하고

---

9 요한복음 1장 19-28절.

죄를 고백하여 예수를 맞이할 준비를 하라고 전도했다. 그의 전도와 예고는 예수의 등장을 준비하는 데 중요한 역할을 했다. 또한 세례 요한은 자신의 제자들을 가르치고, 그들을 예수에게로 이끌어주었다. 예수가 세례를 받으러 올 때에도 제자들에게 예수의 중요성을 가르쳤다. 그리고 세례 요한은 예수를 소개하기를, "보라 세상 죄를 지고 가는 하나님의 어린 양이로다."(요한복음 1장 29절)라는 말로 예수의 사명을 강조했다. 또한 예수가 나타나자 자신의 역할을 낮추고, 예수의 영광을 높이는 태도를 보였다. 이러한 태도는 그의 겸손함과 예수의 중요성을 보여준다.[10]

예수는 이런 세례 요한을 높이셨다. 예수는 세례 요한에 대해 평가하기를, "여자가 낳은 자 중에 세례 요한보다 큰 이가 일어남이 없도다. 그러나 천국에서는 극히 작은 자라도 그보다 크니라"(마태복음 11장 11절)라고 극찬을 하셨다.

사실 세례 요한은 구약시대의 어느 선지자들보다 그 활동에 있어서 대단한 일을 한 것은 아니었다. 그가 한 일은 물로 세례를 준 일 밖에 없으며, 그가 외친 메시지는 "회개하라, 천국이 가까이 왔다"라는 아주 단순한 복음이었다.

그러나 세례 요한이 가장 큰 자인 이유는 그가 조연의 역할에 아주 충실했던 겸손한 자였다는 점이다. 그는 예수의 길을 예비하고 그의 오심을 준비한 사람이었기 때문이다. 그리고 예수가 세례 요한 앞에서 겸손히 자신을 낮추시고 물세례를 받았기 때문이다. 더 나아가 예수가 세례 요한을 엘리야가 다시 오시리라는 구약의 언약을 성취한 인물로써 인정했기 때문이다. 말라기 4장 5-6절에 기록된 "내가 선지자 엘리야를 너희에게 보내리니"라는 말씀에 근거해서다.

─────

10 「세례 요한의 조연으로서의 역할」, Chat GPT 3.5.

그렇다면 예수는 왜 천국에서는 지극히 작은 자라도 세례 요한보다 크다고 하셨을까? 이는 예수의 신성과 권위를 드러낸 말씀이다. 세례 요한은 예수의 나타남을 예고하고 그 길을 준비하는 중요한 역할을 수행했지만, 그보다 더 큰 이는 예수임을 드러낸 것이다. 따라서 하나님 나라에서는 예수를 믿고 따르는 모든 사람이 세례 요한 보다도 큰 것으로 말씀한 것이다.[11]

즉 예수의 십자가와 부활, 승천을 믿고 성령을 마음에 영접한 사람은 예수와 한 몸이 된 자들이다. 세례 요한은 바로 코 앞에서 예수를 대면한 정도라면, 구원받고 거듭난 성도들은 아예 예수와 한 몸으로 연합하여 영원히 함께 살아가는 자들이다. 세례 요한과는 비교할 수조차 없는 영광스러운 하나님의 자녀요, 그리스도의 신부된 자들이다. 그러므로 성령으로 거듭난 성도들은 지극히 작은 자라도 세례 요한보다 큰 자들인 것이다.[12]

한편 세례 요한이 광야에서 외친 주요 메시지는 "회개하라 천국이 가까이 왔다"라는 것이다. 그는 사람들에게 죄를 깨닫고 회개하여 새로운 삶을 살도록 호소했다. 이는 유대인들에게 매우 혁신적이고 중요한 메시지였으며, 이를 통해 그의 선지자적 역할을 강조했다.

세례 요한은 물로 세례를 주어 예수를 이스라엘에 나타내려 했으며,[13] 죄를 사하였다. 세례 요한의 세례는 죄 사함의 행위이며, 다가오는 최후의 심판에서 구원을 보장하는 죄의 소멸을 의미한다. 그에게 오는 사람은 누구든지 요단강에 한번 들어갔다 나옴으로써 즉각적으로 죄 사함을 얻는다는 논리는 율법의 관념에 묶여 있던 대중들에게 복음이 아닐 수 없었다. 그

11 「예수가 세례 요한을 천국에서는 지극히 작은 자라도 그보다 크다고 하신 이유」, Chat GPT 3.5.
12 곰팅이의 하늘우체통, 「세례 요한이 여자가 낳은 자 중에 가장 큰 자인 이유-마태복음 11장 11절」, m.blog.naver.com, gomtinghouse, 2016.12.23.
13 요한복음 1장 31절.

것이 바로 죄 사함을 받게 하는 '회개의 세례'라는 뜻이다. 이는 성전에 제물을 바치고 죄 사함을 받던 당시에 가히 혁명적인 일이었다. 세례 요한은 모여드는 군중 누구에게나 세례를 허용했으며, 거리낌없이 큰 소리로 가르치곤 했다. 그 교훈은 이스라엘 사람들이 어렸을 때부터 익숙히 들어온 구약의 교훈을 요약한 것이었다. 정의와 진노의 하나님을 재현해 주었고, 회개하지 않는 개인과 민족은 곧 멸망할 것이라고 자신만만한 설교를 했다. 모여든 사람들은 그의 풍채와 분노에 찬 설교에 끌려들어갔다. 요한의 교훈을 믿고 따르려는 사람들은 회개를 선언하고, 그 뜻을 굳히는 의미에서 세례를 받았다. 그리고 이를 새로운 삶을 시작하는 증거로 삼았다.[14]

회개는 죄를 뉘우치고, 그 죄에서 돌아선다는 의미를 갖고 있다. 이는 삶의 변화와 함께 죄를 떠나고, 하나님과 사람 사이의 관계를 회복하는 과정을 의미한다. 따라서 세례 요한은 회개의 세례를 받은 자는 회개에 합당한 열매를 맺어야 하며, 우리의 삶이 변화되어 이웃과 함께 생명을 나누고, 함께 살아가는 공동체의 가치를 우선으로 여겨야 한다는 사실을 선포했다.

세례 요한은 유대인들에게 서로 의를 행하고 살 것과 하나님 앞에서 경건하게 살 것을 강조하면서, 그렇게 하고 와서 세례를 받으라고 주장했다. 의를 행하지 않은 채 그저 죄만을 씻기(용서받기) 위해서 세례를 받는 것은 아니라는 것이다. 이미 의로 인해 영혼은 완전히 정결케 되었음을 믿고, 이제는 몸을 정결케 하기 위해서 세례를 받는다고 생각하는 사람만이 물로 세례를 받을 수 있다는 태도였다.[15]

---

14 김용옥, 「세례 요한은 누구인가—마가복음 강해 4」, 유튜브; 김용옥, 『도올의 마가복음 강해』, 통나무, 2019, 133–136쪽; 김형석, 『예수—성경 행간에 숨어 있던 그를 만나다』, 이와우, 2015, 12쪽.

15 요세푸스, 김지찬 역, 『유대고대사』 2, 생명의 말씀사, 2023, 517쪽.

요한은 세례를 받으러 온 각 사람들에게 권고하기를, "옷 두 벌 있는 자는 옷 없는 자에게 나눠 줄 것이요, 먹을 것이 있는 자도 그렇게 할 것이다"라고 하거나, 또는 세례를 받으러 온 세리에게는 "정한 세 외에는 더 받지 말아라"라고 했고, 군인들에게는 "남의 것을 강탈하거나 거짓 고발을 하지 말고, 너희가 받는 봉급으로 만족하라"라고 했다.[16]

따라서 당시 절망의 그늘 아래 앉아 메시아를 기다리며 구원의 때를 갈망하고 있었던 대중들은 희망을 갖게 되었으며, 요한을 메시아, 즉 '그리스도'라고 생각하기도 했다.

이처럼 세례 요한은 나 중심의 삶에서 벗어나 내 주변의 이웃을 살피는 삶, 이웃에게 사랑을 베푸는 삶, 생명을 살리는 삶, 남을 강탈하지 않는 삶, 부과되는 것 외에 거두지 않는 삶을 살라고 했다. 이는 바로 자기개혁운동이었다.[17]

이 자기개혁운동은 유대인들의 관심을 끌었고, 많은 사람들을 끌어들였다. 그의 세례는 유대인들의 회개와 순종을 상징적으로 나타내는 의례였으며, 이 의례는 곧 예수의 등장과 그의 사명을 준비하기 위한 것으로 간주되었다. 그리고 그의 나타남과 함께 세례의 의미를 확장시켰다. 또한 회개와 자기개혁운동은 죄를 뉘우치고 하나님과 사람 사이의 관계를 회복하는 것이었고, 현재의 상황을 반성하고 새로운 삶을 시작하는 것을 의미했다. 따라서 세례 요한의 세례와 자기개혁운동은 기독교의 중요한 시작 중 하나로 여겨지고 있다.[18]

이같은 세례 요한의 세례운동이란 인간의 양심이 '여호와의 도'를 향해

---

16 누가복음 3장 11-14절.
17 누가복음 3장 11-14절; 김근수, 『행동하는 예수』, 메디치미디어, 2014, 48쪽.
18 「세례 요한의 자기개혁운동」, Chat GPT 3.5; 「세례 요한의 세례운동의 의미」, Chat GPT 3.5.

나아가는 길이었으며, 사회정의와 자유를 실현시키고 평등한 공동체 사회를 건설하려는 적극적인 실천운동이자, 올바른 민족정신과 율법정신을 회복하려는 개혁운동이었다. 이는 예루살렘을 중심으로 하는 종교권력에 대한 저항이었으며, 로마제국에 협조하는 예루살렘 종교지배층에게서 하나님을 찾을 수 없다는 선언이었다. 그리고 예수는 세례 요한의 죽음 이후 이를 보다 적극적이고 사회적인 차원으로 확대시켜 갔던 것이다. 예수도 그로부터 세례를 받으셨다.[19]

예수가 세례 요한으로부터 세례를 받으신 이유와 그 의미는 예수의 말씀에 따르면, "모든 의를 이루는 것이 합당"(마태복음 3장 15절)하기 때문이었다. 즉 하나님의 계획과 인류의 구원을 완성하기 위해 자신의 역할에 순종하고 예언을 이루려는 의지를 나타내기 위함이었다. 또한 예수는 죄인들을 대표해서 대속의 죽음을 세례를 받음으로써 천명하고자 했다. 예수는 하나님의 아들로서 신성한 존재이지만, 세례를 받음으로써 우리와 인간성을 공유하려 했다. 이는 예수의 인간적인 측면과 우리의 삶과의 연결을 강조하는 중요한 상징적 행위였다. 그리하여 예수는 세례를 받음으로써 우리에게 구원과 새로운 삶의 시작을 제공하고자 했던 것이다. 요컨대 예수가 세례를 받은 이유와 그 의미는 하나님의 계획과 인류의 구원을 이룩하기 위함이었다.[20]

예수의 위대함은 스스로 낮추어 죄인들과 일치하려는 그 자세에 있다. 내 죄도 남에게 떠미는 세상에서 남의 죄를 대신하겠다는 자세다. 죄인들과 운명을 함께 하려는 예수의 자세는 '구원 이기주의'에 물든 우리에게 큰 충격을 준다. '구원 이기주의'에 물든 사람은 자신도 구원받지 못할 뿐

19 김행선, 『동서양 고전의 이해』, 369쪽; 김근수, 『행동하는 예수』, 48쪽.
20 「예수가 세례를 받으신 이유와 의미」, Chat GPT 3.5.

만 아니라, 이웃의 구원도 방해한다.[21]

그리고 마태복음 3장 16-17절은 예수가 세례 요한의 '물' 세례를 받을 때 하늘이 열리고, 하나님의 성령이 비둘기 같이 내려와 그 위에 임했으며, 하늘로부터 "이는 내 사랑하는 아들이요 내 기뻐하는 자이다"라고 기록하고 있다.

비둘기는 인간에게 내려온 하나님의 사랑을 상징하며,[22] 이때 "하늘이 열렸다"라는 말은 '개벽(開闢)' 즉, 새로운 사회가 열릴 것이라는 비전을 예고한 것이었다. 하늘의 하나님과 직접 소통이 가능해지고, 천지개벽의 구원사적 새 시대가 예수와 더불어 도래했음을 선포한다.[23] 그리고 그 '희망봉'은 곧 진정한 하나님의 아들이자 진정한 인간 '예수'임을 선언한 것이다.

예수는 성령의 세례를 받음으로써 자신이 하나님의 영을 소유한 자라는 확신과 체험에 이르게 되었고, 하나님을 아버지로, 자신을 그 아들로서 자신의 정체성을 확립하게 되었다.[24] 예수는 하나님의 통치의 본질적인 성격을 자주 '아버지 되심'으로 묘사했다. 이러한 묘사를 통해 그는 하나님의 애정 어린 보살핌과 보호, 연민과 용서해 주시는 하나님의 모습을 부각시키고, 하나님과 자신의 친밀함을 표현하고자 한 것이다.[25]

특히 이 세례를 통해 예수는 성령과 함께 메시아적인 기름 부음을 받았고, 하나님께서 사랑하는 아들이라고 부르는 소리를 들었다. 이 경험은 그에게 자신의 정체성과 함께 앞으로 실현해 나아갈 사명을 갖게 했다.[26] 그리하여 요한에게서 받은 예수의 세례는 그분의 공적 활동의 시작을 알

21 김근수, 『행동하는 예수』, 52쪽.
22 안셀름 그륀 저, 김선태 역, 『예수, 자유의 길』, 분도출판사, 2004, 38쪽.
23 허호익, 『예수는 달랐다』, 동연, 2022, 47-48쪽.
24 위의 책, 49-50쪽.
25 리처드 보컴 저, 김경민 역, 『예수 생애와 의미』, 비아, 2016, 119쪽, 122쪽.
26 위의 책, 65쪽.

린다.[27]

한편 세례 요한은 헤롯 안티파스가 첫 번째 아내와 이혼한 후 동생 빌립의 아내 헤로디아(Herodias)를 빼앗아 결혼한 일을 비난하였기 때문에 옥에 갇혀 헤롯 안티파스에 의해 목을 베어 죽었다. 헤롯 안티파스는 생일을 맞이하여 그의 귀한 손님들과 함께 축하하는 생일파티를 열었다. 헤로디아는 그녀의 부정한 결혼을 공개적으로 비판한 세례 요한의 죽음을 원했다. 그런데 그녀의 딸 살로메가 헤롯의 생일파티에서 춤을 추었고, 이는 헤롯을 감탄하게 했다. 그리하여 그는 그녀에게 무엇이든 주겠다고 맹세함으로써 헤로디아는 딸을 시켜 세례 요한의 목을 원했던 것이다.[28]

그러나 요세푸스 역사가는 세례 요한의 죽음은 또 한편으로는 헤롯 안티파스의 불륜을 지적해서라기 보다는 정치적 동기에 의해서 처형되었다는 주장을 하고 있다. 즉 세례 요한의 말을 듣고 감동한 사람들(군중들은 요한이 하는 말은 무엇이나 들을 정도였다)이 구름떼처럼 요한에게 몰려들자, 요한의 영향력이 커진 것을 본 헤롯 안티파스는 혹시 요한이 기고만장하여 반역을 일으키지나 않을까 심히 걱정하기에 이르렀고, 마침내 요한을 처형하여 후환을 없애는 것이 상책이라고 생각했다는 것이다.[29]

요한의 회개운동은 안티파스에게 기존 질서를 위협하는 행위로 보였으며, 불륜문제를 비판하는 것보다 훨씬 심각한 수준에서 안티파스에게 위협적인 것으로 보였기 때문에 세례 요한을 처형했던 것이다.[30] 그리고 세례 요한의 죽음은 예수의 죽음을 예고하는 것이기도 했다.

27 안셀름 그륀 저, 김선태 역, 『예수, 자유의 길』, 36쪽.
28 마태복음 14장 1-12절; 헤롯 안티파스는 유대인들의 반발을 자초한 사람으로도 유명했다. 그는 이방신에게 예물을 바쳤고, 유대인들의 관습과 종교를 무시했다. 따라서 그의 통치는 유대인들의 불만과 반란을 촉발했다. 「헤롯 안티파스에 관해」, Chat GPT 3.5.
29 요세푸스, 『유대고대사』 2, 517-518쪽.
30 김명수, 『역사적 예수의 생애』, 한국신학연구소, 2004, 142-143쪽.

칼릴 지브란(Kahlil Gibran)은 세례 요한의 죽음에 대해 아래와 같이 묘사하고 있다.[31]

> 요한은 죽임을 당함으로 다시 태어났도다. 그의 목에서 흐르는 피가 그의 정신과 함께 이 땅에서 저 땅으로 끝없이 흐르는구나. 지금까지 요한은 비록 몸은 자유로웠지만 정의로부터는 자유롭지 못했고, 오직 굳센 의지와 올곧음으로 그 부자유를 견뎌왔느니라. 진정 요한은 귀머거리들이 사는 이 땅에 울려 퍼진 하나의 외침이었다. 나는 그의 고통과 그의 외로움 안에서 그를 사랑하노라. 또한 세상의 진부한 권력 앞에 굴복하지 않고 자신의 목을 칼 앞에 내놓은 그의 숭고함을 사랑하노라. 진실로 내가 너희에게 이르노니, 사가랴의 아들 요한은 자기 민족의 마지막 참 선지자이며, 그 역시 앞서간 훌륭한 선지자들처럼 성전의 문턱과 제단 사이에서 목숨을 잃었도다.

3. 예수의 탄생

예수의 탄생시기에 관해서는 설이 분분하지만 헤롯왕의 통치 말기인 B.C. 37년~A.D. 4년 사이로 추정되고 있다. 그런데 이미 '예수 그리스도', 즉 메시아의 탄생은 구약시대 예언자들의 입을 통해서 언급된 바 있다. 이사야는 예수의 탄생과 함께 그의 통치성격을 다음과 같이 언급하고 있다.

> 이새의 줄기에서 한 싹이 나며, 그 뿌리에서 한 가지가 나서 열매를

---

31 칼릴 지브란 저, 박영만 역, 『사람의 아들 예수』, 프리윌, 2016, 158쪽.

맺을 것이다. 여호와의 영, 곧 지혜와 총명의 영이요, 모략과 재능의 영이요, 지식과 여호와를 경외하는 영이 그 위에 내려오시니, 그가 여호와를 경외함으로 즐거움을 삼을 것이며, 그 눈에 보이는 대로 심판하지 아니하며, 귀에 들리는 대로 판단하지 않고, 공의로 가난한 자와 핍박받는 자를 재판하고, 정직으로 세상의 겸손한 자를 판단할 것이며, 그 입의 막대기로 세상을 치며, 입술의 기운으로 악인을 죽일 것이며, 공의로 그 허리띠를 삼으며, 성실로 몸의 띠를 삼으리라. 그 때에 이리가 어린 양과 함께 거하며, 표범이 어린 염소와 함께 누우며, 송아지와 어린 사자와 살찐 짐승이 함께 풀을 뜯으며, 어린 아이가 그것들을 이끌고 다닐 것이다. 암소와 곰이 함께 먹으며, 그것들의 새끼가 함께 엎드리며, 사자가 소처럼 풀을 먹을 것이며, 젖 먹는 아이가 독사의 구멍에서 장난하며, 젖 뗀 아이가 독사의 굴에 손을 넣을 것이다. 나의 거룩한 산 모든 곳에서 서로 해치거나 파괴하는 일이 없을 것이니, 이는 물이 바다를 덮음 같고, 여호와를 아는 지식이 세상에 충만할 것이다. 그 날에 이새의 뿌리에서 한 싹이 나서 만민의 깃발로 세워질 것이며, 모든 민족들이 그를 찾아 모여 들어서 그가 있는 곳이 영광스럽게 될 것이다.[32]

여기서 '이새(Jesse)'란 곧 다윗왕의 아버지를 말하며, 메시아가 다윗 가문에서 탄생할 것임을 예언한 것이다. 여기서 언급된 통치자상은 곧 여호와를 경외하고, 그 '도'를 그대로 실천하여 세상을 공의와 정직으로 다스리는 사람, 즉 '만민의 깃발인 메시아'이다.

이사야가 예언한 메시아상의 구체적인 모습은 이렇다. 그는 하나님 앞에서 마치 노자가 주장하는 성인상과 같이, '어린 양'과 같고 '새 순'과 같은 사람이었으나, 인간들이 보기에는 그저 지극히 보잘 것 없는 외모를 지녔을 뿐만 아니라, 사람들로부터 멸시를 받고 버림을 받기까지 한다.

32 이사야 11장 1-10절.

또한 그는 인간적인 고통을 수없이 겪어 소위 '인생의 질고'를 아는 사람이다. 그리하여 그는 인생의 모든 고난과 슬픔을 그의 연약한 두 어깨에 짊어지기 위해 오실 분이며, 자기 백성이 지은 모든 죄를 대신 짊어지고 마치 도살장에 끌려가는 '어린 양'이나 '갓난아이'처럼 하나님 앞에 순응함으로써 구원을 완성시킬 분이다.[33]

요한복음 11장 52절에서는 "예수가 민족을 위해 죽으실 것을 예언한 것이니, 민족을 위할 뿐만 아니라, 흩어져 있는 하나님의 자녀를 한데 모아서 하나가 되게 하기 위하여 죽으실 것을 예언한 것이다"라고 기록하고 있다. 예수는 예수운동을 본격적으로 전개하면서 그 궁극적인 목적을, "인자가 온 것은 섬김을 받기 위해 온 것이 아니요, 도리어 섬기려 하고 자기 목숨을 많은 사람의 죄의 대가인 대속물로 주기 위함이다"[34]라고 밝힌 바 있다.

여기서 예수가 많은 사람들의 죄의 대가인 '대속물'이 된다는 말은 바로 자신의 민족만이 아니라, 더 나아가 여호와 하나님의 자녀가 되는 모든 인간들을 죄악과 질병, 그리고 억압의 사슬로부터 자유롭게 한다는 것이었다. 이것이 바로 이스라엘 민족의 선민사상에 기반한 '메시아 대망사상'의 실체였다.

헤롯왕 통치시대에 여호와의 천사가 한 젊은 쳐녀에게 나타났는데, 그녀의 이름은 마리아였다. 그녀는 '요셉'이라는 사람과 약혼했다. 천사는 마리아에게 모든 여자들보다 하나님의 크신 은총을 받아 아들을 낳게 될 것이며, 그 아들은 사람에 의해서가 아니라, 성령에 의해 태어나게 될 것이라고 했다.[35] 그리고 그 천사는 다음과 같이 그녀에게 여호와의 말씀을 전했다.

---

33 이사야 53장 1절-12절; 김행선, 『동서양 고전의 이해』, 352쪽.
34 마가복음 10장 45절.
35 마태복음 1장 18-20절.

보아라, 네가 잉태하여 아들을 낳을 것이니, 너는 그의 이름을 예수라 하여라. 그 아들은 위대할 것이며, 지극히 높으신 분의 아들이라고 불릴 것이다. 그리고 주 하나님은 그에게 그의 조상 다윗의 왕위를 줄 것이고, 그는 영원히 야곱의 집을 다스릴 것이다. 그리고 그의 왕국은 영원할 것이다.[36]

이같은 성경의 기록은 기독교에서 성령의 역할과 예수의 신성함을 강조하는 중요한 이야기이다. 예수의 탄생은 그의 신성을 드러내고, 신화를 극복한 역사성과 함께, 하나님의 계획과 인류의 구원을 이루기 위한 구원 역사의 시작을 상징한다. 더 나아가 예수의 탄생은 구약성경의 예언들을 성취한 것으로 간주된다. 특히 예수의 탄생은 인류에 대한 하나님의 사랑과 그의 관심을 나타내는 것으로, 이를 통해 신자들은 하나님에 대한 신뢰와 더불어 영원한 삶과 구원에 대한 희망을 가질 수 있다. 따라서 예수 탄생의 기록은 곧 기독교 신앙의 중심적인 부분이다.[37]

그런데 바르트(Barth)는 '동정녀 탄생'보다 '성령잉태'가 더 중요하고, 더 정확한 표현이라고 주장한다. 동정녀 탄생론은 마치 처녀 마리아가 어쩌다 아이를 낳은 것처럼 오해의 소지가 있으며, 성령의 놀라운 능력이 아니고서는 처녀가 아이를 낳을 수 없기 때문이다. 이는 예수가 생물학적으로는 전혀 설명할 수 없는 방식, 전적으로 새로운 인간으로 태어나신 것을 뜻한다.[38]

예수가 처녀 마리아에게서 태어났다는 사실은 인간적인 면에서 볼 때는 분명 비정상적인 일이다. 그리고 처녀가 임신했다는 사실은 당시에는

---

36 누가복음 1장 30-33절.
37 「성령에 의해 태어났다는 예수 탄생의 의미」, Chat GPT 3.5; 「예수 탄생의 의미」, Chat GPT 3.5.
38 허호익, 「예수는 달랐다」, 24-26쪽.

사람들의 돌에 맞아 죽어야 하는 '간음죄'에 해당했다. 게다가 그의 부모까지도 부정한 딸을 두었다고 정죄 받아 돌에 맞곤 했다. 이 사실에 대해 마태복음 1장 19절에서는 이렇게 기록하고 있다. "요셉은 의로운 사람이라 약혼자에게 부끄러움을 주지 않으려고 가만히 파혼하려 했다."[39] 요셉은 마리아의 불명예를 드러내지 않고, 가만히 문제를 해결하려 했던 것이다.

그러나 성경은 이러한 부끄러운 사실을 '성령'에 의한 것이라고 기록하고 있다. 그리하여 이 부분에 관해 그 동안 많은 논쟁이 있어 왔으나, 우리가 주목해야 할 사실은 이러한 신비성에 관한 논란이 아니다. 우리는 이 사실과 관련하여 처녀의 몸으로 임신하게 된 마리아의 태도에 주목해야 할 것이다. 마리아는 자신의 뱃속에 있는 '문제아'를 두고 아래와 같은 '마리아의 찬가'를 당당하게 불렀다.

> 내 영혼이 주를 찬양하며, 내 마음이 하나님 내 구주를 기뻐하였음은 그 계집종의 비천함을 돌보셨기 때문입니다. 보라. 이제부터는 모든 세대가 나를 행복하다 할 것입니다. 능하신 이가 큰 일을 내게 행하셨으니 그 이름이 거룩하시며, 긍휼하심이 두려워하는 자에게 대대로 이를 것입니다. 그의 팔로 힘을 보이사 마음의 생각이 '교만한 자들'을 흩으셨고, '권세 있는 자'를 그 위에서 내리치셨으며, '비천한 자'를 높이셨고, '주리는 자'를 좋은 것으로 배불리셨으며, '부자'를 빈손으로 떠나 보내셨습니다. 당신의 종 이스라엘을 도우사 긍휼히 여기시고, 우리 조상에게 말씀하신 대로 그 자비하심이 아브라함과 그 자손에게 영원히 있을 것입니다.[40]

---

39 김행선, 『동서양 고전의 이해』, 353-354쪽; 최태수 목사, 「은혜를 입은 자여」, 영등포중앙 교회 주일설교, 2023.12.10.
40 누가복음 1장 46-56절.

이 노래는 당시 로마의 식민통치 지배 아래에서 힘겹게 살아가며 하루 속히 메시아가 등장하여 그들을 구원해 주기를 갈망하던 대중들의 '메시아 대망사상'을 반영하고 있다. 마리아의 찬가에 나타난 메시아상은 권세 있는 자, 교만한 자, 부유한 자를 내치시고, 비천한 자, 배고픈 자를 자유케 하며 구원하실 분이었다. 이는 곧 고난받고 있는 사람들과 함께 하는 여호와 하나님이었다. '예수'라는 이름이 지니는 본래의 뜻은 "임마누엘"이었으며, 이를 번역하면 "하나님이 우리와 함께 계시다"라는 뜻이다.

마리아는 세상을 구원하실 메시아 예수가 태어나면, 이 세상에 새로운 구원의 질서가 생겨날 것이라고 최초로 고백한 것이다. 이런 마리아의 고백에는 왕과 백성, 부자와 가난한 자 사이에 근본적인 위치가 뒤집히는 천지개벽의 새로운 질서가 생겨날 것이라는 혁명적인 기대가 담겨 있다.[41]

전하는 말에 따르면 대중들이 '마리아의 찬가'를 즐겨 부르자, 러시아 혁명으로 무너진 제정 러시아의 마지막 '짜르(황제)'인 니콜라이(Nicholas) 2세는 이를 두려워했으며, 또 남미의 독재자들도 이 노래에는 '혁명을 일으키는 세균'이 들어 있다고 생각하여 금지시켰다고 한다. 따라서 마리아의 찬가는 당시 자유와 해방을 염원하는 이스라엘 백성들의 메시아 대망사상을 응축한 것으로 볼 수 있다.

이러한 '메시아 대망사상'은 아래와 같이 누가복음 1장에 기록된 세례 요한의 출생에 관한 그의 부친인 사가랴의 입으로부터도 전해지고 있다.

찬송하리로다. 주 이스라엘의 하나님이여 그 백성을 돌아보사 속량하시며 우리를 위해 구원의 뿔을 그 종 다윗의 집에 일으키셨으니 이것은 주께서 예로부터 거룩한 선지자의 입으로 말씀하신 바와 같이 우

---

41 허호익, 『예수는 달랐다』, 28-29쪽.

리 원수에게서와 우리를 미워하는 모든 자의 손에서 구원하시는 구원이라. 우리 조상을 긍휼히 여기시며 그 거룩한 언약을 기억하셨으니 곧 우리 조상 아브라함에게 맹세하신 맹세라. 우리로 원수의 손에서 건지심을 입고 종신토록 주의 앞에서 성결과 의로 두려움이 없이 섬기게 하리라 하셨도다. 이 아이여, 네가 지극히 높으신 이의 선지자라 일컬음을 받고, 주 앞에 앞서 가서 그 길을 예비하여 주의 백성에게 그 죄 사함으로 말미암은 구원을 알게 할 것이다. 이는 우리 하나님의 긍휼을 인함이라. 이로써 돋는 해가 위로부터 우리에게 임하여 '어두움과 죽음의 그늘에 앉은 자'에게 비취고, 우리 발을 '평강의 길'로 인도하시리로다.[42]

사가랴는 '하나님이 기억하신다'는 뜻으로, 하나님의 기억과 섭리에 대한 믿음으로 세례 요한이 출생했음을 말해주는 것이다. 세례 요한의 부모인 사가랴와 그의 아내 엘리사벳은 나이가 많았으나 아이를 갖지 못했다. 그러나 천사가 사가랴에게 나타나서 엘리사벳이 아들을 낳게 될 것이며, 그 아들의 이름을 요한이라 하라고 전했다. 이후 엘리사벳은 세례 요한을 낳았다.

이 구절 역시 세례 요한이 당시 '어둠과 죽음의 그늘' 아래 앉아 있는 것과 같은 대중들의 삶 위에 빛을 비추고, 그들을 평강으로 인도할 '메시아의 길'을 예비하는 자로서 탄생한 것임을 알린 것이다.

성경의 기록에 의하면 예수는 거룩한 성전이 있는 대도시 예루살렘에서가 아니라, 유다의 고을 중 가장 작고 보잘 것 없는 '베들레헴'에서 출생했다. 그것도 해산할 마땅한 곳을 찾지 못해 '말 구유간'이라는 지극히 누추한 곳에서 '인류의 구세주'라 불리는 아기 예수가 태어났다. 하나님이

---

42 누가복음 1장 68-79절.

가장 낮은 곳으로 오신 자리가 말 구유간이다. 이는 하나님이 지극히 낮은 인간의 모습으로 오신 것을 의미한다. 예수는 하나님의 가장 낮아진 자리를 회복하여 가난한 자에게 아름다운 소식을 전하고, 마음이 상한 자를 고치며, 포로된 자에게 자유를, 갇힌 자에게 놓임을 선포하고, 여호와의 은혜의 해와 하나님의 보복의 날을 선포하며, 모든 슬픈 자를 위로하여 하나님의 영광을 드러낼 자라 일컬음을 받을 자였다.[43] 이러한 메시아의 탄생에 대해 누가복음 2장 14절에서는 이렇게 찬양하고 있다. "가장 높은 곳에서는 하나님께 영광이요, 땅에서는 주께서 기뻐하시는 사람들에게 평화로다."

이처럼 작은 마을인 베들레헴에서 메시아가 여호와께는 영광이요, 땅에 있는 사람들에게는 평화를 주기 위해 탄생했다는 선언은 이스라엘 백성들에게 있어서 결코 막연한 수사가 아니었다. 그것은 로마 식민통치라는 역사적 고난의 현장에서 이스라엘 백성들이 염원한 '메시아 왕국'의 도래가 결실을 맺는 순간이었기 때문이다.

예수가 우리와 같은 인간의 몸으로 유대 땅에 탄생한 것 자체가 기적이다.[44] 아우구스티누스(Augustinus)는 성탄절의 진정한 의미를 이렇게 전하고 있다.

인간을 만든 이가 인간으로 태어나셨다. 은하계의 통치자인 그는 어머니의 가슴에서 양육되어야 했겠지만, 굶주린 자들의 빵으로, 목마른 자들의 샘물로, 잠든 자의 빛으로, 여행에 지친 자들을 인도하는 길로, 거짓 증언에 의해 고발당한 진실로, 채찍질당하는 스승으로, 나무에 매달린 기반으로, 쇠약해진 권능으로, 상처 입게 될 치유자로, 죽어

43 이사야 61장 1–3절; 김행선, 『동서양 고전의 이해』, 355–356쪽.
44 칼릴 지브란 저, 박영만 역, 『사람의 아들 예수』, 프리월, 23쪽.

야 할 생명으로 태어나셨다.[45]

영원 전에 우리를 위해 인간이 되기를 원하셨던 분, 우리를 위해 인간이 되셨고, 영원히 우리를 위한 인간이시고, 미래에도 그리하실 분이 바로 예수다. 하나님이 인간으로 태어나셨다는 소식이 얼마나 놀랍고 낯설고 흥미로운가? 바로 그 사건이 기독교의 중심이다. 그것은 무한히 놀라게 하는 것이며, 과거에 결코 존재한 적이 없었던 것이며, 그리고 반복될 수 없는 것이다. 예수의 탄생 소식은 신화와는 아무런 관계가 없다. 그 소식은 앞서 언급한 독특한 역사적 개념을 가지고 있으며, 그 점에서 신화와는 구분된다.[46] 특히 헤롯왕 시대는 앞서 언급했듯이 암울하고 절망적인 시대였다. 이는 메시아로서 인간 예수가 오셔야 했던 당위적인 상황을 알려 준 것이다.

당시 로마는 '로마의 평화'라는 기치를 내걸고, 로마의 통치만이 세계의 질서와 평화를 이룩할 수 있다고 주장했다. 즉 로마의 평화는 힘으로 피정복자를 다스리는 군사력에 의한 일방적이고 강압적인 평화였다.[47]

이런 상황에서 '구원의 기쁜 소식'이란 로마 황제의 후손, 후계자의 탄생을 알리는 말이었고, '영광'이라는 용어도 신적 존재로 추앙받고 있었던 로마 황제에게만 돌려지던 말이었다. 그러므로 이스라엘 민족에게 있어서 최고의 왕권으로 상징되던 다윗의 동네인 베들레헴에서 메시아가 탄생했다는 말은 로마의 식민통치에 저항하는 선언이었을 뿐만 아니라, 당시 유다사회를 통치하고 있었던 유다왕에게도 반기를 든 말이었다. 이 부분에 대해서 마태복음 2장 1-3절은 다음과 같이 기록하고 있다.

45 게리 윌스 저, 권혁 역, 『예수의 네 가지 얼굴』, 돋을새김, 2009, 101쪽 재인용.
46 칼 바르트, 『교의학 개요』, 복 있는 사람, 2022, 107쪽.
47 허호익, 『예수는 달랐다』, 40쪽.

동방에서 온 박사들이 예루살렘에 이르러 말하기를 '유대인의 왕으로 나신 이가 어디 계시냐? 우리가 동방에서 그의 별을 보고 그에게 경배하러 왔다'는 말을 하자, 헤롯왕과 온 예루살렘이 듣고 소동을 일으켰다.

유대인의 왕으로 태어나신 예수를 이방에서 온 박사들만이 반겼다. 동방박사라 불리는 그들은 진정으로 메시아를 기다리고 있었기에 아기 예수에게 엎드려 경배하고 예배했으며, 유대인의 왕에게 드릴 예물을 준비했다. 황금, 유향, 몰약이다. 이는 예수가 유대인의 왕이자 모든 왕의 왕이심을 나타내며(황금), 예수를 하나님의 아들이자 제사장임을 보여주고(유향), 예수의 고난과 죽음을 예고(몰약)하는 상징이었다. 이렇게 세 가지 예물은 예수의 고난과 신성성과 권위 그리고 구원의 역사를 나타내는 중요한 상징이었다.[48]

또한 성경에 기록된 목자들과 시므온(Simeon) 및 안나(Anna)는 매 순간 순간마다 오실 메시아를 기다리고 열망하고 있었기 때문에 아기 예수를 만나는 영광을 얻게 되었다. 아기 예수의 목격자 시므온은 '의롭고 경건하다'는 뜻으로 이스라엘의 위로와 회복을 기다린 자였으며, 성령이 그 위에 임한 자였다. 시므온은 아기 예수를 보고 이렇게 찬송했다. "종을 평안히 놓아주시는도다. 내 눈이 주의 구원을 보았사오니, 이는 만민 앞에 예비하신 것이요, 이방을 비추는 빛이요 주의 백성 이스라엘의 영광이니이다."[49]

그러나 유대인의 왕이자 왕중 왕, 메시아의 오심을 듣고 헤롯왕과 온 예루살렘이 기뻐하지 않고 소동을 일으켰다. 특히 성경에는 헤롯왕이 예

---

48 「동방박사가 드린 예물의 의미」, Chat GPT 3.5; 「동방박사가 드린 예물의 의미」, 뤼튼 AI 검색.
49 누가복음 2장 25-38절.

수가 유대인의 왕으로 나셨다는 말을 듣고 놀라서 군인들을 베들레헴으로 보내어 두 살 이하의 모든 어린아이들을 죽이라고 명령했다고 기술하고 있다. 이렇게 해서 헤롯왕은 장차 자신의 권력을 위협할 수 있는 위험 인물을 애초에 제거하려 했던 것이다. 그리고 헤롯왕이 죽을 때까지 아기 예수는 그 부모와 함께 애굽으로 피신해 있어야 했다.

베들레헴은 눈물의 장소였다. 이스라엘 백성들이 바벨론 포로로 끌려가기 위해 집결했던 장소요, 잔인한 일들이 행해지던 곳이었다. 두 살 이하 어린아이들의 학살사건은 서기 1세기에 로마 제국의 이름없는 변방 속주에서 벌어진 음울한 측면을 잘 보여 준다. 당시의 권력자는 노골적이고 야만적인 권력을 행사했고, 그런 잔인한 권력을 견제하는 법치는 전혀 없었으며, 나이와 상관없이 인명을 경시했다. 이것은 인간의 사악함을 고스란히 보여주는 현실이었으며, 예수는 그런 현실을 시정하고 그런 현실에 대하여 반대하기 위해 이 땅에 왔다가 마침내 그런 현실에 의해 처형당했다. 어린 아이들의 학살은 예수의 십자가 수난의 예고편이었다.[50] 이 사건은 인간의 탐욕과 악에 대한 경고와 함께 예수의 구원 역사와 그의 역사적인 중요성을 강조하는 데 사용된다. 이처럼 인간 예수는 태어나면서부터 수난을 당했으며, 갓난아이 신세로 애굽으로 도망하여 피난민의 삶을 살았다.

한편 예수의 부모는 모세의 법대로 정결예식의 날이 차매 아기 예수를 데리고 예루살렘으로 올라갔다. 이는 주의 율법에 쓴 바 첫 태에 처음 난 남자마다 주의 거룩한 자라 할지라 한 대로 아기 예수를 주께 드리고, 또 주의 율법에 말씀하신 대로 산비둘기 한 쌍이나 혹은 어린 집비둘기 둘로 제사하려 함이었다. 이 의례는 유대인의 관습에 따라 첫 아들을 하나님에게 바침을 나타낸다. 또한 이는 마리아의 정결을 복원하고 아이를 하나님

---

50 폴 존슨 저, 이종인 역, 『예수 평전』, 알에이치 코리아, 2012, 42-43쪽.

의 축복 아래 드리는 의미가 있다. 그때 성전에 있는 시므온이라는 사람과 선지자 안나가 아기 예수를 보고, 예수가 이스라엘 및 세상의 구원자로서 태어난 것임을 예언했다.[51]

예수는 12살이 되는 동안 이스라엘의 관례대로 유대인의 전통과 관습을 배웠을 것으로 추정하고 있다. 이는 유대인으로서 성경을 읽고, 배우고, 유대사회의 관습과 윤리적 가르침을 받은 것을 의미한다. 또한 예수의 아버지 요셉은 목수로서 일하고 있었으므로, 예수는 그의 아버지의 직업을 배우고 도와주는 일도 했을 것이다.[52]

12살이 되었을 때 예수는 절기의 관례를 따라 유월절에 부모를 따라서 예루살렘으로 올라갔다. 예수의 부모는 하룻길을 가서야 예수가 없어진 줄 알았다. 그리고 사흘 후에야 성전에서 예수를 만나게 되었다. 12살 난 아이가 선생들 중에 앉아서 그들에게 듣기도 하시며, 묻기도 하셨다. 이에 듣는 자가 다 그 지혜와 대답을 놀랍게 여겼다. 부모님이 근심하여 그를 찾았다고 질책하자, 예수는 "어찌하여 나를 찾으셨나이까. 내가 내 아버지 집에 있어야 될 줄을 알지 못하셨나이까" 하셨다.[53]

이같은 사건은 예수가 어려서부터 성경적인 교육을 받고, 그 지식을 깊게 이해하고 있었으며, 하나님의 말씀을 사랑하고, 하나님의 집을 사랑했음을 보여준다. 12세의 예수는 유대인의 관습과 율법을 따르고 있었으며, 그의 행동은 그의 부모와 유대인 사회에서 예상되는 것보다 더 높은 수준의 이해와 믿음을 보여주었다. 특히 이 사건은 예수의 신앙적 성정과 그의 사명의 일부를 형성하는 중요한 사건 중 하나이다.[54]

---

51 누가복음 2장 22-24절;「아기 예수의 정결예식에 관해」, Chat GPT 3.5.
52 「예수의 교육」, Chat GPT 3.5.
53 누가복음 2장 41-49절.
54 「12살 때 예수의 모습과 그 의미」, Chat GPT 3.5;「예수의 어린 시절에 대해」, 뤼튼 AI 검색.

이는 어린 시절부터 예수가 자신의 정체성과 사명을 찾으려 했음을 보여준다. 이는 자신은 하나님의 아들이고, 하나님은 자신의 아버지라는 사실을 깨닫고, 하나님의 뜻을 수행하는 자신의 사명을 찾아가는 일이었으며, 예수의 신앙과 신분에 대한 신비로운 진리를 깨닫는 과정이었다. 이같은 어렸을 때의 신앙과 그의 정체성 및 그 사명에 대한 발견은 이후 예수의 사상에 깊은 뿌리가 되었던 것이다. 그러나 예수는 부모와 함께 나사렛에 이르러 부모님께 순종하면서 살았다. 그는 아버지 요셉이 죽은 이후에는 가족들을 보살피는 책임을 다하며 30세까지 평범한 목수의 삶을 살았다. 그리고 "지혜와 키가 자라가며 하나님과 사람에게 더욱 사랑스러워 가신 사람이었다."[55] 따라서 예수가 역사의 전면에 등장하기 전까지의 삶은 비록 성경에 구체적으로 나타나 있지 않지만, 그의 사역에 중요한 준비기간이었음을 추정할 수 있다.

4. 예수는 누구인가

'예수가 누구라고 생각하느냐'는 질문은 기독교 신앙에서 중요한 질문 중 하나이며, 그에 대답하는 것이 곧 신앙이다. 예수를 누구라고 생각하느냐에 따라서 영원한 삶의 희망과 구원을 찾을 수 있다. 그리고 예수를 그리스도라고 믿는 것이 바로 기독교 신앙의 중심이다.

따라서 예수는 사람들이 자신을 누구라고 생각하는지 무척 궁금해 하셨다. 사람들은 예수를 세례 요한, 더러는 엘리야, 어떤 이는 예레미야나

---

55 누가복음 2장 51-52절; 「예수가 12살에 하나님을 아버지라고 불렀던 일의 의미」, Chat GPT 3.5.

선지자 중의 하나라고 생각했다. 이에 예수는 제자들에게 "그러면 너희는 나를 누구라 하느냐"라고 물었다. 이때 시몬 베드로(Simeon Peter)가 대답하기를 "주는 그리스도시오 살아계신 하나님의 아들이시니 이다"라고 고백했을 때, 예수는 매우 흡족해 하면서 "네가 복이 있도다"라고 하셨다.[56]

　이같은 베드로의 신앙고백은 예수가 하나님의 아들이며, 그리스도로서 살아계신 하나님이라는 신성한 성격을 강조한 것이다. 이는 예수의 신성을 인정하고 그의 신격화를 확인하며, 아울러 인류의 구원자로서의 중요한 증거로서, 구약성경에서 예언한 오실 메시아의 성취임을 드러낸 것이다.[57] 히브리어 '메시아'는 구원자 또는 해방자, 기름 부음을 받은 자라는 뜻이며, 그리스어로 번역하면 '그리스도'이다. 즉 예수 그리스도가 유대인의 메시아로서 이스라엘 백성을 구원하고, 평화를 가져다 줄 이상적인 왕이 될 것이라는 뜻이다.[58]

　예수는 메시아요, 왕이란 뜻은 나는 살기 위해서가 아니라 죽기 위해서 왔다는 뜻이고, 나는 힘을 얻기 위해서가 아니라 잃기 위해서 왔으며, 나는 지배하기 위해서가 아니라 섬기려고 왔다는 뜻이며, 이러한 길이 예수가 악을 멸하고 의를 세우는 방법임을 드러낸 것이다.[59] 그러나 정작 메시아라는 칭호에 대해 예수 자신은 조심스러운 태도를 보였다. 그러나 베드로와 다른 제자들이 예수를 메시아라고 생각한다고 말했을 때, 예수는 그 말을 부인하지 않았다. 그는 메시아라는 칭호를 직접 사용하지 않았으나, 메시아에 대한 예언을 스스로 재연하면서 메시아적 정체성을 분명하

56　마태복음 16장 13-17절.
57　「베드로의 신앙고백의 의미」, Chat GPT 3.5; 예수가 하나님의 아들이라는 신분 때문에 우리를 하나님에게로 인도할 수 있으며, 하나님과 우리를 화평케 할 수 있는 것이다. 최태수 목사, 「때문에 신앙」, 영등포중앙교회 고난주간 특별새벽기도회 설교, 2024.3.27.
58　「메시아와 그리스도의 뜻」, 뤼튼 AI 검색; 「메시아와 그리스도의 뜻」, Chat GPT 3.5.
59　Timothy Keller, *Jesus The King*, Previously Published as King's Gross, 2016, p.105.

게 드러냈다.[60]

그리고 마리아와 요셉이 데려온 아기 예수를 보고 시므온은 그의 부모를 축복하고 마리아에게 말하기를, "예수는 이스라엘 중 많은 사람을 패하거나 흥하게 하며, 비방을 받는 표적이 되기 위해 세움을 받았고, 또 칼이 마리아의 마음을 찌르듯 하리니, 이는 여러 사람의 마음의 생각을 드러내려 함"이라고 예언했다.[61] 이는 메시아 예수의 정체성과 그의 죽음의 길을 말한 것이다.

그러면 복음서는 구체적으로 예수의 정체성을 어떻게 기술하고 있는지 살펴보자. 마태복음 1장 1절에서는 "예수 그리스도는 아브라함과 다윗의 자손"이라고 선포했으며, 마가복음 1장 1절에서는 "하나님의 아들 예수 그리스도"라고 선포했다.

요한복음 1장 1-5절에는 이렇게 기록되어 있다. "태초에 말씀이 계시니라 이 말씀이 하나님과 함께 계셨으니 이 말씀은 곧 하나님이시니라. 그가 태초에 하나님과 함께 계셨고, 만물이 그로 말미암아 지은 바 되었으니 지은 것이 하나도 그가 없이는 된 것이 없느니라. 그 안에 생명이 있었으니 이 생명은 사람들의 빛이라."

여기에서는 예수를 '태초에 천지를 창조하신 창조주 하나님'이라고 서두부터 담대하게 선포한다. 이는 예수가 하나님과 함께 이미 태초부터 있었으며, 예수의 신성과 창조주로서의 역할을 강조한 것이다. 말씀은 예수를 나타내며, 이는 그가 하나님이 말씀으로 세상에 오신 것을 의미한다. 즉 예수는 생명을 주시는 창조주이시며, 참 생명으로 오셨고, 이 생명이 사람들의 빛이다.

---

60 리처드 보컴 저, 김경민 역, 『예수 생애와 의미』, 161-162쪽.
61 누가복음 2장 25-35절.

한편 요컨대 예수는 산 위에 떠 있는 구름처럼 가려진 존재가 아니라, 백성 가운데 한 사람으로 자신을 드러내신 하나님이시다.[62] 요한복음 18장 1-9절에서 예수는 구약에서 언급된 하나님의 이름을 밝히고 있다. 요한 기자는 하나님으로 오신 예수를 분명히 선포하기 위해 "내가 그니라"라고 반복해서 기록하고 있다. 예수 자신이 바로 하나님이심을 선언한 것이다. 이처럼 복음서에 기록된 예수는 하나님 자신이고, 하나님의 아들이며, 그리스도이다.

요한복음에서 예수는 자신을 참빛이요, 세상의 빛이요, 부활이요, 생명이요, 길이요, 진리로 선언하고 있다.[63] 이는 예수의 신성과 구원의 역할을 강조한 것으로, 예수가 어둠의 세계에 생명의 빛을 가져온다는 의미이며, 그의 교훈과 행적이 인류에게 구원의 길을 보여주고 밝게 비추는 것을 뜻한다. 또한 예수가 진리와 삶의 길이며, 영원한 생명의 원천이라는 사실을 밝힌 것이다.

그리고 예수는 다음과 같이 선언했다.

> 너희가 내 말을 지켜 행하면 참으로 나의 제자가 되고, 진리를 알게 될 것이며, 진리가 너희를 자유케 하리라.[64]

여기서 진리란 곧 예수 자신이며, 예수를 통해 하나님과 만날 수 있고, 사람들이 바르게 살아갈 수 있는 방향을 찾게 되며, 모든 불의와 거짓으로부터 자유로워지는 길을 의미했다. 따라서 하나님 나라로 향하는 진리의 길은 '좁은 문'이며, 고난을 동반하는 길이다. 예수는 하나님 나라를 건

---

62 리처드 A.버릿지 저, 손승우 역, 『복음서와 만나다-예수를 그린 네 편의 초상화』, 비아, 2017, 139쪽.
63 요한복음 1장 1-18절.
64 요한복음 8장 31-32절.

설하기 위한 마지막 완성의 길인 '십자가'를 짊어짐으로써 모든 기독교인들의 사표(師表)가 되었다.

또한 예수는 "나는 부활이요 생명이다. 나를 믿는 이는 죽어도 살 것이요, 살아서 믿는 자는 영원히 죽지 않을 것이다"라고 말씀하셨다. 이는 죽든지 살든지 예수 안에 있으면 산다는 것으로 현재적 사건을 의미하며, 예수의 삶 자체가 부활이요, 생명이라는 뜻이다. 이는 불확실한 미래적 사건이 아니라, 예수의 존재 속에 내포된 것이다. 따라서 예수를 믿는 자도 지금, 여기에서 부활이요, 생명이다.[65]

더 나아가 요한복음 4장 1-30절에서는 예수를 영원히 목마르지 않는 생수, 메시아로 표현하고 있다. 예수는 사마리아의 이름 없는 여인, 결혼을 다섯 번 실패하고 여섯 번째 남편과 살고 있는 불쌍한 여인을 만나 복음을 전했다. 그 여인은 목마름을 해결해 보려고 한낮에 우물에 나와 봤지만, 계속 목마를 뿐이었다. 이에 예수는 여인에게 영원한 생명을 주는 생수를 제공하시고, 그녀의 마음에 구원의 빛을 비추셨다. 또한 여인은 이스라엘 백성으로 메시아에 대한 소망을 갖고 있어서 참된 예배에 대해 질문했다. 이에 예수는 영과 진리로 예배드리는 것이라고 답변하셨다. 그러나 여인이 알아듣지 못하고 메시아가 오면 모든 것을 알려주실 것이라고 말하자, 예수는 이때 자신이 바로 그 메시아이심을 드러내셨다.[66]

또한 예수는 "나는 생명의 떡"이요 "하늘로부터 내려온 떡"이라고 선포하시고, "내게 오는 자는 결코 주리지 아니할 터이요, 나를 믿는 자는 영원히 목마르지 아니하리라"라고 했으며,(요한복음 6장 32-35절) "나는 하늘에서 내려온 살아 있는 떡이니 사람이 이 떡을 먹으면 영생하리라. 내가

---

65 김기석 목사, 「나는 부활이요 생명이다-요한복음 37강(11장 17-27절)」, CBS 성서학당.
66 요한복음 4장 15-26절.

줄 떡은 곧 세상의 생명을 위한 내 살이니라"(요한복음 6장 51절)라고 했다. 그만큼 예수가 우리에게 떡과 같이 필요하신 분임을 선포한 것이다.

생명의 떡이란 바로 예수의 몸이고, 예수의 고난과 고통의 떡임을 말한 것이다. 왜냐하면 예수는 억압으로부터 궁극적인 해방을 가져오고, 궁극적인 대탈출을 인도하시는 분이기 때문이다.[67] 이는 예수가 자신의 십자가 희생을 통해 인류의 죄를 속죄하고 영원한 삶을 주신다는 의미이며, 예수의 말씀을 먹고 소화하여야 영원한 삶을 누린다는 뜻이다. 즉 예수의 생명 안에서 살아가야 한다는 것이다. 그리하여 예수는 말하기를, "너희가 내 안에 거하고 내 말이 너희 안에 거하면 무엇이든지 원하는 대로 구하라 그리하면 이루리라"(요한복음 15장 7절)라고 했다.

또 한편 요한복음 15장에서 예수는 자신의 정체성에 대해 "나는 참포도나무요, 내 아버지는 농부라"(1절), "나는 포도나무요 너희는 가지라. 그가 내 안에, 내가 그 안에 거하면 사람이 열매를 많이 맺나니 나를 떠나서는 너희가 아무 것도 할 수 없음이라"(5절)라고 선언했다.

그리고 요한복음 10장에서 예수는 말하기를, "나는 양의 문이라. 나보다 먼저 온 자는 다 절도요 강도니 양들이 듣지 아니하였느니라. 내가 문이니 누구든지 나로 말미암아 들어가면 구원을 받고 또는 들어가며 나오며 꼴을 얻으리라"(7-9절)라고 했으며, 더 나아가 "나는 선한 목자라. 선한 목자는 양들을 위하여 목숨을 버리거니와 삯꾼은 목자가 아니요 양도 제 양이 아니라. 이리가 오는 것을 보면 양을 버리고 달아나나니 이리가 양을 물어가고 또 해치느니라"(11-12절)라고 말씀했다.

예수만 참 포도나무요, 예수만 길이고, 진리이고, 생명이라는 것이다. 예수만 선한 목자요, 예수만 문이라는 것이다. 요컨대 예수 외에는 구원

---

67 Timothy Keller, op.cit, p.181.

의 방법이 없다는 것이다, 예수 외에 우리의 목자는 없고, 오직 예수만 하나님 나라로 들어가는 유일한 문이다. 이 문으로 들어가지 않는 자는 누구든 강도요, 이리요, 거짓 선지자라는 것이다.

성도들은 깨어 있어서 자신의 영혼을 노략질하는 거짓 선지자, 곧 거짓 목회자를 잘 분별해야 한다. 양의 옷을 입었으나, 속에는 이리인 사람들이다. 거짓 목회자란 성경의 가르침과 일치하지 않는 가르침이나 행동을 하는 사람을 가리킨다. 이들은 선한 목자가 아니라, 자신의 이익을 위해 사람들을 속이거나 유혹하며, 종교적인 권력이나 돈을 추구하고, 위험에 처한 양을 버리고 도망가는 삯꾼인 경우가 많다. 따라서 거짓 목회자와 참된 목회자를 구별하는 길은 성경에 명시된 가르침과 일치하는지 확인하는 것이다. 거짓 목회자는 종종 성경을 왜곡하거나 무시한다. 또한 목회자의 행적과 그 열매를 통해 알 수 있다. 참된 목회자는 섬기고 사랑하며, 온유하고, 절제하며, 인내하고 화평케 하는 열매를 맺는다.[68]

위와 같은 예수의 말씀들은 유대 종교지도자들이나, 심지어는 예수의 제자들에게도 매우 충격적인 선언이었다. 유대 종교지도자들이 곧 거짓 목회자요, 양의 옷을 입은 이리였기 때문이다. 특히 예수가 하늘로부터 내려온 생명의 떡이니, 이 떡을 먹으면 영생하리라고 선언하자, 후술하는 바와 같이 예수를 따르던 제자들 가운데서도 많은 이들이 예수를 떠나기도 했다.

한편 예수는 자기 자신을 '인자'라고 말하기를 즐기셨다. 인자란 참되고 완벽한 사람의 아들이란 뜻으로, 예수가 인간으로서 우리와 함께 고통을 겪으며, 구원의 역할을 수행하고자 하였음을 나타내는 말이다. 즉 인자로서 예수는 인간의 본성을 가졌으며, 우리의 죄악과 고통을 이해하고

---

68 요한복음 10장 12절; 「거짓 목회자를 분별하는 길」, Chat GPT 3.5.

용서하며, 마지막으로는 우리를 구원하기 위해 자신을 희생한다는 것을 의미한다.[69]

예수는 말씀하시기를 "인자가 온 것은 섬김을 받으려 함이 아니라 도리어 섬기려 하고 자기 목숨을 많은 사람의 대속물로 주려 함이니라"라고 하셨다.(마가복음 10장 45절) 그리고 인자는 많은 고난을 받고 멸시를 당하리라고 하였고, 사람들이 인자에 대해 함부로 대우했다고 하셨다.(마가복음 9장 12-13절) 즉 "인자가 많은 고난을 받고 장로들과 대제사장들과 서기관들에게 버린바 되어 죽임을 당하고 사흘 만에 살아나야 할 것을 비로소 그들에게 가르치시되"(마가복음 8장 31절)라고 기록되어 있다.

이처럼 인자는 섬김의 사람이며, 하나님의 뜻에 순종하는 사람이란 뜻이다. 이러한 섬김과 순종으로부터 예수의 권세와 능력이 나오는 것이다.[70]

요컨대 인자는 그리스도의 또 다른 이름이다. 예수를 하나님의 아들로 보는 그리스도론과 사람의 아들로 보는 그리스도론은 서로 충돌하며 상호보완하고 있다. 두 그리스도론에는 예수의 내면과 외면, 신성과 인성이 얽혀 있어 그의 영광된 모습을 입증함과 동시에 굴욕당하는 비참한 모습을 숨김없이 그려낸다.[71]

인자는 예수가 인간으로써 우리와 함께 하며, 우리의 고통과 역경을 이해하고 공감할 수 있다는 것을 나타낸다.[72] 따라서 인자라는 용어는 인간 예수가 인류를 위해 고통을 받고 죽음을 택한 구세주로서의 역할을 강

---

69 「예수는 인자」, Chat GPT 3.5; 리처드 A.버릿지 저, 손승우 역, 『복음서와 만나다-예수를 그린 네 편의 초상화』, 101쪽; 최태수 목사, 「섬기러 오신 예수님」, 영등포중앙교회 고난주간 특별새벽기도회 설교, 2024.3.28.

70 최태수, 「섬기러 오신 예수님」.

71 리처드 A.버릿지 저, 손승우 역, 『복음서와 만나다-예수를 그린 네 편의 초상화』, 104쪽.

72 「인자는 그리스도의 또 다른 이름이다」, Chat GPT 3.5.

조하는 데 사용된다.[73] 이처럼 인자라는 표현에서 예수의 정체성과 그 운명이 분명히 드러난다.

끝으로 예수는 사랑이시다. 요한1서 4장 7–8절에는 "사랑하는 자들아 우리가 서로 사랑하자. 사랑은 하나님께 속한 것이니 사랑하는 자마다 하나님으로부터 나서 하나님을 알고 사랑하지 아니하는 자는 하나님을 알지 못하나니 이는 하나님은 사랑이심이라"라고 하나님의 정체성에 대해 언급하고 있다.

하나님은 사랑이시니 예수의 정체성 역시 사랑임을 알 수 있다. 예수의 삶과 가르침은 사랑에 대한 것이었다. 그는 모든 사람을 사랑하고, 그의 사랑은 용서와 자비에 넘치며, 모든 사람을 구원하고자 하는 하나님의 은혜를 나타낸다.[74]

누가복음 4장 18절–19절에서는 이에 대해 "가난한 자에게 복음을 전하고, 상한 마음을 싸매어 주고, 포로된 사람들에게 자유를 선포하고, 눈먼 사람들을 다시 보게 하고, 갇혀 있는 사람에게 석방을 선언하고, 억눌린 사람들을 자유롭게 하고, 주의 은혜의 해를 전파하게 하려 하셨다. 모든 슬퍼하는 사람들을 위로하게 하셨다"라고 했다.

예수는 가난한 자, 상처받고 슬퍼하는 자, 포로된 자, 눈먼 자, 갇힌 자, 억눌린 자들의 친구이며, 사회적 약자인 여인들과 세리 및 죄인들, 더 나아가서는 이방인의 친구였다. 이 사람들은 당시 유대사회에서 소외되고 배척받는 사람들이었다.

예수의 제자 중에는 죄인이라 불린 세리 마태가 있었으며, 예수는 그의 사역의 목적이 죄인들을 부르러 왔다는 사실을 분명히 했다. 또한 복음서

73 「예수는 인자라는 의미」, Chat GPT 3.5.
74 「예수는 사랑이다」, Chat GPT 3.5.

에는 예수의 사랑을 받고 그를 따르는 여성들이 많았다. 예를 들어 엘리사 벳, 안나, 모친 마리아의 이야기로부터 시작하여 여성 제자들, 마리아와 마르다의 이야기, 베드로의 장모, 야이로(Jairus)의 딸과 혈루병에 걸린 여인에 관한 이야기는 예수가 사회적 약자인 여인들의 친구였음을 알려 준다.

또한 자신의 딸을 살리기 위해 생명의 떡, 은혜의 부스러기라도 달라고 간청하며 예수운동의 방향을 이방인에게로 열어준 이방여인인 수로보니게 여인(가나안 여인)이나 로마 군인인 백부장의 하인의 병을 고쳐 주신 사건, 사마리아 사람의 비유 등은 예수운동 및 예수의 사랑이 유대민족이라는 협소한 틀을 벗어나 이방민족 및 모든 민족을 향한 보편적 사랑으로 확대 되어갔음을 알려준다. 이러한 보편정신이 기독교가 세계종교로 발전하게 된 원동력이었다.

특히 예수의 사랑은 원수들도 사랑하고 용서할 뿐만 아니라, 십자가의 구속사건으로 절정에 다다른다. 십자가의 구속사건은 예수의 사랑과 자비를 나타내며, 그의 역사적 활동의 중심이다. 그런 의미에서 예수는 유월절 제물이자 죄를 대속할 제물인 '어린 양'으로 묘사되고 있다.[75]

요컨대 예수는 구약의 모든 예언자들의 비전과 갈망을 이루는 성취였으며, 온 세계를 새롭게 다스리기 위해 오실 왕이셨다.[76] 그리하여 예수는 자신의 시작과 끝을 아시는 분이셨으며, 그 분의 길을 아시는 분이셨다.[77]

유대의 역사가 요세푸스는 예수가 누구인지에 대해 다음과 같이 표현하고 있다.[78]

---

75 마태복음 26장 17-19절; 요한복음 1장 29절.
76 Timothy Keller, op.cit, p.4.
77 김기석 목사, 「나를 본 자는 아버지를 보았다-요한복음 46강(14장)」, CBS 성서학당.
78 요세푸스, 「유대고대사」 2, 506쪽.

예수라는 지혜로운 사람-너무나 신기한 일들을 많이 행했기 때문에 인간이라고 볼 수 있을는지는 모르겠으나 인간으로 보는 것이 합당하다면-이 있었다. 그는 사람들로 하여금 기쁜 마음으로 진리를 받아들일 수 있게 만드는 선생이었다. 그는 수많은 유대인뿐만 아니라 이방인까지도 그의 곁으로 끌어들였다. 그가 바로 그리스도였다. 빌라도가 유대의 유력 인사들의 청에 의해 그를 십자가에 달려 죽게 했으나 그를 처음부터 사랑하던 자들은 그를 버리지 않았다. 왜냐하면 하나님의 선지자들이 그에 관해 예언한 대로 3일 만에 다시 살아나서 그들에게 나타났기 때문이었다. 하나님의 선지자들은 이뿐 아니라 그에 관해서 수많은 놀라운 일들을 예언했었다. 그의 이름을 본떠 그리스도인이라고 불리는 사람들은 오늘날까지도 남아 있다.

제3장

$\vdots$

예수의 사상

예수의 사상

I. 예수의 역사인식: 소경이 소경을 인도한다

예수는 로마 제국의 지배하에 있는 유다사회에서 활동했으며, 유대교의 종교적 전통과 로마의 정치적 현실이 그의 활동에 영향을 미쳤다. 그의 가르침은 유대교의 종교적 토론과 문화적 배경 속에서 발전했으며, 로마 제국의 통치 아래서의 경험은 그의 메시아적 역할과 관련된 특정한 의미를 부여했다. 따라서 예수의 역사인식은 그가 활동한 시대의 역사와 문화를 고려하여 그의 삶과 가르침을 이해하는 데 중요한 역할을 한다.[1]

예수가 살았던 시대는 앞서 언급했듯이 정치적, 종교적으로 격동의 시대였으며, 그의 가르침과 기적은 많은 사람들에게 희망을 주었으나, 동시에 종교지도자들과 로마의 지배자들에게는 갈등과 대립의 요인을 제공했다.

---

1 「예수와 시대적 인식」, Chat GPT 3.5.

예수는 로마 제국의 정치적 현실에 대해 직접적으로 언급하지는 않았지만, 그의 가르침과 활동은 로마의 사회적, 정치적 구조에 영향을 미쳤다. 예수의 가르침은 로마 제국의 가치 및 행동과 대조적이었다. 그는 선행과 사랑, 정의, 그리고 겸손을 강조했으며, 부와 권력을 탐욕스럽게 추구하는 것을 비판했다. 이러한 가르침은 로마 제국의 세속적 가치나 힘의 문화와 충돌하고 대립했다. 더 나아가 예수는 하나님 나라의 비전을 제시하며, 이를 로마 제국의 지배체제와 대조시킴으로써 로마제국의 폭력과 착취에 저항하는 메시지를 전했다. 또한 예수의 메시아적 선포는 로마 제국의 황제에 대한 충성과 경배를 동시에 요구하는 사회적, 정치적 환경과 대립했다. 요컨대 예수는 로마제국의 군사적, 경제적 폭력에 대한 암묵적 비판을 하고 있었으며, 폭력이 아닌 사랑과 평화를 통해 로마제국의 지배체제에 저항하는 독특한 방식을 제시했다. 이러한 이유로 예수와 그의 추종자들은 로마 당국의 경계대상이었다. 그리하여 유대인들은 예수의 삶과 가르침이 로마의 폭정에 대한 저항이 될 수 있다고 보았고, 예수를 그들의 정치적 희망의 상징으로 간주하기도 했다.[2]

예수가 살았던 시대는 마치 이스라엘 민족의 파멸을 예견하면서 예언자들이 활약했던 시대와 같았다. 그 시대적 분위기는 하나님의 구원계획에 따라 당시 사회질서가 궁극적으로 소멸할 때가 왔다는 묵시록적 신념에 차있었다. 예수와 그 제자들은 심판의 시대가 '지금', 혹은 '가까운 장래'라고 믿고, 그것이 예수의 출현과 더불어 이미 시작되었다고 확신했다. 이것은 합리적이고 과학적으로도 주장할 수 있는 '직관'에 근거한 것이었다. 예수나 초기 기독교인들은 여호와 하나님의 말씀에 근거한 종교적,

---

2 「예수의 로마제국에 대한 인식과 비판」, Chat GPT 3.5; 「예수의 로마제국에 대한 인식과 비판」, 뤼튼 AI 검색.

도덕적, 역사적 인식에 근거해서 물질적 현실구조의 상징인 '예루살렘'이 철저하게 파멸되리라고 예견했으며, 더 나아가 당시 번영과 영광의 절정에 있었던 로마 제국이 곧 붕괴하리라는 신념을 갖고 있었다.[3]

예수는 후술하는 바와 같이 종말론적 역사인식을 기반으로 세상의 종말과 그 때의 징조 및 일어날 일들에 대해 설명했다. 그리고 예수는 말씀하시기를, "인자가 영광을 얻을 때가 왔도다…이제 이 세상에 대한 심판이 이르렀으니 이 세상의 임금이 쫓겨나리라. 내가 땅에서 들리면 모든 사람을 내게로 이끌겠노라"라고 하셨다.[4] 이는 예수가 그의 십자가와 부활을 통해 세속적인 힘과 권위를 무력화시키고, 기존의 세계를 무너뜨림으로써 모든 사람이 예수를 따르며, 구원을 받고, 하나님 나라를 세우겠다는 선포였다.

예수는 그 시대 사람들을 향해 다음과 같이 외쳤다.

> 나는 이 세상에다 불을 지르러 왔다. 불이 이미 붙었으면 내가 바랄 것이 더 무엇이 있겠는가? 그러나 나는 받아야 할 세례가 있다. 그 일이 이루어질 때까지 내가 얼마나 괴로움을 당하는지 모른다. 너희는 내가 세상에 평화를 주러 온 줄로 생각하느냐? 내가 너희에게 말한다. 그렇지 않다. 도리어 분쟁을 일으키러 왔다.[5]

더 나아가 예수는 선포하기를 "너희는 내가 땅 위에 평화를 주러 온 줄

---

3 김행선, 『동서양 고전의 이해』, 이회, 1999, 377쪽; 당시 묵시록적 개념은 유대인들에게 퍼져 있던 메시아 사상의 한 유형이었다. 마지막إ 구원과 심판에 앞서 혼란과 파괴의 시기가 온다고 믿었는데, 그것이 어찌나 두려운 감정을 자아내는지 탈무드를 쓴 랍비들이 하나님에게 메시아 이전의 시대에 살고 있는 자기들에게 자비를 베풀라고 간청할 정도였다. 같은 책 각주 138).
4 요한복음 12장 23절, 31−32절.
5 누가복음 12장 49−51절.

로 생각하지 말아라. 평화가 아니라 칼을 주러 왔다. 나는 아들이 제 아버지를, 딸이 제 어머니를, 며느리가 제 시어머니를 거슬러서 갈라서게 하러 왔다. 사람의 원수가 제 집안 식구일 것이다"[6]라고 했다.

예수가 세상에 불을 지르러 왔으며, 화평이 아니라 검을 주러 오셨다는 말씀은 새로운 질서와 새로운 사회를 건설하기 위해 검을 던질 시간이 왔다는 말이다. 이는 예수가 죄와 어둠으로 가득찬 세상에 복음을 전파하고, 진리와 빛을 드러내기 위해 오셨다는 뜻이다. 예수는 대부분의 경우에 사랑과 화목을 강조했지만, 그의 사명이 종종 분쟁과 분리를 일으킬 수 있었다. 예수는 진리를 전파하는 데 있어서 신앙의 결단을 요구했다. 이로 인해 가족과 친구 사이에 갈등이 생기기도 했고, 사람들은 예수의 말씀을 받아들이기를 거부하기도 했다. 그 결과 예수의 메시지는 분쟁을 일으키고, 가족과 사회 내에서 분열을 초래할 수 있었다. 따라서 이는 종종 진리와 의를 위한 싸움의 의미로 이해되기도 한다. 즉 예수의 가르침과 활동이 세상에 변화를 가져오지만, 이 변화는 항상 평화적인 방법으로 오지 않을 수 있다는 것이다. 말씀과 진리의 검을 통해서 세상의 불의와 싸우게 된다는 것을 뜻한다.[7]

이처럼 예수는 그 운동의 광대한 전망 아래 그가 장차 세상에 일으키려는 파란(波瀾)을 숨기려 하지 않았다. 예수가 세상을 향해 던진 폭탄적인 선언들은 실로 모세가 율법을 그 민족에게 부여하는 순간과 같았으며, 그 시대의 진실과 비진실을 분명하게 가르고, 두리뭉실하게 평화의 모습으로 위장된 불의한 사회를 분쟁으로 이끄는 '혁명의 세균'과 같은 것이었다. 이는 초기 기독교인들의 구성원들이 주로 가난하고 사회적으로 멸시당하

6 마태복음 10장 34-35절.
7 「예수가 세상에 검을 주러 왔다는 의미」, Chat GPT 3.5.

는 사람들, 짓밟히고 버림받은 사람들의 집단이었다는 사실에서도 알 수 있다. 예수는 마치 구약시대의 위대한 민족지도자였던 모세나 예언자들의 살아있는 정신, 그리고 가깝게는 세례 요한의 정신을 계승·발전시켜 부자와 종교지배층 및 지배세력을 가차없이 비판했으며, 부와 세속적 권력 및 성직의 권력을 가진 자들을 '죽음의 세력'으로 규정하고, 이와는 타협하지 않았던 것이다.

예수는 당시 완악한 세대의 사람들을 비유하건대, "아이들이 장터에 앉아 서로 불러 가로되 우리가 너희를 향하여 피리를 불어도 너희가 춤추지 않았고, 우리가 애곡을 하여도 너희가 울지 않았다 함과 같도다"[8]라고 하며, 아래와 같이 예루살렘을 향해 탄식했다. 이것이 소위 '예루살렘의 애가'이다.

> 예루살렘아, 예루살렘아! 예언자들을 죽이고, 너에게 파송된 사람들을 돌로 치는 자여. 암탉이 제 새끼를 날개 아래 모음같이 내가 너희의 자녀들을 모으려 한 일이 몇 번이냐? 그러나 너희가 원치 아니하였도다. 보라 너희 집이 황폐하여 버린 바 되리라. 내가 너희에게 이르나니 너희가 주의 이름으로 오시는 이를 찬송하리로다 할 때까지는 나를 보지 못하리라.[9]

이는 예수가 예루살렘의 파멸과 그에 따른 재앙 및 그 도시를 둘러싼 비극에 대해 예언한 것이다.

예수가 하나님 나라의 건설운동을 전개하기 위해 사회의 총체적인 모순이 응결되어 있던 예루살렘으로 갔을 때 바리새인들이 그에게 와서 말

---

8 누가복음 7장 31-32절.
9 누가복음 13장 34-35절.

하기를, "여기에서 떠나십시오. 헤롯이 당신을 죽이려고 합니다"(누가복음 13장 31절)라고 전했다. 이때 예수는 그들에게 다음과 같이 말했다.

> 가서 그 여우에게 전하라. 보아라, 오늘과 내일은 내가 귀신을 쫓고 병을 고칠 것이요, 사흘 째 되는 날에는 내 일을 끝낸다. 그러나 오늘도 내일도 그 다음날도 나는 내 길을 가야 하겠다. 선지자가 예루살렘이 아닌 다른 곳에서는 죽을 수 없기 때문이다.[10]

이는 죽음까지도 불사하면서 당시 분봉왕 헤롯 안티파스에게까지 당당하게 맞서는 뚜렷한 저항정신과 아울러 하나님 나라의 건설운동에 대한 확고한 실천의지를 선언한 것이라 할 수 있다. 그리하여 슈바이처(Schweitzer)는 그의 『역사적 예수에 대한 연구』에서 예수 자신이 당시의 권력자들에게 도전함으로써 역사의 종말을 가져오고, 하나님의 개입을 야기시키고자 하여 잘못 굴러가는 역사의 수레바퀴를 멈추려 했으나, 오히려 그 바퀴가 그를 십자가 위에 깔리게 했다고 말한 바 있다.

한편 서기관들과 바리새인들 및 사두개파 사람들이 앞서 언급했듯이 '하나님 나라'를 선포하는 예수를 시험하기 위해서 그 징조를 자기들에게 보여 달라고 요청하자, 예수는 이렇게 질타하고 있다. "너희는 구름이 서쪽에서 이는 것을 보면 비가 오겠다고 서슴치 않고 말한다. 그런데 그대로 된다. 또 남풍이 불면 날이 덥겠다고 한다. 그러면 그대로 된다. 위선자들아 너희는 땅과 하늘의 기상은 분간하면서도 어찌하여 이 세대를 분간하지 못하는가?"[11]

예수는 구약시대 예언자들이 '민족위기론'을 주장한 것처럼 당시의 시

---

10 누가복음 13장 31-33절.
11 누가복음 12장 54-56절.

대적 상황을 위기상황으로 보았으며, 이러한 인식 아래 강력하게 사회현실을 비판했던 것이다.

대제사장들과 귀족들은 예루살렘 성전체제를 중심으로, 그리고 율법학자들과 바리새인들은 촌락사회에서 율법을 통해 대중들의 생활과 사상을 모든 면에서 지배하고 있었다. 당시 대중들의 생활을 규정하는 율법조항은 613개나 되었다. 이는 대중들의 의식뿐만 아니라, 생활의 구석구석까지 지배하며 통제한 것이다. 따라서 예수 시대의 율법 그 자체는 이미 모세의 율법정신으로부터 멀어져 각질화 되고, 형식화 되어 대중들을 억압하는 기능으로 작용하게 되었다. 그 결과 예수로 대표되는 대중세력과 지배층 간의 대립은 주로 율법의 해석에 대한 논쟁으로 집중되었다. 이는 곧 이스라엘의 역사와 정치가 종교생활과 밀접한 성격을 갖고 있었기 때문이다.

그 일례로 바리새인들과 서기관들이 예루살렘으로부터 파견되어 예수의 제자들이 장로들이 전해 준 관습을 어기고 손을 씻지 않는다고 비난하자, 예수는 구약에 기록된 말씀을 인용하면서, 이렇게 유다사회 지도층의 죄악상을 고발하고 있다. "이 백성이 입술로는 나를 존경하되 마음은 나에게서 멀도다. 사람의 계명으로 교훈을 삼아 가르치니 나를 헛되이 경배하는도다."[12]

당대 사회 지배층에 대한 예수의 풍자와 비난은 실로 불로 지진 것처럼 이들의 마음판에 새겨져, 그들의 분노와 적대심을 불러 일으켰다. 이에 제자들이 예수에게 그들이 예수의 이러한 말에 분개하고 있다고 전하자, 오히려 예수는 바리새인과 서기관들을 향해 더욱 격렬하게 다음과 같이 질책하고 있다.

---

12 마가복음 7장 6-7절; 김행선, 『동서양 고전의 이해』, 360쪽.

그들은 맹인이 되어 맹인을 인도하는 자로다. 만일 맹인이 맹인을 인도하면 둘이 다 구덩이에 빠지리라.[13]

예수는 이들 종교지도층의 위선적인 신앙과 교훈은 마치 소경이 소경을 인도하듯이 그들뿐만 아니라, 일반 대중들까지 여호와의 근본정신을 잘못 알게 함으로써 하나님과 이스라엘 백성들과의 관계를 왜곡시키고, 사회정의를 무너뜨리고 있음을 질타했다. 그리고 예수는 바리새인들의 위선적인 행동을 아래와 같이 폭로했다.

화 있을진저. 외식하는 서기관들과 바리새인들이여. 지금 잔과 대접의 겉은 깨끗이 하지만 너희들의 마음속은 탐욕과 악독이 가득하다. 어리석은 자들아! 밖을 만드신 이가 속도 만들지 않으셨느냐. 오직 그 마음으로 자선을 베풀어라. 그러면 모든 것이 너희에게 깨끗해질 것이다. 바리새인들아! 너희들에게 화가 있을 것이다. 너희는 박하와 운향과 온갖 채소의 십일조는 바치면서, 공의와 하나님께 바치는 사랑은 소홀히 한다. 그런 것들도 소홀히 해서는 안 되고, 이것들도 반드시 해야 한다. 또 너희 바리새인들은 회당에서 높은 자리에 앉기를 좋아하고, 장터에서 인사 받기를 좋아하고, 잔치에서는 윗자리에 앉기를 좋아한다. 그들은 과부들의 재산을 삼키고, 남에게 보이려고 길게 기도한다.(마가복음 12장 38-40절) 너희에게 화가 있을 것이다. 너희는 드러나지 않게 만든 무덤과 같아서 사람들이 그 뒤를 밟고 다니면서도 그것이 무덤인지를 알지 못한다. 이런 사람들이야말로 더 엄한 심판을 받을 것이다.(누가복음 11장 39-44절) 화 있을진저. 위선적인 서기관들과 바리새인들이여! 그대들은 회칠한 무덤과 같구나. 겉으로는 아름답게 보이지만 그 속에는 죽은 사람의 뼈와 모든 더러운 것이 가득하

---

13 마태복음 15장 14절.

도다. 너희들은 겉으로는 사람들에게 옳게 보이나 안으로는 위선과 불법이 가득하도다.(마태복음 23장 27절-28절)

　바리새인들이 제자들의 손 씻지 않은 것을 보고 비난하자, 예수는 그들의 마음을 책망한다. 예수는 사람들을 더럽히는 것은 밖에서 사람의 몸으로 들어가는 음식이 아니라, 사람의 마음으로부터 밖으로 표출되는 행위에 있다고 말씀했다. 그는 사람들의 더러운 마음으로부터 나오는 행동이란 곧 악한 생각, 음란, 도둑질, 살인, 간음, 탐욕, 악독, 거짓 증언, 음탕함, 질투, 교만, 비방, 속임, 우매함이라고 지적하면서, 사람들을 더럽히는 것은 바로 모세가 이스라엘 민족에게 부여한 하나님 여호와의 정신을 위반하고, 그들이 임의대로 설정하여 백성들을 괴롭히는 비인간적인 율법에 있다고 선언했던 것이다.

　이와 같이 예수는 구약시대 예언정신이나 세례 요한의 세례운동을 계승·발전시켜 당시 사회지배층이 이스라엘 백성들에게 강요하는 허구적이고 위선적인 율법의 기능을 폭로하고, '여호와의 도'를 회복시키려 했다. 특히 그는 바리새인이나 율법학자들을 비롯한 사회지도층을 '예언자들을 죽인 무리들의 후예'라고 규정하면서, 예루살렘 성전을 중심으로 촌락사회까지 지배하고 있었던 권위주의적이고, 형식적이며 닫혀진 그들의 신앙을 가장 큰 사회병폐로 지적했다.[14]

　예수는 서기관이나 바리새인들을 비롯한 지도층이 하나님 나라로 들어가는 '지식의 열쇠'를 독점하고 있을 뿐만 아니라, 그들의 위선적인 가르침과 행동으로 인해 그 생명의 문으로 자기들도 들어가지 않고, 들어가려는 사람들조차 방해하고 있다고 비난했다. 특히 예수는 그들이 짊어

14　김행선, 『동서양 고전의 이해』, 362쪽; 마태복음 23장 27-36절; 누가복음 13장 34절.

지기 힘든 무거운 짐을 묶어서 사람들의 어깨에 지우고, 자기들은 손가락 하나도 이 짐에 대지 않으면서도 잔치의 상석과 회당의 상석에 앉는 것을 좋아하고, '랍비(선생)'라 칭함을 받는 것을 좋아한다고 규탄했다. 더 나아가 예수는 이들이 부당하게 과부의 가산을 삼키며, 외식으로 길게 기도하는 자들이니, 그 받는 판결이 더욱 무겁고 혹독할 것이라고 질타했다. 따라서 예수는 제자들에게 바리새인들이나 사두개인들 더 나아가 헤롯의 '누룩', 즉 그들의 위선적 행동이나 교훈을 경계하라고 당부하면서 아래와 같이 말하고 있다.[15]

> 너희는 랍비라 칭함을 받지 말라. 너희 선생은 하나요 너희는 다 형제이다... 또한 너희는 지도자라 칭함을 받지 말라. 너희 지도자는 '그리스도' 한 분뿐이다. 너희 중에 큰 자는 너희를 섬기는 자가 되어야 하리라. 누구든지 자기를 높이는 자는 낮아지고, 누구든지 자기를 낮추는 자는 높아지리라.[16]

이는 진정한 지도자상을 제시한 것이다. 올바른 지도자란 곧 형식적인 권위의 옷을 벗어 버리고, 당시 이스라엘 백성들의 짓눌린 삶의 무게를 나누어지며 함께 새로운 사회를 건설해나가는 사람이어야 했다. 즉 예수가 생각하는 올바른 민족지도자란 대중들의 눈물과 탄식소리를 향해 마음의 문과 귀를 열고, 그들의 삶을 책임질 수 있는 사람이어야 했다. 그때만이 대중들의 신뢰를 받는 지도층으로서의 권위를 가지게 되며, 권력의 담당자가 될 수 있다는 것이다. 지도자의 권위란 대중들에게 폭력이나 억압을 가

---

15 김행선, 위의 책, 362쪽; 마태복음 23장 2–13절; 마가복음 12장 38–40절; 누가복음 11장 37–52절.
16 마태복음 23장 8–12절.

해서 얻어지는 것이 아니라, 대중들을 온전히 섬기고, 그들의 현실적인 삶과 미래를 보장해 줄 수 있을 때 비로소 획득되는 것이기 때문이다.

서기관과 바리새인들은 율법지상주의자들이었지만, 스스로는 말만 하고 행하지 않는 위선자들이었다. 또한 그들은 하나님의 율법을 무거운 짐으로 만들어 놓는 자들이었다. 그들은 율법의 본질인 정의와 긍휼과 믿음은 버리고, 율법의 형식적인 것, 부수적인 것들만 지키게 하면서, 가난한 과부의 가산마저 삼키는 자들이었다.

이로 인해 예수는 그들을 비판하며, 그들의 외식과 마음의 부패를 드러냈던 것이다. 예수는 율법을 이해하는 것이 중요하지만, 오직 율법만으로는 구원을 얻을 수 없으며, 오히려 마음의 변화와 하나님과의 관계가 중요하다는 것을 강조했다. 그는 율법 대신에 사랑의 계명을 강조하며, 그 안에서 율법의 진정한 의미를 이해하고 삶에 적용할 것을 요구했다.[17]

이상과 같이 예수의 역사인식은 로마 당국과 유대 종교지도층에게 위협적인 것이 되었으며, 그가 십자가형에 처하게 되는 요인 중 하나가 되었다.

2. 하나님 나라(천국)란 무엇인가
　　: 하나님 나라는 너희 안에 있다

(1) 하나님 나라의 개념과 성격

예수는 로마의 지배 아래 있던 이스라엘 백성들의 고난을 깊이 인식하고 있었다. 그리하여 그는 하나님의 나라의 도래를 선포하며, 당시 유대

---

17 「율법과 바리새인」, Chat GPT 3.5.

인들이 고대하던 메시아 왕국의 실현을 주장했다.[18] 이로써 구약시대 선지자들의 예언을 성취하고, 더 나아가 고통 당하는 이스라엘 백성들을 위로하고 희망을 주고자 했던 것이다.

예수의 첫 포성은 이렇게 시작되고 있다. "때가 찼고, 하나님 나라가 가까웠으니 회개하고 복음을 믿으라."[19] 여기서 예수가 언급한 '하나님 나라', 즉 메시아 왕국이란 어떠한 나라인가? 복음서에서 '하나님 나라' 또는 '하늘나라', '천국'이라는 용어는 100회 이상 언급되어 있다. 복음서에서 하나님 나라는 예수의 맨 처음 메시지였으며, 그의 공생애 활동의 근본원리이자 핵심내용이다. 그러나 『신약성경』에서 예수는 하나님 나라의 정의를 명확하게 내리고 있지 않다. 웹스터 사전에서는 '나라'의 의미를 "왕권, 지배, 왕국, 왕의 신분"등으로 정의하고 있다. '나라'의 일차적 의미는 왕의 주권, 통치하는 권위인 것이다. 이를 하나님 나라에 연결시키면 하나님의 통치, 하나님의 주권을 뜻한다.

하나님 나라는 이스라엘 전통에 깊게 뿌리 내린 핵심적 상징, 즉 대중들이 착취를 일삼는 인간 왕으로부터 독립하여 왕이신 하나님의 직접 통치를 받으며 사는 삶에 대한 상징이었다. 따라서 하나님 나라는 종교적일 뿐만 아니라, 정치적 또는 정치경제적인 상징이었다.[20]

그러나 '하나님 나라'의 개념은 정의를 내릴 필요성을 느낄만큼 어려운 개념이며, 더 나아가 하나님 나라의 실현 도래에 관해서도 만만치 않은 논의들이 있어 왔다. 하나님 나라는 역사 속에서 이미 예수의 활동을 통해서 실현되었다는 현재적 의미의 견해와 이와는 달리 종말론과 연결되어 미래에 성취될 것이라는 견해, 더 나아가 '이미 성취된 것'과 '아직 성취되

---

18 「예수의 시대인식」, 뤼튼 AI 검색.
19 마가복음 1장 15절.
20 리처드 호슬리 저, 박홍용 역, 『예수와 권세들』, 한국기독교연구소, 2020, 157쪽.

지 않은 것', 즉 현재와 미래 사이의 긴장이라는 견해 등이 제기되어 왔다.

사실 예수가 말한 천국, 다시 말해 하나님 나라란 현재적인 동시에 미래적인 성격을 내포하고 있다고 볼 수 있다. 현재적 의미를 상실한 단순히 개인적 구원이나 미래의 천국 개념은 공허하다. 하나님 나라의 문제가 현재의 역사적·사회적 문제와 연결될 때만이 이상적인 메시아 왕국으로서의 사회건설이라는 미래적 실체를 전망할 수 있기 때문이다. 따라서 하나님 나라란 '다가오는 미래'가 아니라 '만들어가는' 미래적 실체이며, 이를 위해 예수의 교훈을 철저히 실천해야 하는 '현재적 결단'이라 할 수 있다.

예수는 세례 요한과 동일하게 "회개하라 천국이 가까이 왔다"고 선포했다. 그러나 이는 세례 요한의 선포와는 그 성격이 다르다. 하나님 나라가 예수의 사역과 함께 실제적으로 도래했다는 선언이다. 하나님은 하나님 나라를 가지고 인간에게 다가서고, 인간은 회개로써 하나님께 다가가는 것이다. 회개란 죄를 뉘우치는 정도보다 훨씬 넓은 개념으로 쓰여졌으며, 이는 나 중심에서 하나님 중심으로 삶의 방향을 바꾸는 것을 말한다.[21]

예수의 소식은 '하나님 나라가 온다', '지금 온다'는 이러한 확신이 중추를 이루고 있다. 그리고 예수의 말과 행동은 하나님 나라가 동텄다는 표적이다.[22] 하나님 나라는 그 통치권자가 하나님이기 때문에 인간이 통치하는 세상 나라, 세상 권력과 대립된다. 하나님 나라는 인간의 잘못된 세상 질서에 대해 하나님이 심판하신다는 경고다. 하나님 나라에서 통치자 하나님은 병들고 귀신에 시달리는 사람들을 구원하여 온전한 인간의 삶을 영위할 수 있게 해 준다. 또한 하나님 나라의 백성은 하나님의 통치를 갈구하고, 그의 통치를 경험하는 자들, 곧 가진 것으로는 자랑할 것이 하

21 김근수, 『행동하는 예수』, 메디치미디어, 2014, 64쪽.
22 루돌프 불트만 저, 허혁·김경희 공역, 『예수』, 새글사, 1972, 24-25쪽.

나도 없고, 오직 하나님의 은혜만을 간구하는 가난한 사람들이다. 그리고 하나님 나라의 영역은 죽어서 가는 천당이나 지옥이 아니다.[23]

하나님 나라는 하나님의 왕국이며, 그의 완전한 주권이 행해지는 곳을 의미한다. 이는 믿음을 통해 이루어지는 영적 현실이지만, 동시에 우리의 일상생활에서도 이루어지는 현실이다.[24] 하나님이 지금 여기 살아 역사하시고, 나와 함께 하시는 내 삶의 자리가 바로 하나님 나라요, 천국이다. 하나님 나라는 더 이상 미래의 차원이나 피안의 세계에 있는 것이 아니라, 우리가 살고 있는 역사의 한 복판으로 돌진해 들어오는 힘이다. 하나님 나라는 하나님의 주권이 역사하는 지금, 여기이다.[25]

예수의 가르침 중 하나는 하나님 나라가 지금 여기에 우리와 함께 있음을 강조하는 것이다. 이는 영적인 차원 뿐 아니라, 이 세상에서도 하나님 나라의 원리와 가치를 실천하고, 나누는 것을 의미한다. 따라서 '지금, 여기'에서 하나님 나라를 경험하고 나누는 것이 중요하다. 이것은 사랑, 관용, 정의, 참된 선행 등을 실천하여 이 세상을 더 나은 곳으로 만들고 함께 살아가도록 하는 정치적 의미이다.[26]

예수가 궁극적으로 도달하고자 한 '메시아 왕국', 즉 '하나님 나라'란 어떠한 나라인가? 예수가 말씀한 하나님 나라는 예수로 말미암아 왔고, 지금의 우리에게 영향을 미치고 있다. 예수가 곧 하나님 나라요, 천국이다. 그리고 우리가 곧 하나님 나라이자 그 백성이다. 예수의 복음전파는 '나, 곧 하나님 나라가 이미 왔고, 여기에 있다. 그러므로 회개하고 내게

---

23 김판임, 『천재 예수, 그 생각을 탐하다』, 동연, 2022, 272-273쪽; 김근수, 『행동하는 예수』, 101쪽.
24 「하나님 나라와 예수에 관해」, Chat GPT 3.5.
25 김판임, 『천재 예수, 그 생각을 탐하다』, 273쪽; 김명수, 『역사적 예수의 생애』, 127쪽; 강준민, 『주기도문은 하나님의 마음입니다』, 토기장이, 2016, 109쪽.
26 「하나님 나라와 지금 여기」, Chat GPT 3.5.

예수의 사상과 활동
98

로 오라'고 하시는 말씀이다.[27]

하나님 나라가 가까이 왔다는 것은 예수가 그 나라를 세우고 선언했기 때문이다. 이 때문에 예수의 말과 행동은 모두 중요하다. 예수의 행동과 가르침이 씨앗이라면, 하나님 나라는 꽃이다. 작은 씨앗에서 꽃이 피어나듯, 하나님 나라는 현재 예수의 행동과 가르침에서 시작해서, 미래 언젠가 궁극적인 의미에서 보편적인 현실이 될 것이다.[28]

한편 하나님 나라에는 중요한 두 가지 내용이 있다. 하나는 하나님은 행동으로 통치한다. 또 하나는 하나님은 악하고 불의한 역사와 사회현실을 선하고 의로운 현실로 바꾼다. 그래서 하나님 나라는 아주 긍정적이며, 기쁜 소식이고, 악하고 불의한 현실에 대해서는 아주 비판적이다. 따라서 하나님 나라는 초역사적 실재가 아니라, 인간의 역사에서 실제 일어나는 역사적 실재요, 희망이다.[29]

요컨대 하나님 나라는 역사적 예수의 사상을 압축하는 한마디이다.[30] 하나님의 활동은 사회와 백성 전체를 직접 바꾼다. 즉 하나님 나라는 하나님이 백성 전체를 위해 실현할 이상향을 가리킨다. 갈등이 화해로 바뀌고, 늑대와 어린 양이 함께 먹을 수 있다. 전쟁이 평화로, 칼이 쟁기로 바뀐다. 불의가 정의로 바뀐다. 함께 사는 생명과 세상이 가능하다. 들에서 땀 흘려 일하는 사람이 결실을 먹는다. 집 짓는 사람이 그 집에 산다. 종교 갈등이 극복된다. 종합하면 현실세계와 달리 새 하늘과 새 땅이 나타난다. 그때 하나님 나라는 백성 전체를 위한 역사적 희망에 답한다.[31]

27 라일라, 「하나님의 도화지-마태복음 4장 12-25절」, m.blog.naver.com, 2021.10.2.
28 리처드 보컴 저, 김경민 역, 『예수 생애와 의미』, 비아, 2016, 70-71쪽, 73쪽.
29 혼 소브리노 저, 김근수 역, 『해방자 예수』, 메디치미디어, 2015, 149-150쪽.
30 김용옥, 『도올의 마가복음 강해』, 통나무, 2019, 162쪽.
31 혼 소브리노 저, 김근수 역, 『해방자 예수』, 150쪽.

즉 하나님 나라는 악의 세력이 승리하는 것처럼 보이는 절망적 현실에서 사람을 해방시키는 희망을 낳는다. 하나님 나라가 오는 일은 예수의 활동에 달려 있으며, 예수 안에 있고, 예수와 결합되어 있다. 예수가 하나님 나라를 위해 자신을 바친다는 사실을 강조하는 일이 중요하다. 예수는 하나님 나라에 불의한 상황을 참지 않고, 고발하며, 강력한 힘으로 맞서 싸운다.[32]

따라서 복음의 핵심은 바로 하나님 나라다. 하나님 나라는 예수가 성취하기 위해 오신 나라이며, 힘과 권력과 돈으로 움직여지는 땅의 나라의 가치와 질서가 아니다. 하나님 나라는 땅의 나라와는 다른 질서, 다른 원리, 다른 가치로 움직여지는 나라이다. 하나님 나라의 가치와 질서는 사랑과 공의, 겸손과 선행, 그리고 용서와 관용을 중시하는 것으로, 이는 하나님과 인간 사이의 관계와 더불어 인간과 인간 사이의 관계에도 적용된다.[33]

예수는 "나의 왕국은 이 세상의 나라와 완전히 다르다. 나는 나 자신보다 남을 세우고자 하며, 나는 원수를 사랑하고자 하며, 나는 다른 사람을 위해 섬기고 희생하고자 한다. 나는 악을 악으로 갚는 것이 아니라, 선으로 악을 갚고, 나의 생명과 나의 힘을 버리고자 한다. 약함, 가난, 고통, 그리고 버림받음이 내 삶의 우위에 있다"라고 했다. 그리하여 예수의 참된 혁명은 검으로 오는 것이 아님을 밝히고 있다.[34]

예수는 말한다. "나의 왕국은 너희 둘 또는 셋이 사랑 안에서 만날 때, 바로 거기에서 이루어진다. 그리고 삶의 아름다움에 감탄하는 순간과 따

---

32 위의 책, 151쪽, 160쪽.
33 「하나님 나라와 예수」, Chat GPT 3.5; 「하나님 나라의 가치와 땅의 나라의 가치」, Chat GPT 3.5.
34 Timothy Keller, op.cit, p.207.

뜻한 위로 속에서, 또 나름 기억하는 가운데서 이루어질 것이다."[35]

이처럼 하나님 나라는 정치적 투쟁으로 오지 않지만, 정치적 상징이기도 하다. 하나님 나라는 예수의 사랑, 관용, 겸손, 선행 등의 가르침을 따르고, 그분의 삶과 사역을 모방하여 이웃을 사랑하고, 관용을 베풀며 서로에게 도움을 주는 데서 이루어진다. 더 나아가 하나님 나라는 정의와 공정이 행해져 사회적 불평등과 빈부격차가 해소되고, 억압된 자를 보호하며, 차별없는 사회를 추구할 때 이루어진다. 또한 하나님 나라는 부당한 시스템이나 제도에 대한 개선을 추구하며, 모든 이가 공평하게 기회를 누리고, 자신의 잠재력을 개발할 수 있는 환경을 조성하는 데서 이루어진다.[36]

따라서 하나님 나라에 대한 예수의 메시지는 억압적인 현실세계와는 다른 새 하늘, 새 땅을 보여주고, 새로운 질서, 새로운 가치를 선포함으로써 로마당국이나 유대 종교지도층에게는 위협적인 것이었다.

(2) 하나님 나라의 구체적 실상과 비유

예수는 하나님 나라, 즉 '천국'의 감추어진 비밀과 그 구체적인 실상을 비유를 통해서 설명했다. 그는 일상적인 대중들의 삶 속에서 흔히 볼 수 있는 것들인 겨자씨, 누룩, 땅에 씨 뿌리는 것, 곡식과 가라지, 밭에 묻힌 보물, 혼인 잔치, 신랑을 맞으러 나간 열 처녀, 포도원 농부, 물고기를 모는 그물, 어린아이, 잃은 양 등의 비유를 들어 하나님 나라의 성격을 밝히려 했다. 이 비유들은 마치 노자사상의 '도'에 감추어진 비밀과도 같은 것이었다.

---

35 칼릴 지브란 저, 박영만 역, 『사람의 아들 예수』, 프리윌, 2016, 151쪽.
36 「하나님 나라와 빈부격차 해소」, Chat GPT 3.5; 「하나님 나라를 건설하는 방법」, Chat GPT 3.5.

천국은 사람이요, 사람의 행위요, 사람의 인식의 전환이요, 사람의 노력으로 성취되는 역사의 문제이다. 하나님 나라는 인간의 씨뿌림이요, 역사의 열매이다. 예수는 천국을 유토피아로서 말한 적이 없다.[37]

이와 같은 사실은 예수가 대중들에게 선포한 하나님 나라의 구체적인 실상과 비유를 통해 드러난다. 메시아 왕국을 수립하기 위한 '싹'은 처음에는 알아보기 힘들 정도로 미약한 힘으로 존재한다. 예수는 이를 마치 '겨자씨'와 같은 것이라 했다. '겨자씨'는 어떤 씨 보다 더 작은 것이지만, 자라면 어떤 풀보다 더 커져서 나무가 되며, 공중의 새들이 와서 그 가지에 깃들인다.[38]

겨자씨 비유는 믿음이나 하나님 나라의 성장과 영향력에 대한 예수의 가르침을 나타내며, 우리의 믿음이나 노력이 아무리 작고 보잘 것 없는 것이라도 하나님 나라에서는 중요한 요소가 된다는 사실을 강조한 것이다. 겨자씨와 같이 아주 작고 보잘 것 없어 보이는 것에 바로 하나님 나라의 위대한 신비가 감추어져 있다.[39] 이와 비슷한 비유로 하나님 나라는 '누룩'과 같다고 했다. 어떤 여자가 그것을 가져다가 가루 서 말 속에 섞어 넣었더니 마침내 온통 부풀어 올랐다.(마태복음 13장 33절)

또한 예수는 하나님 나라는 '어린아이'와 같은 순수함과 겸손한 사람들의 것임을 선언했다. 그는 제자들이 어린아이들이 그에게로 오는 것을 꾸짖자, 어린아이들을 안고 축복해 주면서 다음과 같이 제자들에게 말했다.

어린이들이 내게로 오는 것을 막지 말라. 하나님의 나라는 이런 사람

---

37 김용옥, 「도올의 마가복음 강해」, 267쪽.
38 마태복음 13장 31~32절; 김행선, 「동서양 고전의 이해」, 373쪽.
39 안셀름 그륀 저, 김선태 역, 「예수, 자유의 길」, 분도출판사, 2004, 84쪽; 「예수가 말한 겨자씨의 의미」, Chat GPT 3.5.

의 것이다. 내가 진정으로 말한다. 누구든지 어린이와 같이 하나님의 나라를 받아들이지 않는 사람은 거기에 들어가지 못할 것이다.[40]

이처럼 예수가 하나님 나라에 들어갈 자격으로 어린아이와 같이 되라고 말씀하신 것은 어린아이들처럼 자신의 모든 것을 내려놓고, 자신의 모든 의지와 의존을 하나님께 맡기는 태도를 말한다. 어린아이들은 가장 나약하고 힘없는 자들이다. 이런 사람들이 천국에서는 도리어 높임받고 사랑받는 소중한 존재가 된다는 말이다. 이것이 천국의 역설이다. 어린아이들처럼 하나님만 의지하고 자기를 낮추는 자만이 천국백성이 될 수 있다는 것이다.

제자들은 예수께 누가 천국에서 더 크냐고 질문하자, 그는 말씀하시기를, "누구든지 이 어린아이와 같이 자기를 낮추는 사람이 하늘나라에서 큰 사람이다"[41]라고 했다. 하나님 나라는 타인에 대한 배려와 서로가 서로에게 종이 되는 섬김과 자기 헌신의 자세로부터 온다는 것이다.[42]

그리고 예수는 말씀하시기를, "또 누구든지 내 이름으로 이런 어린아이 하나를 영접하면 곧 나를 영접함이니 누구든지 나를 믿는 이 작은 자 중 하나를 실족하게 하면 차라리 연자 맷돌이 그 목에 달려서 깊은 바다에 빠뜨려지는 것이 나으니라"(마태복음 18장 4-6절)라고 하셨다. 이처럼 예수는 힘없고 미약한 어린아이들과 같이 작은 자들을 영접하고 돌보는 것이 하나님을 영접하는 것과 동일하다고 말씀하신다.

또 한편 하나님 나라는 밭에 감추인 보화와 같으며, 사람이 이를 발견한 후 숨겨 두고 기뻐하며 돌아가서 자기의 소유를 다 팔아 그 밭을 사는

40 누가복음 18장 16-17절.
41 마태복음 18장 4절.
42 김용옥, 『도올의 마가복음 강해』, 509쪽.

것에 비유되기도 했다.[43] 이는 천국을 발견하고 그 가치를 깨닫는 순간에 자신의 모든 것을 다 팔아 그 밭을 사는 것을 말한다. 우리도 이와 같은 결단을 내려야 한다. 신앙이란 단순하게 믿는 것이 아니라, 하나님의 뜻에 따라 매 순간 결단을 하는 것이다.

특히 하나님 나라는 인간을 위한 구원이다. 다시 말해 지상의 모든 것에 종말을 짓는 종말론적 구원이다. 그 때문에 이 구원은 인간에게 결단을 요구하며, 인간이 다른 자산과 나란히 소유할 수 있거나, 다른 관심사와 나란히 얻으려고 노력할 수 있는 것이 아니다. 이 구원은 이것이냐, 저것이냐로서 인간 앞에 서 있다.[44] 이런 선택 앞에서 하나님을 선택하는 것이 신앙이다.

또한 예수는 하나님 나라는 밭에다 씨를 뿌리는 것과 같다고 했다. 씨 뿌리는 사람이 씨를 뿌리러 나갔다. 그가 씨를 뿌리는 데 더러는 길가에 떨어지니, 새들이 와서 그것을 쪼아 먹었다. 또 더러는 흙이 얕은 돌밭에 떨어지니, 흙이 깊지 않아서 싹은 곧 났지만 해가 뜨자 타버리고, 뿌리가 없어져 말라버렸다. 또 더러는 가시덤불에 떨어지니, 가시덤불이 자라서 그 기운을 막았다. 그러나 더러는 좋은 땅에 떨어져서 열매를 맺었는데, 어떤 것은 백배가 되고, 어떤 것은 육십 배가 되고, 어떤 것은 삼십 배가 되었다.[45]

'옥토에 뿌려진 씨앗'은 바로 하나님 나라, 곧 '진리'를 향해 열려진 눈과 귀와 마음을 통해 말씀을 듣고 기뻐하며, 그 실천의 열매를 맺는 사람들을 의미한다. '돌밭에 뿌려진 씨앗'이란 말씀을 듣고 기쁘게 받아들이지만, 그 속에 뿌리가 없어 오래 가지 못하고, 환난이나 박해가 일어나면 곧

---

43 마태복음 13장 44절.
44 루돌프 불트만 저, 허혁·김경희 공역, 『예수』, 29-30쪽.
45 마태복음 13장 3-8절.

걸려 넘어지는 사람을 지칭한다. 또한 '가시덤불에 뿌린 씨앗'이란 말씀을 듣고도 세상의 염려와 재물의 유혹으로 인해 세상과 타협하여 진실의 열매를 맺지 못하는 사람을 말한다. '길가에 뿌려져 새들이 쪼아 먹는 씨앗'이란 바로 진리에 대해 완악한 마음을 가진 '죽음의 세력들'을 뜻하는 것이었다.[46]

한편 하나님 나라의 비밀은 '재산의 공유', 즉 '밥상공동체'에 있다. 예수는 하나님 나라는 자기의 전 재산으로 그것을 살만큼 귀중한 것이라고 자주 말했다. 즉 예수가 전망한 메시아 왕국의 이상은 완전한 평등공동체 사회였다. 때때로 그것은 모든 물질적 재화의 자발적인 공동소유라는 말로 표출되었으며, 물질의 나눔을 기본정신으로 하고 있다.

이같은 사실은 후술하는 바와 같이 영생에 관해서 물은 바 있던 '부자 청년'의 이야기뿐만 아니라, 누가복음 19장 1-9절에 나오는 '삭개오(Zacchaeus)의 이야기'를 통해서도 알 수 있다. 삭개오라고 불리는 키가 작은 세리장이 군중에 둘러싸인 예수를 보기 위해 뽕나무로 올라갔다. 예수는 그의 열성적인 모습에 감동하여 그의 집에 머물겠다고 말했다. 그러자 삭개오는 예수를 그의 집으로 모셨고, 감격한 끝에 자진해서 자기 재산의 절반을 가난한 자들에게 나누어주고, 만일 누군가의 재산을 토색한 일이 있으면, 그것을 사 배나 갚아 주겠다는 고백을 했다. 이때 예수는 "그가 구원을 받았다"라고 선언했다. 그러므로 하나님 나라의 비밀은 바로 현실 세계에서 찾아지는 것이다. 하나님 나라가 건설되는 시기에 관해서 바리새인들이 예수에게 묻자, 예수는 다음과 같이 대답하고 있다.

하나님의 나라는 눈으로 볼 수 있는 모습으로 오지 않는다. 또 여기

___

46 마태복음 13장 19-23절; 김행선, 『동서양 고전의 이해』, 375-376쪽.

에 있다, 또는 저기에 있다 하고 말할 수도 없다. 보아라! 하나님의 나라는 바로 너희들 가운데 있다.[47]

'하나님 나라는 너희 안에 있다'는 말은 하나님 나라의 실체는 바로 예수 그리스도요, 하나님 나라는 우리 안에, 지금, 여기에 임재한다는 것이다. 그 나라는 물리적 장소나 외부적 조건에 달려 있는 것이 아니라, 우리의 내면에 있으며, 우리 안에 내재되어 있음을 말한 것이다. 예수는 하나님 나라가 사람의 내면의 변화와 성장을 통해 나타나는 것임을 가르치셨다. 하나님 나라는 하나님 나라의 질서와 가치를 따르며, 사랑과 나눔을 실천하는 공동체 안에 있다는 것이다.[48] 즉 하나님 나라는 각박한 인간세계에서 사랑과 평화의 정신, 정의의 정신, 공존의 정신 속에서 이룩되는 공동체 삶을 통해 실현될 수 있음을 천명한 것이다.

이 때문에 하나님 나라는 사회적으로 소외된 삶을 살아갈 수밖에 없는 사람들의 왕국이다. 이 왕국은 사회적 약자인 어린아이 뿐 아니라 당시 세리를 비롯해서 '죄인'이라고 취급 받고 있었던 사람들, 불평등한 삶을 강요당해 오던 사람들이나 이방인들 및 창녀 등에게도 열려진 세상이다. 이에 대해 예수는 이렇게 말하고 있다. "건강한 자에게는 의원이 쓸 데 없고 병든 자에게 라야 쓸 데 있다. 내가 의인을 부르러 온 것이 아니라 죄인을 부르러 왔노라."[49] 그리하여 예수는 당시 "죄인과 세리의 친구"라고 평해지기도 했던 것이다.

특히 하나님 나라는 '깨어있는 자들의 왕국'이다. 이는 등을 들고 신랑을 맞으러 나간 열 처녀에 비유되기도 했다. 열 처녀 비유는 예수의 재림

47 누가복음 17장 20-21절.
48 「하나님 나라는 너희 안에 있다는 의미」, Chat GPT 3.5.
49 마가복음 2장 16-17절; 김행선, 『동서양 고전의 이해』, 375쪽.

과 종말에 대한 준비를 상징적으로 설명하고 있다. 이 비유에 따르면 신랑을 맞이하기 위해 기다리는 열 처녀가 있었다. 그들은 등불을 가져가는데, 그 중에는 어느 날에 신랑이 올 것을 예상하여 기름을 채워가지고 신랑의 잔치에 참여한 자가 있었고, 어떤 이들은 준비하지 않고 가서 기름이 부족하여 잔치에 참여하지 못한 이도 있었다. 이 비유는 예수의 재림과 종말이 갑작스럽게 일어날 것이니, 영적으로 준비되어야 하며, 하나님 나라를 기다리는 동안 믿음을 지키고, 소망을 잃지 말아야 한다는 교훈을 담고 있다. 예수는 이렇게 말한다. "그러므로 깨어 있어라."[50]

예수는 마태복음 24장에서 세상의 종말을 예언하고, 그 때의 징조와 일어날 일들에 대해 설명하셨다. 이는 주로 전쟁, 굶주림, 지진, 거짓 선지자들의 출현 등을 포함하고 있다. 이러한 예수의 말씀은 종종 종말론에 대한 논의를 불러일으킨다. 그리하여 종말론은 정치, 사회, 문화 면에서 영향을 끼침으로써 이단이 발생하는 요인이 되기도 하고, 미래에 대한 우려와 두려움, 현실의 긴장과 불안을 야기하기도 한다.[51]

그러면 우리는 어떻게 종말을 믿음으로 준비할 수 있을까? 예수는 거짓 그리스도나 미혹을 경고하는 말씀을 여러 차례 하셨다. 예수는 많은 사람들이 그리스도로서 자신을 주장할 것이라고 했다. 예수는 자신을 따르는 사람들에게 진리를 알게 하고, 거짓 선지자와 거짓 그리스도로부터 멀리하라고 경고했다.[52]

따라서 예수는 마태복음 24장과 25장에서 우리가 어떻게 마지막 때를 준비하며 살아야 하는지에 대한 지침을 제공해 주고 있다. 그것은 미래의 불확실성에 대한 두려움을 없애고, 믿음과 평안을 잃지 않는 지혜로운 삶

---

50 마태복음 25장 1-13절; 「예수와 열 처녀 비유」, Chat GPT 3.5.
51 「종말에 대한 예수의 말씀과 현실의 삶에 대한 연관성」, Chat GPT 3.5.
52 「예수가 거짓 그리스도가 사람들을 미혹한다고 하다」, Chat GPT 3.5.

이다. 이는 곧 하나님을 신뢰하면서 우리의 시선을 예수에게 집중하여 그분의 말씀대로 살면서, 자신에게 주어진 일상의 삶에 최선을 다하고 충성하는 삶을 사는 것이다. 그리고 서로 사랑하고, 가장 낮은 자를 섬기고, 베풀며 나누는 삶이고, 공평과 정의를 추구하고 불의에 맞서서 하나님 나라를 앞당기며 사는 삶이다. 더 나아가 다양성을 받아들이고 포용하는 마음을 갖고, 서로를 이해하고 존중하며, 사회를 더 조화롭고 평화롭게 만들어가는 삶이다. 그리하여 예수는 모든 어려움과 시련이 오더라도 믿음과 희망을 잃지 않고, 끝까지 견디는 자는 구원을 얻을 것이라고 강조했다.[53]

결국 종말의 때와 징조에 우리의 관심을 집중하지 말고, 종말의 때에 우리가 어떻게 살아가야 하는 지에 집중하라는 것이다. 종말에 집중해서 현실을 외면해서는 안 된다. 그리하여 가장 중요한 때는 지금이고, 가장 중요한 사람은 지금 내 옆에 있는 사람이며, 가장 중요한 일은 지금 교제하고 나누는 것이다. 그리스도인의 삶의 방향은 세상을 향한 메시지가 되어야 하고, 그리스도의 영광을 위한 성화의 삶이어야 한다. 즉 그리스도인의 삶의 방향성을 가지고 일상을 성실하게 서로 사랑하며 살아가야 할 것이다.[54] 이러한 삶이 예수가 말씀하신 깨어 있는 삶이며, 천국을 일상으로 살아내는 삶이다.

이러한 비유들은 일반 대중들에게 친숙한 언어로 이야기되고 있기 때문에, 구약시대 예언자들에 의한 예언이나 묵시보다 더 강력한 대중적인 생명력을 내포하고 있다. 그리하여 복음서는 예수가 이 비유들을 대중들

---

53 최태수 목사, 「성도의 모습」, 영등포중앙교회 주일설교, 2024.1.7; 「종말에 닥쳐서 우리가 어떻게 살아야 하는 지에 대한 예수의 말씀」, Chat GPT 3.5; 「종말에 닥쳐서 우리는 어떻게 살아야 하는가」, Chat GPT 3.5; 「종말에 대한 예수의 말씀과 현실의 삶에 대한 연관성」, Chat GPT 3.5.
54 송태근 목사, 「슬기로운 종은 누구인가-마태복음 71강(24장 45-51절)」, CBS 성서학당, 2022.11.1.

이 쉽게 알아들을 수 있도록 전했다고 기록하고 있다. 또한 예언자들이나 선지자들이 즐겨 쓰던 비유나 묵시 등을 사용함으로써 그 정치적 성격을 은폐시키고, 직접적인 정치적 탄압을 피하는 효과도 있었다.

그러나 당시 서기관들과 바리새인들을 비롯한 종교지도자들 및 사회 지도층은 대중들의 고충을 외면하고, 마음과 행동이 완악해져서 하나님 나라에 대한 비유를 비록 듣는다 해도 깨닫지 못하고, 본다 해도 볼 수 없었다. 그들의 귀와 눈과 마음은 진실에 닫혀져 있었던 것이다.

이상과 같이 하나님 나라 건설에 대한 예수의 열정은 그를 따르던 무리들을 절대적으로 지배하게 되었고, 그 정신은 그들의 마음에 평화를 주고, 가난한 생활에 큰 위안을 주었다. 특히 하나님 나라에 관한 예수의 선포는 현실의 땅과 격리된 '천국'을 의미하는 것이 아니라, 종교적 개혁과 더불어 정치적·사회경제적 개혁정신을 담은 실천의지였다. 여기에 하나님 나라의 비밀이 숨겨져 있다. 따라서 예수의 하나님 나라에 대한 선포는 현실사회에 대한 철저한 비판의식과 함께 새로운 민족공동체, 더 나아가 세계 공동체를 전망한 것이다. 이 때문에 준엄한 '비판자' 청년 예수는 로마 식민통치나 유다사회의 지배층에게는 반체제 인사로 주목되었고, 그들은 예수를 처형하지 않을 수 없었던 것이다.

3. 안식일은 사람을 위해 있는 것이다

안식일은 유대인들이 매주 토요일마다 하루를 쉬고 하나님을 찬양하는 날로, 모든 일상적인 활동을 멈추고 쉴 것을 권장하는 기간이다. 안식일은 유대인의 정체성과 신앙생활의 중요한 부분으로 여겨졌으며, 안식일의 준수는 유대인들에게 매우 중요한 도덕적, 종교적 의무였다. 그러나 예수는 유대인들의 안식일 관행을 재해석하고, 안식일의 근본정신을 회복시켜서 더욱 인간적이고 사랑의 원칙에 맞게 이해했다. 이는 유대인들의 안식일에 관한 전통적인 관행과 충돌을 일으켰다. 유대 종교지배자들은 예수의 행동을 안식일의 신성함을 침해하는 것으로 보았고, 이에 반발하며 예수를 비판하고 핍박했다.[55]

당시 대중들은 로마제국의 수탈에 시달려 몹시 가난하게 살았기 때문에 종교지도자들이 그들에게 강요하는 율법주의를 그대로 준수할 만큼 삶의 여유가 없었다. 따라서 율법주의에서 강조하는 안식일을 지키는 문제를 둘러싸고 예수와 바리새인들은 첨예하게 대립하게 되었다. 이때 예수는 안식일을 지킬 수조차 없었던 가난한 사람들의 삶을 대변하며, 아래와 같이 언급했다.

> 안식일은 사람을 위해 있는 것이지, 사람이 안식일을 위해 있는 것이 아니다.[56]

이같은 말씀은 모든 율법주의나 종교적 제식주의 및 그와 관련된 이념을 다 허물어버리는 혁명적인 발언이다.[57] 안식일은 유대인들이 가장 잘 지켜야 할 날이었다. 그런데 안식일의 규정은 매우 엄했다. 안식일은 종교적 관례와 생명의 휴식을 위한 날이었으나, 역사적으로 안식일의 세분화된 규정들이 백성들을 억압하는 도구로 사용되었다. 특히 안식일을 엄격하게 지키는 것을 강제하는 일은 종교의 자유를 침해하고, 일상생활에 부담을 가하기도 했다. 또한 역사적으로 안식일을 이용하여 사람들을 통

---

55 「예수와 안식일」, Chat GPT 3.5; 「예수 시대의 안식일」, Chat GPT 3.5.
56 마가복음 2장 23-28절.
57 김용옥, 『도올의 마가복음 강해』, 210쪽.

제하거나 차별하기도 했다. 이러한 문제는 안식일의 본래적 의미를 왜곡시키고, 종교적 신념의 자유를 침해하는 결과를 초래했다.[58]

예수는 유대의 종교적 체계를 지금과는 완전히 다른 것으로 바꾸어 놓은 혁명가였다. 그 체계는 더 이상 율법과 징벌의 가혹한 행형(行刑)체계가 아니었고, 가슴의 문제, 나아가 정신의 모험이 되었다. 그는 율법을 말하지 아니하고, 그 대신 하나님 나라에 대해서 말했다. 신앙심이 깊은 사람은 율법을 잘 준수하는 사람이 아니라, 자신의 정신을 변모시켜 하나님 나라로 들어가는 사람이다.[59]

어느 날 바리새인들은 예수 일행이 안식일에 밀밭 사이를 지나갈 때 배고픈 제자들이 이삭을 잘라 먹는 것을 보고, 안식일을 지키지 않는다고 비난했다. 그 비난의 핵심은 안식일은 매우 신성한 쉼날이기 때문에 노동과 관련된 일을 하지 않아야 한다는 것이다. 이에 대해 예수는 다윗이 그와 함께 한 자들이 시장할 때 한 일을 제시하면서, 안식을 범하여도 죄가 없음을 율법에서 읽지 못했느냐고 반문했다. 그리고 예수는 말씀하시기를, "나는 자비를 원하고 제사를 원하지 아니하노라 하신 뜻을 너희가 알았더라면 무죄한 자를 정죄하지 않았을 것이다. 인자는 안식일의 주인이다"라고 했다.[60]

이후 예수는 회당으로 다시 들어가 한쪽 손 마른 사람의 병을 고쳐주셨다. 그리고 예수는 "안식일에 선을 행하는 것과 악을 행하는 것, 생명을 구하는 것과 죽이는 것, 어느 것이 옳으냐"라고 물으셨다. 당시 바리새인들에게는 선악의 기준이 율법을 지키느냐에 있었다. 그러나 예수에게 선악의 기준은 하나님의 뜻에 따라 서로를 사랑하면서, 서로의 생명을 구하

58 「안식일의 규정은 백성들을 억압하는 도구」, Chat GPT 3.5.
59 폴 존슨 저, 이종인 역, 『예수 평전』, 알에이치 코리아, 2012, 104쪽.
60 마태복음 12장 1-8절.

는 데 있었다. 이로부터 하나님 나라가 이루어지는 생명력이 나온다는 것이다.[61]

요컨대 안식일의 본질은 일반적으로 일상생활의 속도와 스트레스에서 벗어나 휴식과 생명의 회복 및 영적 에너지 재충전에 있으며, 내적 성장을 추구하는 데 있다. 즉 안식일의 진정한 의미는 생명을 살리고 선을 행하며, 새로운 창조와 새로운 삶으로 나아가는 데 있다.[62]

우리는 바리새인들의 신앙적 가치관이 인간의 존엄성과 생명을 귀중하게 여기는 모세의 율법정신 위에 세워진 것이 아니라, 다만 그 당시 최고의 권위를 가진 율법이 준수되는 가에만 초점이 맞추어진 지극히 형식적이며, 억압적인 사상이었음을 알 수 있다. 율법의 근본정신이란 바로 법이 인간을 위해 존재하는 것이지, 인간이 법을 위해 존재하는 것이 아니라는 점이다. 그런데 당시 현실은 거꾸로 인간이 법의 노예가 되어 인간의 존엄성과 자유가 법의 억압적 구조에 의해 희생되고 있었다. 예수는 이러한 사회현실을 비판하고, 율법의 '교조주의'를 혁파함으로써 대중들을 자유롭게 하려는 것이었다. 예수는 율법 자체를 파기하려는 것이 아니라, 법의 올바른 정신을 회복해서 인간사회의 평등성과 자유정신을 되찾으려 했던 것이다.

그리하여 안식일에 대한 예수의 인식과 그에 따른 행동은 결국 유대종교지배층과의 첨예한 갈등과 대립을 야기하게 되었으며, 십자가형에 처해지는 원인 중 하나가 되었다.

---

61 마가복음 3장 1-6절.
62 「예수와 안식일의 의미」, Chat GPT 3.5.

4. 주기도문

주기도문은 기독교에서 중요한 기도의 모범으로, 예수가 제자들의 요청에 따라 가르친 것이다. 주기도문은 기도 중 최고의 기도이며, 기도의 근본이자 기초이다. 동시에 기도의 본질이요 핵심이다. 주기도문은 기도가 무엇이며, 어떤 내용으로 기도해야 할 것인지를 가장 이상적으로 제시한 기도로서, 기도를 들으시는 하나님과 기도자의 바른 관계성을 확인시켜 주는 것이다.[63]

요컨대 주기도문은 예수 자신의 생애동안 가르친 모든 교훈의 주제와 강조점을 요약한 것이다. 즉 하나님 아버지와 하나님 나라 등 예수의 주요 통찰과 그가 가르친 삶의 지침이 짧은 기도문의 형태로 요약된 것이다.[64]

이 기도는 하나님의 존엄, 사랑, 용서, 인내, 그리고 인간의 소망과 관련된 다양한 주제를 다루고 있다. 그것은 하나님과의 관계를 강화하고, 일상적인 삶에서 신앙을 실천하는 방법을 안내하며, 세상의 평화와 사랑 그리고 공정함을 바라는 소망을 담고 있다.[65]

따라서 주기도문은 균형 잡힌 기도이다. 전반부는 하나님을 향한 기도이다. 하나님의 이름을 높이는 기도이고, 하나님의 나라가 임하길 소원하는 기도이며, 하나님의 뜻이 이루어지길 간구하는 기도이다. 그리고 후반부는 사람들의 필요를 채워주는 기도이다. 일용할 양식을 구하고, 용서받고 용서하는 기도이다. 시험에 들지 않도록 드리는 기도이며, 악에서 구원해 주시길 간구하는 기도이다. 그리고 모든 나라와 권세와 영광을 하나

---

63 「주기도문」, 『교회용어사전』, m.terms.naver.com; 「주기도문」, 『라이프성경사전』, m.terms. naver.com; 강준민, 『주기도문은 하나님의 마음입니다』, 46쪽.

64 허호익, 『예수는 달랐다』, 동연, 2022, 97쪽.

65 「주기도문의 본질과 의미」, Chat GPT 3.5.

님께 드림으로 결론을 맺는 기도이다. 주기도문은 하나님 아버지로 시작해서 하나님 아버지로 마친다. 주기도문은 모든 초점을 하나님께 맞추는 기도이다.[66]

주기도문에서 가장 먼저 하나님을 아버지라고 부르는 것은 하나님과의 친밀한 관계와 신앙생활의 핵심적인 부분을 강조한 것이다. 하나님을 가장 잘 아는 분은 바로 예수이다. 왜냐하면 예수는 하나님의 독생하신 아들이기 때문이다. 따라서 예수를 알면 하나님 아버지를 알게 되고, 예수를 본 사람은 하나님 아버지를 보게 된다.[67] 그리고 예수를 통해서 우리는 하나님의 자녀가 되고, 하나님은 우리의 아버지가 되는 것이다.

하늘에 계신 우리 아버지라고 부르는 순간, 우리는 하나님 아버지와 접촉하는 것이고, 하늘과 접촉하는 것이며, 우주와 접촉하는 것이다. 따라서 우리가 기도하는 것은 우주적 사건이고, 역사적 사건이며, 영원한 사건이다. 왜냐하면 하나님은 우리의 기도를 통해 놀라운 일들을 이루시기 때문이다. 기도는 하나님의 무한한 은혜와 능력의 창고를 여는 열쇠이다.[68]

우리가 하나님께 가장 먼저 구해야 하는 것은 하나님의 이름이 거룩히 여김을 받는 것이다. 이는 하나님의 거룩함과 존엄성을 강조하며, 하나님의 이름에 대한 경외와 존경을 나타낸다. 하나님의 이름은 그의 존재와 신성을 나타내는 것으로, 이를 거룩히 여김으로써 하나님의 신성을 인정하고, 경배하는 것이다. 따라서 이는 기독교 신자들에게 하나님의 거룩함에 대한 경의를 표현하고, 하나님을 섬기며 그의 뜻을 따르는 삶을 살도록 돕는 중요한 부분이다.[69]

---

66 강준민, 『주기도문은 하나님의 마음입니다』, 서문, 272-276쪽.
67 위의 책, 52-54쪽.
68 위의 책, 69-70쪽.
69 『하나님의 이름이 거룩히 여김을 받으시오며의 뜻』, Chat GPT 3.5.

이는 예수의 가르침과 믿음의 근간을 반영한 것으로 가히 혁명적인 선언이다. 세상을 향하던 우리의 시선이 하나님께 올려지는 것이고, 하나님의 뜻을 우리의 뜻과 구별하고, 하나님의 뜻에 맞추어 사는 것을 말한다. 우리가 하나님의 이름을 거룩하게 한다는 것은 하나님을 향한 공경, 경외, 존경의 태도가 우리 삶의 모든 것을 결정해야 한다는 것이다.[70]

다음 하나님 나라가 임하게 해달라는 것이다. 이는 하나님의 통치와 주권이 이 세상에 나타나게 해달라는 간청이다. 이는 복음서의 핵심주제이자 하나님 나라의 특징을 가장 극명하게 보여주는 것으로서, 하나님 나라가 인간들의 삶과 세상에 완전히 구현되어 하나님의 뜻이 이루어지도록 간구하는 것이다. 따라서 이 구절은 개인적인 변화와 사회적인 변화를 동반한다. 개인적으로는 믿음의 사람들이 하나님 나라에 속하고, 하나님의 뜻을 따르는 삶을 사는 것을 뜻한다. 사회적으로는 사회구조와 가치관이 하나님 나라에 부합하도록 변화하는 것을 뜻한다. 그리하여 예수는 주기도문에서 하나님 아버지의 뜻이 하늘에서 이루어진 것과 같이 땅에서 이루어지길 간구하라고 가르친다. 이같은 기도를 통해 하늘과 땅이 만나게 된다.[71] 하나님의 뜻은 사랑, 자비, 공평, 화평 등과 같은 가치를 의미한다. 기독교인들은 이를 바탕으로 하나님의 뜻을 이해하고, 그 뜻을 이행하여 세상을 더 나은 곳으로 변화시켜야 한다.[72]

주기도문 후반부에서는 우리들 자신을 위한 세 가지 청원에 대해 가르쳐주고 있다. 즉 일용할 양식을 구하는 것이고, 용서받고 용서하는 기도이며, 마지막으로 시험에 들게 하지 마옵시고 다만 악에서 구하여 주시라

70 강준민, 『주기도문은 하나님의 마음입니다』, 80쪽; R.C. 스프로울 저, 이은이 역, 『어떻게 기도할까?-주기도문의 바른 이해와 적용』, 생명의 말씀사, 2013, 60쪽.
71 강준민, 위의 책, 134-135쪽; R.C. 스프로울 저, 이은이 역, 위의 책, 83쪽; 「하나님 나라가 임하게 하옵소서의 뜻」, Chat GPT 3.5.
72 「하나님 아버지가 지닌 뜻」, Chat GPT 3.5.

는 기도이다.[73]

하나님은 우리의 가장 기본적인 필요에 관심을 갖고 계신다. 사람에게 가장 기본적인 필요는 먹는 것이다. 예수가 일용할 양식을 구하라고 가르치신 이유는 양식이 우리의 생명을 보존하는 데 필수적이기 때문이다. 그러나 일용할 양식에 한정하신 것은 하나님의 공급하심에 의지해서 매일매일 살아야 한다는 것이며, 날마다 일용할 양식을 주시는 분이 하나님이심을 인정하라는 것이다. 일용할 양식 앞에 모든 사람이 겸손하라는 것이며, 탐욕에서 벗어나 일용할 양식을 통해 자족하고 감사하라는 것이다. 아울러 자신의 양식뿐만 아니라, 이웃의 양식까지 구하라는 것이다.[74]

또한 우리에게 죄 지은 자를 용서하듯 우리의 죄를 용서해 달라는 것은 기독교에서 중요한 용서와 회개에 대한 개념을 나타낸다. 이는 하나님의 사랑과 자비에 대한 깊은 이해와 연관되어 있다. 우리가 하나님 앞에 죄를 자백하고 용서를 구할 때, 우리는 우리가 다른 이들에게 범한 허물을 용서하고 살아가는 데 필요한 힘을 받게 된다. 이는 우리가 하나님과 사람 사이의 화해와 조화를 통해 개인의 화목과 사회의 화목을 이룰 수 있는 길을 제시한 것이다. 또한 이는 우리가 용서와 사랑을 실천하는 것이 우리의 믿음과 관계의 중요한 증거이며, 하나님 나라와 하나님의 뜻을 이루기 위한 중요한 일임을 상기시켜 준다.[75]

용서는 우리가 하나님 앞에 설 수 있는 유일한 길이며, 우리의 삶을 풍성하게 해 주는 은총의 도구이다. 용서는 하나님의 은혜와 사랑의 심오한 표현이다. 용서란 우리의 닫힌 문을 열어주고, 관계의 문을 열어준다. 따

---

73 강준민, 『주기도문은 하나님의 마음입니다』, 161-162쪽.
74 위의 책, 162-165쪽, 170-174쪽; R.C. 스프로울 저, 이은이 역, 『어떻게 기도할까?-주기도문의 바른 이해와 적용』, 104쪽.
75 「우리에게 죄 지은 자를 용서하듯 우리의 죄를 용서해 달라는 뜻」, Chat GPT 3.5.

라서 용서받고 용서하는 것은 행복한 인간관계의 초석이고, 이를 통해 천국의 기쁨을 경험하게 되는 가장 아름답고 용기 있는 태도이다. 이는 하나님 나라에 대한 갈망의 연장이며, 우리의 존재를 하나님께 의탁하는 것이다. 요컨대 용서의 근거는 바로 예수의 십자가 사랑이다. 이를 통해 우리는 우리의 죄를 회개하고 삶의 변화를 추구하며, 서로 용서함으로써 세상을 하나님 나라로 만들어가라는 의미이다.[76]

우리를 시험에 들게 마옵시고 다만 악에서 구하옵소서란, 우리가 유혹과 시련에 처했을 때 하나님의 도움을 필요로 한다는 것을 인정하면서도, 그것을 이기는 힘을 달라고 구하는 것이다. 이때 시험은 유혹이며, 유혹하는 자는 마귀이고, 유혹의 뿌리는 인간의 욕심에 있다. 마귀는 우리를 유혹할 때, 각 사람 안에 있는 욕심과 인간의 기본적인 욕망을 따라 유혹한다. 사도 요한은 인간이 빠져들 수 있는 유혹을 세 가지로 압축했다. 그것은 육신의 정욕과 안목의 정욕과 이생의 자랑이다. 이는 다 세상으로부터 오는 것이다. 이러한 시험과 유혹은 예수처럼 하나님의 말씀과 하나님의 음성을 통해 물리칠 수 있으며, 조급함과 교만 그리고 방심에서 벗어남으로써 물리칠 수 있다. 더 나아가 항상 깨어 기도함으로써 유혹을 물리칠 수 있다.[77]

마지막으로 주기도문은 "나라와 권세와 영광이 아버지께 영원히 있사옵니다"라고 끝이 난다. 성경을 연구하는 학자들은 이 마지막 부분을 '송영'이라고 부른다. '송영'이란 예배의 마지막 순서에 부르는 찬송을 의미한다. 기도로 시작해서 찬송으로 끝나고 있다. 주기도문은 기도의 초점이 자신이 아니라 하나님께 맞춰져 있으며, 하나님의 주권과 영광을 인정하

---

76 강준민, 『주기도문은 하나님의 마음입니다』, 192-197쪽; R.C. 스프로울 저, 이은이 역, 『어떻게 기도할까?-주기도문의 바른 이해와 적용』, 126쪽.
77 강준민, 위의 책, 219쪽, 224쪽, 231-242쪽; 요한1서 2장 16절.

고 참된 영광이 오직 하나님 아버지께만 속해 있음을 가르쳐준다. 진정한 영광은 하나님의 영광이요, 하나님께로부터 온 영광이다. 하나님의 영광은 그분이 만드신 모든 만물에 드러나 있으며, 하나님의 선하심과 긍휼, 자비와 관용과 사랑의 성품 속에 담겨 있다. 하나님은 자신의 영광을 예수를 통해 드러내셨다.[78]

요컨대 주기도문은 우리의 일상적인 삶 속에서 이루어지는 초석이 되어 하나님과의 관계를 회복하고, 하나님 나라와 공동체를 구하는 기도이다.

5. 축복이란 무엇인가

(1) 축복의 개념

종교적인 '천국' 개념 속에는 현실의 세상이 나타나지 않는다. 흔히 사후의 세계에 들어갈 수 있는 나라라고 생각하기 때문이다. 그러나 예수가 언급한 '천국', 다시 말해 '하나님 나라'란 과연 사후에야 존재하는 세계를 말하고 있는가? 앞서 언급한 바와 같이 예수의 사상은 철저하게 현실에 기반한 것이었다. 이런 점에서 예수가 말씀하신 종교적 개념들은 그의 하나님 나라, 곧 메시아 왕국의 일반적인 성격을 엿볼 수 있는 '매개고리'라 할 수 있다.

그 중의 하나인 '축복' 개념에 대한 예수의 인식은 '기복성'과 '물질성'을 극복하고 있다. 예수는 축복받은 자란 "하나님의 말씀을 듣고 지키

---

78 강준민, 위의 책, 277쪽, 288-290쪽;「주기도문의 나라와 권세와 영광이 아버지께 영원히 있사옵니다의 뜻은」, 뤼튼 AI 검색.

는 자"[79]라고 했으며, 진실에 대해 열려진 '귀와 마음'을 가진 자라고 보았다.[80] 즉 기독교에서 축복은 하나님의 은혜와 사랑에 대한 감사와 찬양을 나타내며, 예수의 가르침을 받아들이고 실천하는 것을 의미한다.[81]

후술하는 바와 같이 일반적으로 생각하는 축복과 예수가 말씀하신 축복은 차원이 다르다. 예수의 축복에 대한 인식은 단순히 개인적인 행복이나 안락함을 의미하는 것 뿐만 아니라, 사회적인 변화와 공동체의 번영을 위한 힘이다. 예수의 축복은 사회적 불평등과 고통에 처한 사람들에 대한 동정과 도움을 표현한다. 예수는 그의 가르침과 행동을 통해 사회적 불평등을 비판하고, 삶의 공유와 사랑 및 배려, 그리고 모든 이들에 대한 존중과 평등을 강조한다. 구체적으로 그는 가난한 이들을 축복하고, 굶주린 자들을 충족시키며, 슬퍼하는 이들을 위로하는 것을 강조한다.[82] 이를 누가복음 6장 20-22절에는 이렇게 기록하고 있다.

> 너희 가난한 자는 복이 있나니 하나님의 나라가 너희 것임이요, 지금 주린 자는 복이 있나니 너희가 배부름을 얻을 것임이요, 지금 우는 자는 복이 있나니 너희가 웃을 것임이요, 인자로 말미암아 사람들이 너희를 미워하며 멀리하고 욕하고 너희 이름을 악하다 하여 버릴 때에는 너희에게 복이 있도다.

이러한 축복은 사회적 약자들을 돌보고, 그들의 삶의 질을 향상시키는 데 중요한 역할을 한다. 이처럼 예수는 축복의 의미를 보다 높은 사회적인

---

79 누가복음 11장 28절.
80 마태복음 13장 16절.
81 「예수와 축복의 의미」, Chat GPT 3.5.
82 「예수의 축복이 지니는 사회적 의미」, Chat GPT 3.5; 「예수 시대 갈릴리 지방의 사회적 불평등에 대해」, Chat GPT 3.5.

차원으로 승화시키고 있다. 이는 아래와 같은 말씀에서도 나타나 있다.

> 내가 너희에게 말한다. 목숨을 부지하려고 '무엇을 먹을까' 하고 걱정하지 말고, 몸을 보호하려고 '무엇을 입을까' 하고 걱정하지 말아라. 목숨은 음식보다 더 소중하고, 몸은 옷보다 더 소중하다. 공중에 나는 새를 보라. 씨를 뿌리지도 않고, 거두지도 않으며, 또 그들에게는 곳간이나 창고도 없다. 그러나 하나님께서는 그것들을 먹이신다. 너희는 새보다 훨씬 더 귀하지 않으냐? 너희 중에 누가 걱정한다고 해서 제 수명을 한 순간인들 늘일 수 있는가. 백합꽃이 어떻게 자라는가를 보라. 수고도 하지 않고, 길쌈도 하지 않는다. 그러나 내가 너희에게 말한다. 온갖 영화를 누린 솔로몬도 이 꽃 하나만큼 차려 입지 못했다. 그러므로 너희는 '무엇을 먹을까', '무엇을 입을까' 하고 애쓰지 말고, 염려하지 말아라. 너희 아버지께서는 이런 것들이 너희들에게 필요하다는 것을 아신다. 오히려 너희는 먼저 하나님의 나라와 그의 의를 구하라. 그리하면 이 모든 것을 너희에게 더 주시리라. 내일 일은 내일 염려할 것이요, 한 날의 괴로움은 그 날로 족할 것이다.(마태복음 6장 25-34절) 그러니 너희는 너희 소유를 팔아서 자선을 베풀라. 너희는 스스로를 위하여 낡아지지 않는 주머니를 만들고, 하늘에다 없어지지 않는 재물을 쌓아두라. 거기에는 도둑이나 좀의 피해가 없다. 너희가 쌓아두는 보물이 있는 곳에 너희 마음도 있을 것이다.(누가복음 12장 33-34절)

위와 같이 예수는 '축복'의 개념에 대해 낭만적이고 목가적으로 표현하고 있으면서도 당시 빈익빈·부익부라는 사회현실을 반영하여 부의 '평등성'과 '공유성'을 제창하고 있다. 그는 이기적이고 물질적인 축복을 위해서 먹을 것, 입을 것을 구하는 대신, 보다 적극적으로 하나님 나라와 그의 '의'를 먼저 구하라고 주장했던 것이다. 이는 인간이 지니는 끝없는 탐욕과 소유욕을 덜어내고, 무소유의 자유함과 사회정의를 구현함으로써 모든 사람들이 함께 살아갈 수 있는 사회를 건설해야 한다는 것이었다.

특히 예수는 당시 종교 지도층이 율법의 사회적 역할을 방기하고, 오히려 하나님의 이름을 팔아서 불의와 불법을 자행하며, 과부의 재산 등을 갈취하여 재물을 축적하고 있음을 규탄하며 이렇게 단언하고 있다. "너희는 하나님과 재물을 함께 섬길 수 없다." 이처럼 예수가 당시 사회 지도층을 향해서 불의와 불법으로 모아들인 재물과 하나님을 동시에 섬길 수 없다는 폭탄적인 선언을 하자, 바리새인들은 돈을 밝히는 사람들이었기 때문에 이 말을 듣고 비웃었다고 성경은 기록하고 있다.[83]

그러나 예수는 부자들의 어리석음을 지적하면서 부자들이 자기만을 위해 재물을 끝없이 쌓아 두지만 만약 그가 갑자기 죽게 되면 모아 둔 많은 재산이 무슨 소용이 있는가고 반문했다. 따라서 예수는 "너희를 위하여 보물을 하늘에다 쌓아 두라"라고 권고했던 것이다.[84]

이때 '하늘에 쌓아 두라'는 말은 물질에 대한 집착과 물질만능주의를 경계하는 것으로, 천국을 향한 진정한 보물은 땅의 재물에 있는 것이 아니라 하늘에 있는 것이며, 이는 물질적인 재물에 대한 집착보다는 영적인 가치와 하나님 나라를 추구해야 한다는 의미를 담고 있다. 물질적인 재물은 쉽게 없어질 수 있고, 그것에 대한 집착은 영혼의 평화와 행복을 방해할 수 있다. 그러나 영적인 가치, 예를 들어 선행과 사랑, 순수한 마음 등은 영원히 계속되며, 하늘의 보상을 받을 수 있다는 것이다. 그러므로 이는 하나님 나라와 그의 의를 먼저 구하고, 재물을 하나님의 영광과 이웃을 위해 사용하고, 척박한 삶을 살아가고 있는 대중들과 함께 살아가는 공동체 사회를 구성하라는 뜻이기도 했다.[85]

---

83 마태복음 6장 24절; 누가복음, 16장 13-14절; 김행선, 『동서양 고전의 이해』, 366-367쪽.
84 누가복음 12장 16-21절; 마태복음 6장 20절.
85 마태복음 6장 19-21절; 김행선, 『동서양 고전의 이해』, 367쪽; 「예수가 말한 재물을 하늘

이런 점에서 예수가 가르친 축복의 의미는 사랑과 공의, 그리고 화평을 촉진한다. 이는 사회적 불평등과 갈등 및 분열을 해소하고, 공동체의 화합과 통일을 촉진시킨다. 즉 축복에 대한 예수의 인식은 공동체의 연대와 협력을 장려하는 것이다. 그의 가르침은 서로 돕고, 서로 지지하는 것을 강조하며, 모든 사람이 하나님의 자녀로서 동등하게 대우되어야 한다는 메시지를 전한다. 이는 사회적 관계에서 상호존중과 공정함을 증진시키는 데 중요한 역할을 한다.[86] 따라서 축복은 공동체의 결속력을 강화하고, 공동체 구성원들에게 희망과 안정감을 제공함으로써 상호 간의 긍정적 관계를 조성하여 공동체의 번영과 발전에 기여한다. 이에 대해 사도 바울은 믿음의 아들인 디모데에게 교회 치리(治理)에 관해 다음과 같이 언급하고 있다.

> 돈을 사랑함이 일만 악의 뿌리가 된다...그대는 이 세상의 부자들에게 명령하여 교만하지도 말고, 덧없는 재물에 소망을 두지도 말고, 오직 우리에게 모든 것을 풍성히 주셔서 즐기게 하시는 하나님께 소망을 두라고 하시오. 또 선한 일을 하고, 좋은 일을 많이 하고, 아낌없이 베풀고, 즐겨 나누어 주라고 하시오. 그렇게 하여 앞날을 위해 든든한 기초를 스스로 쌓아서 참된 생명을 얻으라고 하시오.[87]

또한 히브리서 기자는 이렇게 전하고 있다.

> 돈을 사랑하지 말고 있는 바를 족한 줄로 알라. 그가 친히 말씀하시

에 쌓아두라는 뜻은」, Chat GPT 3.5; 「재물을 하늘에 쌓아두라는 예수의 말씀이 지닌 뜻」, 뤼튼 AI 검색.

86 「예수의 축복이 지니는 사회적 의미」, Chat GPT 3.5.

87 디모데전서 6장 10-19절.

기를 '내가 결코 너희를 버리지 아니하고 너희를 떠나지 아니하리라'
하셨느니라. 그러므로 우리가 담대히 말하되 '주는 나를 돕는 이시니
내가 무서워하지 아니하겠노라. 사람이 내게 어찌하리요' 하노라.[88]

요컨대 예수가 말한 축복이란 서로 사랑하고, 서로 돌아보며, 함께 살
아가는 것이고, 공동체 내에서의 화목과 결속력을 강화하고, 하나님 나라
를 이루는 것을 뜻한다. 이상과 같은 축복의 개념들은 아래와 같은 팔복
선언에서 구체적으로 드러나고 있다.

(2) 팔복선언(메시아 왕국의 대헌장)

가. 개념과 성격

예수운동의 궁극적인 목적은 하나님 나라의 건설에 있으며, 예수는 그
실천강령으로 '메시아 왕국의 대헌장'을 선포했다. 이는 이른바 예수가 산
에 올라가 앉으셔서 제자들에게 준 '산상수훈(山上垂訓)' 또는 '산상설교'라
고 불리며, '팔복선언'이라고도 한다. '산상설교'의 별칭(別稱)은 예수의 '열
두 제자 안수식 설교', 또는 '기독교 교리의 대요', '메시아 왕국의 대헌장',
'왕의 선언' 등이다.

산상수훈은 기독교 신앙의 근간을 형성한 것으로 그 근본적인 가르침
과 원칙을 제시한 것이고, 하나님 나라에 대한 희망과 기대를 나타내는
중요한 원칙으로, 하나님 나라를 구현하기 위한 새로운 율법이다.

산상수훈, 곧 팔복선언은 예수의 가르침과 연관되어 있으며, 그의 메

---

88 히브리서 13장 5~6절.

시아적 사명을 이해하는 데 중요한 역할을 한다. 이는 예수의 사랑과 자비, 평화를 중심으로 한 도덕적 원리를 담고 있으며, 그를 따르는 길을 제시한 것이다. 팔복선언은 기독교인들에게 하나님 나라의 구성원으로서 어떻게 살아가야 하는지에 대한 지침을 제공한다.[89] 팔복선언은 하나님 나라를 이루기 위한 하나님 백성의 시민권자로서 갖추어야 할 자격요건을 가르치신 것이다.

그런데 산상수훈은 오늘에 이르기까지 많은 사람들이 그 가르침의 의미를 제대로 이해하지 못하거나 왜곡하고, 혹은 그 진의에 의심을 품어왔다. 특히 산상수훈이 기독교인의 윤리냐 비기독교인을 포함한 인류의 보편적 윤리냐, 현세에서 지킬 윤리냐, 아니면 내세에서 지킬 윤리냐, 복음이냐 율법이냐에 대한 논의가 이를 연구하는 학자들 사이에서 제기되어 왔다. 복음서에 기록된 예수의 가르침은 불변하지만 그에 대한 해석이 시대에 따라서, 그리고 역사의 흐름에 따라서 달라져 왔던 것이다.[90]

종교개혁과 문예부흥, 계몽주의 등의 영향으로 성서해석의 다양성이 이루어질 수밖에 없었던 근대 이후를 제외한 고대로부터 종교개혁기에 이르는 시기에는 산상수훈을 반드시 지켜야 할 윤리적 교훈이요, 또한 지킬 수 있는 명령으로 받아들였다. 예를 들어 산상수훈 주석서를 쓰고, 마태복음 5-7장을 '산상수훈'이라고 명명한 어거스틴(Augustine)은 산상수훈을 '기독교인 생활의 완벽한 기준'이며, 모든 기독교인에게 적용할 수 있는, 그리고 실생활에서 실천 가능한 것으로 여겼다. 그러나 신성로마제국이 수립되고, 교황권이 강화되면서 교회는 세상에 군림하게 되고 내부적으로 부패하여 결국 종교개혁기에 이르기까지 중세의 신앙은 암흑의 동굴로 들

---

89 「팔복선언의 의미」, Chat GPT 3.5.
90 박경훈, 「산상수훈에 나타난 예수의 윤리」, 장로회신학대학 석사논문, 1997, 9쪽.

어가게 되었다.

그 결과 중세 로마 가톨릭 교회는 아무도 이 세상에 사는 동안은 산상수훈의 가르침을 완성할 수 없으며, 단지 세상에서 물러나서 그리스도인 엘리트 무리를 형성하고 있는 수도원 공동체나 특정한 성직자들만이 이런 엄격한 요구를 성취할 수 있다고 주장했다. 이와 같은 맥락에서 독일의 조직 신학자 칼 하임(Karl Heim)은 산상수훈이란 예수가 인류 모두에게 준 보편윤리가 아니고, 특수한 사명을 가진 그리스도인들에게 준 '돌격대의 윤리'라고 지칭하기도 했다. 비스마르크 시대의 민주당 지도자 나우만(Friedrich Naumann) 역시 처음에는 산상수훈에서 이상적인 사회개혁의 이론을 찾으려 했으나, 실제 현실정치에서 아무런 영향력을 발견하지 못하고, 예수의 윤리는 문자 그대로 준수될 수 없으며, 예수 시대에 한해서만 적용될 수 있는 것이라고 결론을 맺기도 했다. 이밖에도 산상수훈의 엄격성 때문에 학자들 간에는 오늘날 현세에서 지킬 수 있는 윤리가 아니고, 천년왕국에서나 지킬 '미래적 윤리'라고 지적하기도 한다.

이와 반면에 종교개혁을 추동시킨 루터(Martin Luther)는 산상수훈을 '의(義)로 향하는 순례의 길'을 걸어야 할 모든 그리스도인들을 위한 보편적 윤리로 파악했으며, 더 나아가 톨스토이(Leo Tolstoy)는 산상수훈을 모든 인류에게 부여한 이상적인 율법으로 보고, 예수의 말씀을 어느 시대에나 지켜야 할 보편적 윤리로 해석했다. 그에 의하면 산상수훈은 인간사회의 이상적인 공동생활의 질서를 만들어 주는 것이고, 사랑이 지배하는 이상사회의 설계이자 약도였다.[91]

이처럼 산상수훈에 관한 논의가 분분한 이유는 산상수훈이 지켜지기 어려운 도덕적 윤리이자 실천규범이었기 때문이다. 그러나 산상수훈이 내

---

91 위의 논문, 14-16쪽.

포하고 있는 진리란 예수 당대의 과거성과 함께 현재성, 미래성을 모두 내포한 것으로 파악해야 할 것이다. 진리라고 선언할 수 있는 것은 특수성과 함께 보편성, 그리고 초월성을 내포하기 때문이다. 사실 예수 시대에 예수가 선포한 산상수훈이란 복음인 동시에 하나님 나라를 건설하기 위한 새로운 율법이자, 모세의 율법을 완성시킨 것으로 모든 인류에게 적용될 수 있는 보편성을 내포하고 있으며, 시대를 넘어서는 초월성을 내포하고 있다.

나. 팔복선언의 내용

어떻게 하면 불합리하고 불의한 세상을 바꿀 수 있을까? 이는 팔복선언으로 나타난다. 팔복선언, 곧 메시아 왕국의 대헌장 가운데 중요한 내용을 구체적으로 살펴보면 다음과 같다.[92]

> 1. (마음이)가난한 자는 복이 있나니 하나님의 나라가 너희 것이다.
> 2. 너희 지금 굶주리는 자는 복이 있나니 너희가 배부르게 될 것이다.
> 3. 너희 지금 슬피 우는 자는 복이 있나니 너희가 웃게 될 것이다.
> 4. 사람들이 너희를 미워하고, 인자로 인해 너희를 배척하고, 욕하고, 누명을 씌울 때에 너희는 복이 있나니, 그 날에 기뻐하고 뛰놀아라. 하늘에서 받을 상이 크도다. 그들의 조상이 예언자들에게 이와 같이 행하였다.
> 5. 그러나 너희 부유한 사람은 화가 있을 것이다. 너희는 너희의 위로를 이미 받았기 때문이다.
> 6. 너희 지금 배부른 사람은 화가 있다. 너희가 굶주릴 것이기 때문이다.

---

92 마태복음 5장-7장; 누가복음 6장 20-36절.

7. 너희 지금 웃는 사람은 화가 있다. 너희가 슬퍼하며 울 것이기 때문이다.

8. 모든 사람이 너희를 칭찬할 때 화가 있다. 그들의 조상이 거짓 예언자들에게 그와 같이 행하였다.

9. 너희는 세상의 빛과 소금이 되라. 너희는 세상의 소금과 같은 역할을 해야 한다. 만약 소금이 짠맛을 잃으면 무엇으로 짠맛을 내겠는가? 그러면 아무데도 쓸 데가 없으므로 바깥에 버려져 사람들이 짓밟을 뿐이다. 너희는 세상의 빛이 되라. 너희의 빛을 어둔 세상에 비추어 그들이 너희의 착한 행실을 보고, 하늘에 계신 너희 아버지께 영광을 돌리게 하라.

10. 너희 원수를 사랑하며, 너희를 미워하는 자를 선하게 대하며, 너희를 저주하는 자를 위해 축복하며, 너희를 모욕하는 자를 위해 기도하라. 네 이 뺨을 치는 자에게 저 뺨도 돌려 대며, 네 겉옷을 빼앗는 자에게 속옷도 금하지 말라. 무릇 너에게 구하는 자에게 주며, 네 것을 가져가는 자에게 다시 달라지 말며, 남에게 대접받고자 하는 데로 너희도 남을 대접하라. 너희가 만일 너희를 사랑하는 자를 사랑하면 칭찬 받을 것이 무엇이뇨. 죄인들도 사랑하는 자를 사랑하느니라. 또 너희가 자기 형제들에게만 문안인사를 한다면 남보다 나을 것이 무엇이냐? 이방인들도 그만큼은 하지 않느냐? 그러므로 하늘에 계신 너희 아버지의 완전하신 것같이 너희도 완전한 사람이 되어라.

11. 좁은 문으로 들어가라. 멸망으로 인도되는 문은 크고, 그 길이 넓어 그리로 들어가는 자가 많고, 생명으로 인도하는 문은 좁고, 길이 협착하여 찾는 이가 적다.

이밖에도 예수는 재물에 관한 교훈, 올바른 자선행위, 음욕과 간음의 문제, 비판의 문제, 거짓 맹세 등에 관한 교훈들을 남기고 있다.

이상과 같이 예수가 설파한 팔복선언 및 메시아 왕국의 대헌장은 주변의 자연의 정기와 어우러져 향기를 뿜어내고 있다. 그가 선포한 대헌장 속에는 추상같이 엄격한 진실성과 더불어 하늘과 땅, 바다와 산, 어린아이들의 유희, 들꽃의 향내가 풍긴다. 메시아 왕국의 대헌장은 모세의 율법정신과 예언자들의 정신을 역사적으로 계승·발전시킨 것으로 '인권사상의 대산맥'이자, '진리의 생명탑'이었던 것이다.

세상이 말하는 복과 예수가 가르치는 복은 확연히 다르다. 세상의 복은 주로 물질적 풍요, 사회적 지위, 권력, 명예, 장수 등과 관련된 것으로, 외적인 것들에 집중하고 개인의 욕망과 자기 충족을 중심으로 한다. 반면 예수가 가르친 복은 가난한 자, 슬픈 자, 온유한 자, 자비로운 자, 마음이 깨끗한 자, 평화를 추구하는 자들에게 복이 있음을 선포한다. 이는 영혼의 안식과 더불어 하나님 나라의 속성을 보여주는 것이다. 하나님 나라는 우리의 내면의 깊은 곳으로부터 나오는 것이다. 그것은 전복된 가치요 다른 세계관이다.[93]

마음이 가난한 자는 자신의 영적 가난함을 인정하고 하나님의 은혜를 간절히 사모하는 자이며, 하나님의 도움만을 바라는 자이다. 하나님의 위대하심과 하나님의 영광, 하나님의 거룩, 하나님의 영원하심과 무한하심을 아는 자이다. 이는 모든 성도들의 영적 기초이다. 더 나아가 이는 현실적으로 가난한 상태에 있는 자들에 대한 위로와 희망을 담고 있다. 애통함은 죄에 대한 애통, 즉 자신의 행동으로 지은 죄에 대한 깊은 회개인 동시에 자신의 본질에 대한 애통임과 함께 사람들의 죄가 낳은 세상의 불의와 불법과 비참에 대한 애통이다. 인간의 삶은 항상 완벽하지 못하고 때로는 슬픔과 고통을 겪는다. 예수는 이러한 때도 우리가 하나님의 사랑

---

93 「세상이 말하는 복과 예수가 가르친 복의 차이점」, Chat GPT 3.5.

과 위로 그리고 돌봄과 은혜를 받을 수 있다고 약속하고 있다. 온유는 성격이 좋고 착한 사람이 아니라, 다른 사람들의 비난과 불평에 맞대응하지 않고, 하나님의 손에 맡기면서 전적으로 하나님의 처분에 순종하고자 하는 삶의 태도이다. 이는 폭력과 무자비에 대한 항거이고, 연대이며, 포괄이고, 협력이다. 의에 주리고 목마른 자는 자신의 죄성을 절감하여 하나님의 은혜로 말미암는 의를 갈망하는 자란 뜻으로, 하나님의 뜻을 실현하는 실천적 삶을 말한다. 긍휼은 자비 혹은 불쌍히 여김이라는 말과 동의어이다. 이는 타인을 배려하는 힘이고, 타인과 나를 한 몸으로 보는 율법의 완성이다. 야고보서 2장 13절에서는 "긍휼을 행하지 않는 자에게는 긍휼 없는 심판이 있다. 그러나 긍휼은 심판을 이기고 자랑한다"라고 기록하고 있다. 또한 마음이 청결한 자란 겉과 속이 일치하는 순전한 마음으로 하나님을 경외하며, 사람들에게도 정직하고 진실되게 행하는 자이다. 이는 죄로 더러워진 마음이 하나님과 교제하기 합당한 상태로 깨끗하게 씻어진 것을 말한다. 이러한 마음의 청결은 인간의 노력으로 이루어지는 문제가 아니라, 예수의 피만이 우리의 마음을 깨끗하게 할 수 있다. 평화란 '샬롬'이며, 이는 온전한 상태 또는 완전한 상태를 의미한다. 즉 인간이 인간답게 살기 위해 필요한 모든 조건이 완벽하게 갖추어진 온전한 상태를 말한다. '샬롬'은 인간과 하나님과의 관계, 인간과 인간의 사회적 관계, 인간과 자연의 물질적 관계, 인간의 정신과 육체의 관계 등 모든 조건이 온전한 상태에 있는 것을 말한다. 그리고 그 기초는 하나님과의 바른 관계이다. 예수는 하나님과 인간 간의 벽과 담을 허무시고 화평하게 하시며, 궁극적으로 죄인들과 하나님과의 화평을 이루신다. 더 나아가 인간과 인간 사이의 갈등과 대립을 해소하고 화평케 한다. 또한 의를 위해 박해를 받는다는 것은 믿음을 지키고, 진리를 따르는 데 어려움을 겪을 수 있

지만, 이는 하나님 나라를 이루는 길임을 가르치고 있다.[94]

특히 놀라운 사실은 대헌장의 첫 번째 포성이 앞서 언급한 바와 같이 바로 현실사회에서 가난하게 살아가는 자들과 애통해 하며 살아가는 자들, 한 알의 밀알이 되기 위해 탄압을 받는 정의의 사람들에게는 메시아 왕국의 시민권을 부여하고 있는 반면에, 가진 자들, 탐욕스러운 자들, 불의한 웃음을 웃고 있는 자들에 대해서는 메시아 왕국으로부터 추방시키고 있다는 점이다. 이러한 예수의 포성은 사회적 불평등과 불의함에 대한 비판이요, 가난하고, 슬퍼하며, 소외되고 박해받는 자들에 대한 위로요 희망이었다. 따라서 팔복선언 및 산상수훈의 선포는 예수의 사상이 그 시대 대중현실 속에서 잉태된 민중적 역사철학이자, 실천신학이었음을 입증하는 것이다. 이에 막스 베버(Max Weber)는 산상수훈을 커다란 '노예반란의 연설'이라고 주장하기도 했다.[95]

한편 메시아 왕국의 대헌장은 여호와 하나님의 도덕적 인격성에 근거한 완벽한 '도덕사회'를 구현하려는 것이었다. 예수는 사람들을 향해 "세상의 빛과 소금이 되라"라는 교훈을 주고 있다. 산상수훈은 하나님 나라가 임하는 것에 관한 것으로 세상이 타락하지 않도록 소금이 되라는 것이고, 세상의 어둠을 쫓아내는 빛이 되라는 것이다. 이는 제자와 그리스도인의 자격에 대한 혁명적 선언이다.

이는 당시 부패한 사회에 대한 저항과 동시에 이를 치유할 수 있는 처방안을 제시한 것이다. 특히 예수의 도덕적 완결성은 "간음하지 말라"라는 모세의 율법을 극단적으로 발전시킨 다음과 같은 선언에서 드러나고 있다.

---

94 『노트 여백성경-마태복음 5장 1-48절 문단해설』; 백금산, 『예수님의 산상설교』, 부흥과 개혁사, 2011, 32-34쪽, 38-39쪽, 46쪽, 59쪽, 67쪽, 70-71쪽, 78쪽; Chat GPT 3.5.
95 김행선, 『동서양 고전의 이해』, 380-381쪽; 누가복음 6장 20-26절.

누구든지 여자를 보고 음란한 생각을 품는 사람은 벌써 마음으로 그 여자를 범한 것이다. 네 오른 눈이 너로 죄를 짓게 하거든 그것을 빼어서 내버려라. 신체의 한 부분을 잃는 것이 온 몸으로 지옥에 던져지는 것보다 더 낫다.[96]

예수의 도덕성은 '선과 악'을 분명하게 구분하고, 하나님의 뜻에 따라 '선'을 추구하는 실천적 열매를 통해 완성에 이른다. 그는 아래와 같이 말하고 있다.

못된 열매를 맺는 좋은 나무가 없고, 또 좋은 열매를 맺는 못된 나무가 없다. 나무는 각각 그 열매로 아나니 가시나무에서 무화과를 또는 찔레에서 포도를 따지 못한다. 선한 사람은 마음의 쌓은 선에서 선을 내고, 악한 자는 그 쌓은 악에서 악을 내나니 이는 마음의 가득한 것을 입으로 말함이니라.(누가복음 6장 43-45절) 그러므로 그의 열매로 그들을 알리라. 아름다운 열매를 맺지 아니하는 나무마다 찍혀 불에 던지 우느니라. 나더러 주여, 주여 하는 자마다 천국에 다 들어가는 것이 아니다. 다만 하늘에 계신 내 아버지의 뜻대로 행하는 자라야 들어가리라.(마태복음 7장 20-21절)

이로써 메시아 왕국의 대헌장은 개인적인 죄악, 더 나아가 사회악의 근원까지 뿌리째 제거하고, 완전한 사회정의와 도덕성을 이룩하려는 것이었다. 그리고 이러한 도덕적 완결성의 주장은 예수로 하여금 기존의 전통 종교인 유대교에 정면으로 대항하는 혁명가가 되게 했던 것이다. 따라서 산상수훈은 현실사회에 대한 강력한 개혁정신을 내포하고 있다.

---

96 마태복음 5장 27-29절.

이 때문에 불트만(R. Bultman)은 예수가 하나님 나라가 가까이 왔다는 메시지를 통해 사람들로 하여금 도덕적 결단을 촉구했다고 보고 있다. 그는 말하기를 "인간에게는 중립적인 자리가 없다. 인간은 자신의 삶을 위해 있는 오직 두 가지 가능성, 선과 악 사이에서 결정해야 한다"라고 했던 것이다.

그리스도인이란 어떤 존재인가? 삶이 변화되고 속사람이 변화되는 존재여야 한다. 그리스도인이란 자신의 신앙과 삶을 통해 예수의 사랑과 은혜를 전파하고, 주변 사람들에게 희망과 풍요로운 생명을 전해야 한다. 그리하여 그리스도인은 세상의 길이 아니라, 좁은 문으로 가야 한다. 좁은 문이란 예수를 향한 신앙의 길을 가리키며, 자기 십자가를 지고 자기를 부인하는 길이요, 헌신과 자기 변화의 길이고, 순종과 고통의 길이지만, 생명의 길이다.

한편 남을 정죄하거나 비판하지 말라는 것은 예수의 가르침 중 하나로서 우리가 다른 사람을 비판하거나 정죄할 때 우리 스스로도 비슷한 죄악에 빠질 수 있다는 경고를 담고 있다. 이 가르침은 예수의 사랑과 관용의 가르침을 반영한 것으로, 우리가 다른 사람을 판단할 때 우리 자신의 행동과 태도를 반성하고 고쳐서 더 나은 사람으로 성장해야 한다는 의미를 내포한 것이다. 또한 남을 비판하지 말라는 뜻은 타인의 가치를 존중하라는 것이다. 예수는 사람들에게 상호 존중하고 서로 배려하며 사랑하라고 가르쳤다. 이는 다른 사람을 비판함으로써 그들의 가치나 존엄성을 훼손시키는 것을 피하라는 것이기도 하다. 따라서 우리는 남을 비판하는 대신에 사랑과 이해를 바탕으로 타인을 대해야 하며, 그들의 행동을 이해하고, 돕고, 지지해줌으로써 무한경쟁의 세상 속에서 갈등과 대립을 겪고 있는 사람들 사이에 하나님 나라를 만들어가야 한다는 것이다.[97] 믿음의 기준은 내 생각과 판단이 아니라 하나님이시다. 예수가 이 땅에 오신 목적은 서로 비판하지 말고 서로 사랑하라는 데 있다. 몽둥이 들고 설치는 사회는 피투성이만 될 뿐이고, 사랑으로 서로 보듬고 안아주는 사회는 생명과 소망의 길로 나아간다.

따라서 예수가 선포한 메시아 왕국의 대헌장에 내포된 모든 적극적인 실천강령들은 '이웃 사랑'이라는 덕목으로 결집되어 있다. "너희 원수까지도 사랑하라"라는 실천명령은 모세의 십계명에 나오는 "네 이웃을 사랑하라"라는 계명보다 더욱 철저하게 '자기'를 극복할 것을 요구한다.

고대사회의 정의는 당한 대로 갚아주는 '동해보복법'이다. 이는 피해자나 피해자의 가족, 지역사회가 직접 가해자에게 보복을 가하는 형태로 이루어졌다. 보복은 보통 "눈에는 눈, 이에는 이"와 같은 원칙을 따랐다. 그러나 이러한 보복은 종종 폭력과 혼란을 초래했다. 왜냐하면 당한 것보다 더 심하게 보복하기 때문이다.[98]

그러나 예수는 말씀하기를, "또 눈은 눈으로, 이는 이로 갚으라 하였다는 것을 너희가 들었으나, 나는 너희에게 이르로니 악한 자를 대적하지 말라. 누구든지 네 오른편 뺨을 치거든 왼편도 돌려대며, 또 너를 고발하여 속옷을 가지고자 하는 자에게 겉옷까지도 가지게 하며, 또 누구든지 너로 억지로 오 리를 가게 하거든 그 사람과 십 리를 동행하고, 네게 구하는 자에게 주며 네게 꾸고자 하는 자에게 거절하지 말라"라고 했다. 즉 악한 자를 대적하지 말고, 더 나아가 원수를 사랑하라고 했다. 악을 악으로 갚는 것은 그리스도인의 바른 태도가 아니다. 선으로 악을 이겨야 한다.

---

97 「남을 정죄하거나 비판하지 말라는 뜻」, Chat GPT 3.5; 「비판하지 말라는 예수의 말씀이 지닌 뜻」, Chat GPT 3.5.
98 「고대사회에서 시행되었던 동해보복법이란」, Chat GPT 3.5.

예수는 우리가 자기와 자기를 사랑하는 사람을 사랑하는 것만으로는 부족하다고 말씀했다. 오히려 적인 원수까지도 사랑해야 하고 우리를 박해하는 자를 위해 기도해야 한다고 말씀했다. 우리가 우리를 사랑하는 자만을 사랑한다면 무슨 상이 있겠는가. 세리와 죄인들도 다 그리한다는 말씀이다. 그러므로 하나님이 그 해를 악인과 선인에게 비추시며, 비를 의로운 자와 불의한 자에게 내려주시는 온전하심과 같이 우리도 온전하라는 것이다. 이렇게 해야 세상이 바뀌고, 하나님 나라가 임하기 때문이다.[99]

예수는 모세의 율법정신이 이미 깨어져버린 시대적 현실을 바라보면서, 우선 인간들이 하나님과의 관계를 회복하고, 이를 통해서 인간 상호간의 사랑의 관계를 회복시키려 했다. 그는 모든 율법 중 가장 중요한 계명은 "네 마음을 다하고, 목숨을 다하고 뜻을 다하여 주 너의 하나님을 사랑하라 하셨으니 이것이 크고 첫째 되는 계명이요, 둘째는 그와 같으니 네 이웃을 너희 몸과 같이 사랑하라 하셨다. 이 두 계명이 온 율법과 선지자의 강령이니라"라고 했다.[100]

이처럼 예수는 하나님에 대한 사랑을 이웃 사랑과 함께 '새 언약'의 두 기둥으로 세웠다. 예수는 "네 이웃을 너희 몸과 같이 사랑하라"는 적극적인 사랑론을 통해 공평한 사회, 정의로운 사회, 평화로운 사회를 이룩하려고 했다.

우리는 예수가 따뜻한 사회, 정의로운 사회를 건설하기 위해 얼마나 노력했는가를 제자들과 함께 나눈 최후의 만찬에서 엿볼 수 있다. 이에 대해 요한복음 13장 1-35절은 다음과 같이 감동적이고 사실적으로 기록하고 있다.

---

99 마태복음 5장 38-48절.
100 마태복음 22장 37-40절; 김행선, 『동서양 고전의 이해』, 382쪽.

유월절 전에 예수께서 자기가 세상을 떠나 아버지께로 돌아가실 때가 이른 줄 아시고 세상에 있는 자기 사람들을 사랑하시되 끝까지 사랑하셨다...저녁 잡수시던 자리에서 일어나 겉옷을 벗고, 수건을 가져다가 허리에 두르시고, 대야에 물을 담아 제자들의 발을 그 두르신 수건으로 씻기기 시작했다. 그 차례가 시몬 베드로에게 이르렀을 때 베드로가 말하기를 '주여, 주께서 내 발을 씻기나이까?' 예수께서 대답하시기를 '내가 하는 행동을 네가 지금은 알지 못하나 이후에는 알게 될 것이다.' 베드로가 말하기를 '내 발을 절대로 씻기지 못하나이다.' 이에 예수께서 대답하시되 '내가 너를 씻기지 아니하면 네가 나와 상관이 없느니라.' 시몬 베드로가 가로되 '그렇다면 주여 내 발뿐만 아니라 손과 머리도 씻겨 주옵소서.' 예수께서 말씀하시기를 '이미 목욕한 자는 발밖에 씻을 필요가 없다...너희가 나를 선생이라고도 하고, 또 주라고도 하니 너희 말이 옳다. 내가 주 또는 선생이 되어 너희 발을 씻어주었으니 너희도 서로 발을 씻어주어야 한다. 내가 스스로 본을 보여 너희에게 행한 것 같이 너희도 행하라...새 계명을 너희에게 주나니, 서로 사랑하라. 내가 너희를 사랑한 것같이 너희도 서로 사랑하라. 너희가 서로 사랑하면 이로써 모든 사람이 너희가 내 제자인줄 알리라.'

예수가 마지막 만찬을 갖는 동안 제자들의 발을 씻겨준 일은 예수의 사랑과 섬김의 표현으로써, 예수가 먼저 모범을 보여주고, 제자들에게 서로를 사랑할 것과 자기희생적인 섬김의 필요를 알려주신 것이다. 예수는 일어나 겉옷을 벗고 수건을 허리에 두르시고 대야에 물을 떠서 제자들의 발을 씻고 수건으로 닦아주셨다.

고대사회에서 남의 발을 씻겨주는 일은 일반적으로 높은 존경과 섬김의 표시로 간주되었다. 특히 고대 로마나 그리스에서는 손님이 집에 들어오면 종종 주인이나 종들이 손님의 발을 씻겨주는 일이 있었다. 이는 손님의 도착을 환영하고, 그들을 존경하고 소중히 여기는 표시로 이해되었다. 특히 스승이 제자의 발을 씻겨주는 행위는 스승이 제자를 가르치고 이끄는 데 있어서 스승의 역할과 제자의 존경과 신뢰를 나타낸다. 제자는 스승을 존경하고, 그의 가르침을 받아들이며, 스승은 제자를 이끌고 가르치며, 스승의 겸손과 섬김의 정신을 드러내는 것이다. 이는 스승이 자신의 지위나 권력을 내세우는 것이 아니라, 자기 희생과 사랑 및 섬김의 본을 보이는 것으로, 예수의 십자가의 죽음을 예시하는 것이기도 했다.[101] 이러한 행위는 자기 사람들을 끝까지 사랑하시는 예수의 사랑을 보여 주신 것이다.

이처럼 예수의 새 계명은 곧 "내가 너희를 사랑한 것 같이 너희도 서로 사랑하라"라는 것이었다. "우리가 서로 사랑하면 하나님이 우리 안에 거하시고 그의 사랑이 우리 안에 온전히 이루어진다."(요한1서 4장 12절)사도 바울 역시 말하기를 "모든 율법은 '네 이웃을 네 몸과 같이 사랑하라' 하신 말씀에서 이루어졌습니다. 그런데 여러분이 만일 서로 물고 먹으면 피차 다 멸망하고 말 것이니 조심하십시오"[102]라고 하면서, 다음과 같은 '사랑의 송가'를 노래하고 있다.

내가 사람의 방언과 천사의 방언으로 말을 할지라도 나에게 사랑이 없으면 울리는 징이나 요란한 꽹과리가 될 뿐입니다. 내가 예언하는 능력을 가지고 있을 지라도, 또 내가 모든 비밀과 모든 지식을 가지고 있을 지라도, 또 산을 움직일 만한 모든 믿음을 갖고 있을 지라도, 나에게 사랑이 없으면 아무 것도 아닙니다. 내가 나의 모든 재산을 나누어

---

101 「고대사회에서 남의 발을 씻겨주는 일」, Chat GPT 3.5; 「스승이 제자의 발을 씻겨주는 행위가 지닌 뜻」, Chat GPT 3.5; 안드레아스 J. 쾨스텐버거·저스틴 테일러 저, 이광식 역, 『예수의 마지막 일주일』, CH북스, 2014, 85쪽.
102 갈라디아서 5장 13-24절.

줄지라도, 자랑스러운 일을 하려고 나의 몸을 넘겨줄지라도, 나에게 사랑이 없으면 나에게는 아무런 이로움이 없습니다. 사랑은 오래 참고, 친절합니다. 사랑은 시기하지 않으며, 뽐내지 아니하고, 교만하지 않습니다. 사랑은 무례하지 않으며, 자기의 이익을 구하지 않으며, 성을 내지 않으며, 악한 것을 생각지 아니하며, 불의를 기뻐하지 않으며, 진리와 함께 기뻐합니다... 사랑은 영원하지만 예언하는 능력이나 방언하는 능력은 일시적이고, 인간이 자랑하는 지식도 부분적인 것입니다. 우리가 부분적으로 알고 부분적으로 예언하니 완전한 것이 올 때에는 부분적인 것은 사라집니다...그러므로 믿음, 소망, 사랑 이 세 가지는 항상 있을 진데 그 가운데서 으뜸은 사랑입니다.[103]

하나님이 인간에게 주시는 모든 특별한 은사 가운데 예언의 능력이나 하나님과 교통하는 방언의 능력이나 심지어 하나님을 믿는 믿음의 능력도 하나님을 사랑함으로써 이루어지는 인간을 사랑하는 마음이 전제되지 않는 한 자기 이익만을 추구하게 된다. 자기 유익만을 위한 능력이란 결코 인간을 구원할 수 없으며, 하나님께 영광을 드릴 수 없다. 따라서 인간을 사랑하는 마음은 하나님뿐만 아니라, 인간 그 자체에 대한 믿음과 희망을 가질 수 있는 최고의 축복인 것이다.

그런데 예수가 새 계명으로 제시한 사랑이나 사도 바울이 노래한 사랑의 송가란 바로 "불의를 기뻐하지 않으며, 진리와 함께 기뻐하는 사랑"이었다. 즉 사랑의 개념에는 이웃을 사랑하고 사회를 정의롭게 하려는 '정의'의 개념을 내포하고 있다. 예수나 사도 바울의 사랑론은 다른 계명들과 분리된 성격의 것도 아니며, 또한 비사회적인 성격을 지닌 것도 아니다. 이는 바로 예수가 언급한 "하늘에 계신 너희 아버지의 온전하신 것같

103 고린도전서 13장 1-13절.

이 너희도 온전하라"(마태복음 5장 48절)라는 절대적 윤리로 표현되고 있다. 정의의 매서운 칼날만 주장하는 사람들의 정신은 마음을 잃은 불모지대와 같을 것이요, 뜨거운 사랑만을 추구하는 사람들의 정신이란 이성을 잃은 적도(赤道)지대와 같을 것이다. 그리하여 사도 바울은 "사랑은 율법의 완성"(로마서 13장 10절)이라고 규정했으며, 더 나아가 예수를 "율법의 마침표"(로마서 10장 4절)라고 언급했던 것이다.

요컨대 사랑과 정의, 이것이 곧 복의 실체이며 완성이다.

6. 영생이란 무엇인가

영생은 기독교 신앙의 중요한 요소 중 하나이며, 이를 얻기 위해서는 예수를 통한 구원을 받아야 한다. 영생에 대한 개념 자체에 대해서는 의견이 분분하다. 일부는 이를 영원한 삶으로 해석하고, 다른 사람들은 이를 종교적 상징이나 철학적 개념으로 해석한다.[104]

그러나 예수는 영생의 문제에 있어서도 보다 현실적이며 사회적인 차원에서 말씀하고 있다. 그 일례로 한 율법사가 예수를 시험해 보기 위해 "제가 어떻게 하면 영생을 얻을 수 있겠습니까?"라고 예수에게 물었다. 이에 예수는 "율법에 무엇이라 기록되었으며 네가 그것을 어떻게 이해하고 있느냐?"라고 반문했다. 율법사는 이렇게 대답했다. "'네 마음을 다하고, 네 목숨을 다하고, 네 힘을 다하고, 네 뜻을 다하여 주 너의 하나님을 사랑하라고 했으며, 또 네 이웃을 네 몸같이 사랑하라'고 했습니다." 그러자 예수는 그의 답변이 옳다고 하면서, 아는 것에 그치지 말고 그대로 시

---

104 「기독교의 영생에 관하여」, Chat GPT 3.5; 「예수와 영생의 문제」, Chat GPT 3.5.

행하면 '영생'을 얻을 것이라고 말했다.[105]

특히 마태복음 19장에서는 한 부자 청년에 관한 이야기를 소개하고 있다. 아무런 부러울 것없이 살면서, 다만 인생의 짧은 허무함을 걱정하며 '어떻게 하면 영원히 살 수 있을까'를 고민하고 있었던 부자 청년이 하루는 예수에게로 와서 영생을 얻을 수 있는 방법을 물었다. 이때 예수는 모세의 십계명을 지키라는 실천신앙을 제시했다. 그러자 그 부자청년은 어려서부터 이를 다 지켜 왔다고 했다. 그러자 예수는 아래와 같이 부언했다.

> 그러나 너에게 오히려 한 가지 부족한 것이 있으니 네가 소유한 것을 다 팔아 가난한 사람들에게 나누어 주라. 그리하면 하늘에서 보화가 너에게 있으리라. 그리고 와서 나를 좇으라. 그러자 그 부자 청년은 재물이 많은지라 이를 걱정하며 슬픈 기색을 띠고 집으로 돌아갔다. 이때 예수는 제자들에게 이르시되 재물이 있는 자는 하나님의 나라에 들어가기가 심히 어렵도다. 마치 낙타가 바늘귀로 나가는 것이 부자가 하나님의 나라로 들어가는 것보다 더 쉬우리라.[106]

예수가 이 청년에게 물질을 포기하고 나를 따르라고 말했을 때, 청년은 근심하면서 떠났다. 이는 물질이 그 청년의 정체성의 중심이었기 때문이다. 그의 돈을 잃는다는 것은 바로 그 자신을 잃는다는 뜻이었다. 그것은 바로 그 청년의 의식에는 하나님의 은혜를 필요로 하지 않는다는 의미이기도 했다.[107] 예수는 이 청년의 내면의 깊은 곳이 물욕의 지배를 당하고 있음을 알고 있었기 때문에, 하늘 보화를 소망하며 모든 소유를 버리고

---

105 누가복음 10장 25-28절.
106 마태복음 19장 16-24절.
107 Timothy Keller, op.cit, pp.144-145.

예수를 따르라는 말씀을 하신 것이다.

부자 청년은 이 말씀에 재산이 많으므로 근심하며 떠나갔다. 이는 그의 재산과 부의 욕망이 그의 영원한 구원을 가로막았던 것이다. 부자 청년은 자신이 예수가 말씀한 법을 다 지키고 있는 것으로 생각했지만, 그것만으로는 영원한 삶을 얻을 수 없었다. 이 이야기는 우리에게 욕심과 돈, 그리고 영원한 가치와 진리에 대한 고민을 던지는 것으로, 우리가 삶에서 진정으로 소중히 여겨야 하는 것이 무엇인지를 생각하게 해 준다.[108]

즉 우리가 집착하고 있는 모든 것으로부터 벗어나 오직 하나님과 예수에게 집중할 때 영원한 삶을 누릴 수 있다는 것이다. 따라서 인간 본연의 소유욕과 탐심의 문제를 해결하지 못하면 영생의 문제를 해결할 수 없다. 재물에 대한 집착을 끊지 않고서는 하나님과의 관계에 들어갈 수 없다. 하나님과 재물은 동시에 섬길 수 없기 때문이다.

요컨대 영생이란 무엇을 해야 얻을 수 있는 것이 아니라, 하나님을 아는 것이고, 하나님과의 관계를 바르게 하는 데 있다. 요한복음 17장 3절에서는 기술하기를, "영생이란 곧 유일하신 참 하나님과 그가 보내신 자 예수 그리스도를 아는 것이다"라고 했다.

그리고 예수는 하나님 나라의 건설을 위한 축복과 영생에 관해 다음과 같이 구체적으로 언급하고 있다.

내 아버지께 복 받을 자들이여! 나아와 창세로부터 너희를 위하여 예비된 나라를 상속하라! 내가 굶주릴 때에 너희가 먹을 것을 주었고, 목마를 때에 마시게 하였고, 나그네 되었을 때에 영접하였고, 벗었을 때에 옷을 입혔고, 병들었을 때에 돌아보았고, 옥에 갇혔을 때에 와서

---

108 「성경에 나오는 부자 청년의 영생관은」, Chat GPT 3.5.

보았느니라. 이에 의인들이 대답하여 말하기를 '주여! 우리가 어느 때에 그러한 행동을 하였읍니까?' 예수께서 말씀하시기를 '내가 진실로 너희에게 말한다. 너희가 여기에 내 형제 중 지극히 작은 자 하나에게 한 것이 곧 나에게 한 것이다.[109]

이처럼 축복받은 삶이란 곧 사회정의와 경제적 평등, 자유와 해방을 위해 끊임없이 예수의 가르침을 실천하는 길임을 설파한 것이다. 그리하여 예수는 계명을 이야기하다가 이웃사랑으로 끝을 맺으신다. 이것이 바로 하나님과 예수를 아는 영생의 길이요, 하나님 나라를 세우는 일이다.

요컨대 예수의 사상은 예루살렘 중심의 성전신학 및 권위주의 신학, 전통적 지배신학으로부터 벗어나 모세의 율법정신을 회복시키고 보다 완성시킨 것이었다.

7. 부활신앙
: 하나님은 죽은 자의 하나님이 아니라, 산 자의 하나님이다

기독교 신앙에서 핵심사상인 '부활신앙'에 대해 생각해보자. 예수 시대에도 '부활신앙'을 가진 사람들과 그렇지 않은 사람들이 있었다.[110] 어느 날 부활도 없고, 천사도 없고, 내세도 없고, 영혼도 없다고 주장하는 사두개파 사람들이 예수께 와서 다음과 같이 물었다.

---

109 마태복음 25장 35-40절.
110 초기 기독교 종말론 논의의 주요한 주제 중 하나가 바로 부활에 대한 논쟁이었다. 특히 죽음 후 생존문제는 인간의 궁극적 관심사요, 유신론적 종교의 근본적 확신이다. 그것은 영생과 부활, 두 형태로 나뉘어진다. 그 구체적인 논쟁의 내용은 목창균, 「종말론 논쟁」, 두란노, 1998 참고.

선생님 모세가 우리에게 써주시기를 어떤 사람의 형이 자식이 없이 아내만 남겨 두고 죽으면 그 동생이 그 여자를 맞아 들여서, 그의 형에게 뒤를 이을 자식을 낳아 주어야 한다고 했습니다. 형제가 일곱 있었습니다. 그런데 맏이가 아내를 얻었는데 죽을 때에 자식을 남기지 못했습니다. 그리하여 둘째가 그 여자를 맞아 들였습니다. 그도 또한 자식을 남기지 못하고 죽고, 셋째도 그러하였습니다. 일곱이 모두 자식을 두지 못했습니다. 맨 마지막으로 그 여자도 죽었습니다. 그들이 살아나는 부활에 그 여자는 그들 가운데 누구의 아내가 되겠읍니까? 일곱이 모두 그 여자를 아내로 맞아 들였으니 말입니다.[111]

사두개인들은 죽음 이후의 삶을 전혀 믿지 않았기 때문에 현실의 삶에 더욱 치중하고 살아갔다. 그들은 유대교의 권력과 세습으로부터 이익을 취하는 사람들로서 주로 돈과 권력을 중시하는 현실주의자들이었다. 그리하여 그들은 종교적 의무보다는 개인적인 이익을 더 우선시하는 기복신앙자들이었다. 그들은 돈과 권력을 중시하면서 진정한 종교적 영성을 잊어버렸고, 자신들의 이익을 위해 실제로는 하나님의 뜻을 따르지 않았다. 따라서 이들은 그들의 종교적 권력과 편견에 머물러 있었기 때문에 부활을 믿지 않았고, 영적 깨달음과 변화를 거부했다.[112]

사두개인들은 계대결혼의 율법에 근거한 가상 시나리오, 즉 육체적 부활문제를 들고 나와 부활교리가 갖고 있는 맹점을 지적하려고 했다. 이에 예수는 그들에게 아래와 같이 답변했다.

너희는 성경도 모르고, 하나님의 능력도 모르니까 잘못 생각하는

---

111 마가복음 12장 18-23절.
112 「사두개인은 현실주의자」, Chat GPT 3.5; 「사두개인은 부활을 받아들이지 않았다」, Chat GPT 3.5.

것이 아니냐? 사람이 죽은 사람들 가운데서 살아날 때에는 장가도 가지 않고, 시집도 가지 않고, 하늘에 있는 천사들과 같다. 죽은 사람들이 살아나는 일에 관해서는 모세의 책에 떨기나무 이야기가 나오는 대목에서 하나님께서 모세에게 어떻게 말씀하셨는지를 너희는 읽지 못하였느냐? 하나님께서는 모세에게 '나는 아브라함의 하나님이요, 이삭의 하나님이요, 야곱의 하나님이다'라고 말씀하시지 않으셨느냐? 하나님은 죽은 사람의 하나님이 아니라, 살아 있는 사람의 하나님이다. 너희는 생각을 크게 잘못하고 있다.'[113]

사두개인들은 부활에 대한 개념을 이해하지 못했다. 이에 예수는 사두개인들에게 부활에 대한 심층적인 이해를 제시하며, 성경에 기록된 부활의 원리를 설명했다. 예수는 사두개인들의 성경에 대한 지식부족과 오해를 폭로하면서 전통에만 의존하고, 부활을 부정하는 것이 얼마나 위험한지를 드러내셨다.

예수는 부활이란 사두개인들이 생각하고 있는 것처럼 똑같은 사람의 육체적인 부활이 아니라, 곧 '아브라함의 하나님, 이삭의 하나님, 야곱의 하나님'처럼 역사 속에서 의인들의 삶과 함께 이루어지는 것이며, 하나님은 바로 이들 살아 있는 의인들의 과거와 현재 그리고 미래와 함께 하신다는 것을 선포한 것이다.

예수는 모세 오경만 인정하는 사두개인들에게 모세오경의 하나인 출애굽기 3장 6절 말씀을 인용하여 아브라함과 이삭과 야곱의 하나님이시오, 죽은 자의 하나님이 아니라, 산 자의 하나님이라고 하셨다. 이는 하나님의 존재와 영원성에 대해 설명한 것이며, 이들이 과거에 죽은 자들이지만 부활하여 살아 있는 존재로 영생할 수 있다는 것이다. 이는 하나님은 시간과

113 마가복음 12장 24-27절.

공간을 초월하여 과거와 현재와 미래의 하나님이심을 선포한 것으로, 하나님은 죽은 자들에게 관여하는 것이 아니라, 산 자들, 즉 살아 있는 사람들의 하나님이란 뜻을 내포한다. 즉 하나님의 존재가 죽음 이후에도 영원하며, 하나님이 모든 산 자들에게 생명을 주시고, 인도하시는 존재임을 강조한 것이다.[114]

예수는 사두개인들의 질문 자체가 안고 있는 문제점을 지적하신다. 사두개인들은 부활 이후의 삶과 이 땅에서의 삶이 동일한 것이라는 점을 전제로 하고 있다. 문제는 이 전제 자체가 잘못되었다는 데 있다. 7명의 남편을 취한 그 아내는 부활 후에 일곱 중에 누구의 아내가 되어야 하는가라는 질문은 부활 이후나 이 땅에서의 삶은 똑같다는 전제이다. 그러나 예수는 달랐다. 하나님의 능력은 죽은 자들을 부활시킬 뿐 아니라, 그 부활 이후의 삶의 형태를 완전히 새롭게 하실 것이라고 말씀하신다. 그 결과 부활 이후의 삶이 땅에서의 삶과 전혀 다른 측면으로 진행될 것이다. 하지만 사두개인들은 부활 이후에도 결혼하고, 시집가고, 장가간다고 생각했다. 사실 부활 이후의 삶은 죽음이 없는 영원한 것이기 때문에, 더는 아이를 낳아서 번성할 필요가 없고, 따라서 결혼의 필요성도 없어지게 된다.[115] 부활할 때에는 기존의 세상과는 다른 새로운 질서, 새로운 삶의 원리가 작동하는 새로운 세상이 펼쳐질 것이다.

예수는 사람이 영원한 하나님의 나라에 들어가 영생하는 모습은 지금의 육체처럼 유한하고, 병들며, 여러 가지 약점이 있는 모습이 아니라고 하신다. 남자와 여자로 살며 아이를 낳고, 인구를 증가시킬 이유가 없다. 자녀를 교육하고 먹을 것을 위해 일하는 그러한 일은 하나님 나라에서는

---

114 「하나님은 죽은 자의 하나님이 아니라 산 자의 하나님이란」, Chat GPT 3.5.
115 카알 21의 heritage, 「부활신앙을 증명하라; 마태복음 22장 23-33절」, kkarl21.tistory. com, 2023.2.9.

더 이상 필요가 없다는 것이다. 지금의 썩어질 육신 대신에 병들지도 않고, 죽지도 않는 변화된 영생의 육체를 입을 것이다. 그것은 이제 남자나 여자로서의 의미를 넘어 사람의 본질인 하나님을 영화롭게 하고, 영원한 생명을 주신 하나님을 영원토록 찬양하는 그 본질을 회복한 영적인 모습이라는 것이다. 그러므로 사두개인들이 의문을 품었던 그 문제는 고려할 문제가 아니라는 것이다.[116]

따라서 부활이 있느냐 없느냐의 논쟁이 중요한 것이 아니다. 하나님은 산 자의 하나님이라는 부활신앙이 중요한 것이다. 부활신앙은 기독교 신앙의 본질이요 능력으로, 그리스도인들에게 죽음과 죄에 대한 승리를 상징하며, 새로운 삶의 희망과 시작을 상징한다.

특히 사도 바울은 부활에 대해 다음과 같이 언급하고 있다.

> 죽은 사람이 어떻게 살아나며, 어떤 몸으로 옵니까? 하고 묻는 사람이 있을 것입니다. 어리석은 사람이여! 그대가 뿌리는 씨는 죽지 않고서는 살아나지 못합니다. 그리고 뿌리는 것은 장차 생겨날 몸 그 자체를 뿌리는 것이 아닙니다. 밀이든지 그 밖에 어떤 곡식이든지 다만 씨앗을 뿌리는 것입니다. 그러나 하나님께서는 뜻하신 대로 그 씨앗에 몸을 주시고, 그 하나하나의 씨앗에 각기 고유한 몸을 주십니다. 모든 살이 똑 같은 살이 아닙니다. 사람의 살도 있고, 물고기의 살도 있습니다. 하늘에 속한 몸도 있고, 땅에 속한 몸도 있습니다...죽은 자의 부활도 이와 같습니다. 썩을 것으로 심는 데 썩지 않을 것으로 살아납니다. 비천한 것으로 심는 데 영광스러운 것으로 살아납니다. 약한 것으로 심는 데 강한 것으로 살아납니다.[117]

---

116 엘림교회, 「부활논쟁-마태복음 22장 23–33절」.
117 고린도 전서 15장 35–44절.

여기서 사도바울이 언급한 부활 역시 죽은 자의 육체가 그대로 살아나는 것을 뜻한 것이 아니다. 한 사람, 한 사람의 의로운 삶이 한 알의 밀알이 되어 그로부터 새로운 생명이 탄생하여 새로운 역사를 창출하는 역사의 진행과정이 바로 '부활의 비밀'이다. 이에 대해 예수는 자신의 죽음이 가까이 다가오는 것을 느끼며 다음과 같이 밝히고 있다.

> 인자의 영광을 얻을 때가 왔다. 내가 진실로 너희에게 말한다. 한 알의 밀이 땅에 떨어져 죽지 아니하면 한 알 그대로 있고, 죽으면 많은 열매를 맺는다. 자기 생명을 사랑하는 자는 잃어버릴 것이요, 이 세상에서 자기 생명을 미워하는 자는 영생하도록 보존하리라. 사람이 나를 섬기려면 나를 따르라. 나 있는 곳에 나를 섬기는 자도 거기 있으리라.[118]

이처럼 예수나 사도 바울 등이 인식한 부활의 길은 종교적 신비함으로만 포장된 것이 아니라 역사적인 성격을 내포한다. 예수나 사도 바울은 부활이란 역사의 고난받는 현장에서, 또는 일상생활 가운데서 예수의 정신과 함께 살아가는 '작은 자'들에 의해서 계승되어지는 것이라고 생각했다. 그리하여 사도 바울은 "내가 바라는 것은 그리스도를 알고, 그분의 부활의 능력을 깨닫고, 그분의 고난에 동참하여 그분의 죽으심을 본받는 것입니다. 그리하여 나는 어떻게 해서든지, 죽은 사람들 가운데서 살아나는 부활에 이르고 싶습니다"[119]라고 고백했으며, "나는 날마다 죽으며 산다"[120]라고 언급했던 것이다.

부활은 역사적 실재이며, 예수 사역의 절정이다. 그러므로 부활을 부

---

118 요한복음 12장 24-26절.
119 빌립보서 3장 10-11절.
120 고린도전서 15장 31절.

정하는 것은 그리스도를 부정하는 것이며, 기독교 자체를 부정하는 것이다. 기독교에서는 부활을 죽음을 이기는 승리로 인식하고 있으며, 새로운 삶과 구원의 희망으로 이해한다. 부활은 사랑과 희망의 상징이며, 그 실체는 이웃을 사랑하고 섬기며, 그들에게 관심을 가지고 배려하는 것으로 나타난다. 이는 부활을 믿는 살아 있는 자로서 삶의 존재 이유이다. 따라서 부활신앙은 그리스도인의 분명한 삶의 기준이다.[121]

요컨대 하나님 나라, 축복과 영생, 그리고 부활의 종교적 개념은 사회적, 역사적 개념과 분리된 것이 아니다. 이 때문에 부활신앙은 초기 기독교인들이 가혹한 박해에도 불구하고, 숭고한 죽음을 통해 역사 속에서 기독교를 부활시키고, 기독교의 생명을 영원히 이어가는 원동력이 되었던 것이다.

---

121 「부활신앙과 이웃사랑」, Chat GPT 3.5.

예수운동

메시아 왕국의 건설운동

예수운동
메시아 왕국의 건설운동

I. 광야의 시험: 웅크린 광야생활

예수운동, 즉 메시아 왕국의 건설과정은 하나님 나라에 대한 복음전파와 치유기적운동으로부터 시작하여 촌락사회의 지배층인 바리새인들과 율법학자들에 대한 격렬한 비판, 더 나아가서는 예루살렘 성전을 중심으로 하는 지배층에 저항하는 '성전숙청운동'으로까지 확대되어 갔다. 그러나 예수는 세례 요한으로부터 세례를 받은 직후 자신의 때가 도래했다고 확신했으나, 공적인 활동을 전개하기 전에 먼저 자신을 정신적으로 단련시켜야 했다.

예수가 성령에 의해 광야로 나아가 시험을 받으신 것은 예수의 인성에 깃든 어둠과 사악함을 사로잡아 변화시키기 위함이다. 인간이 갖는 나약함과 부족함을 극복할 수 없다면 사역은 시작될 수 없다.[1] 유대인에게 광

---

1 안셀름 그륀 저, 김선태 역, 『예수, 자유의 길』, 분도출판사, 2004, 40쪽.

야는 하나님의 인도하심과 시험, 그리고 믿음의 시련과 아울러 영적인 정화와 변화를 경험하는 곳이었다. 그들은 광야에서 자신들의 신앙과 정체성을 찾고, 하나님과의 관계를 깊이있게 만들어가는 시간을 갖는다. 더 나아가 광야는 유대인들에게 새로운 시작과 희망의 공간이기도 했다.[2]

그리하여 광야에서의 시험은 예수가 그의 신앙과 정체성 및 사명에 대해 확신하고자 한 것이다. 광야는 예수에게 신앙적 여정과 하나님에 대한 신뢰를 통해 하나님이 주신 자신의 사명을 분명하게 깨닫고 준비하는 곳이었다. 더 나아가 예수는 광야의 시험을 통해 인간의 육체적·영적 약점과 유혹을 경험했다. 이를 통해 예수는 우리의 약점과 유혹을 이해하고, 우리를 구원할 수 있는 사랑을 품게 되었던 것이다. 광야에서의 경험은 예수의 가르침과 사명, 그리고 영적 성장에 큰 영향을 미쳤다. 특히 광야에서의 시험은 하나님 나라를 향한 희망찬 발판이기도 했다.

공생애를 시작하는 '마라톤 경주'의 어려운 과정에서 첫 출발 자세는 '웅크림'에 있다. 이 자세는 먼 거리를 뛰어야 하는 경주자의 마음을 긴장시키고, 호흡을 고르기 위한 것이다. 예수의 40일 간의 광야생활 역시 '메시아 왕국 건설'이라는 원대한 이상을 향해 달리는 첫 출발자세인 '웅크림', 그것이었다.

광야는 이스라엘 민족의 민간신앙에 따르면 고통과 고독의 불모지대이자, 마귀들의 활동장소였다. 세상에서 광야만큼 황량하고 하나님에게 버림받아 생명의 문이 닫혀진 곳도 드물다. 사람들은 예수가 이 형편없는 곳에서 지내는 동안 여러 가지 무서운 시련을 겪었으며, 마귀가 여러 환상으로 그를 위협하고, 혹은 매혹적인 유혹으로 마음을 흔들었다고 생각

---

2 「유대인에게 광야가 상징하는 의미」, Chat GPT 3.5; 「유대인에게 있어서 광야의 뜻」, Chat GPT 3.5

했다. 그리고 사람들은 예수가 성공적으로 광야생활을 끝마치자 천사가 그의 승리를 축하하기 위해 그에게로 와서 시중들었다고 믿었다. 이때 예수를 시험했다는 마귀는 곧 예수의 마음속에 잠재된 또 다른 자아(自我)였다고도 말할 수 있다. 광야에서의 시험은 인간 예수가 위대한 인류의 구원자로서 일어서기 위한 일종의 '자격시험'이었다.

성경에 기록된 바에 따르면 광야생활 가운데 마귀가 예수에게 낸 시험문제는 세 가지였다. 첫째는 "만일 하나님의 아들이어든 명하여 이 돌들로 떡덩이가 되게 하라"(마태복음 4장 3절)라는 것이고, 둘째는 마귀가 예수를 거룩한 성으로 데려다가, "네가 만일 하나님의 아들이어든 뛰어내리라"(마태복음 4장 5-6절)라는 것이었고, 셋째는 마귀가 예수를 지극히 높은 산으로 데려가서 천하만국과 그 영광을 보여주며, "만일 내게 엎드려 경배하면 이 모든 것을 네게 주리라"(마태복음 4장 8-9절)라는 것이었다.

이러한 시험문제는 예수가 스스로 '하나님의 아들'이나 동시에 '사람의 아들'이라고 생각하는 확신과 신념을 무너뜨리고, 인생에 있어서 가장 본질적인 '빵'의 문제와 연결시키거나, 인간의 본성 속에 내재된 권세욕과 명예욕을 자극한 것으로, 인간 예수가 가장 끊기 어려운 사안이었다. 따라서 이 시험문제들은 메시아로서의 '순결성'에 도전하는 강력한 유혹이었다. 이 세 가지 시험문제는 예수의 공생애 전체를 통해 끊임없이 그의 내면에서 솟구치는 유혹이요, 고민이요, 고통이었을 것이다.[3]

이는 하나님의 방법이 아니라, 세상의 방법으로 살라는 것이었다. 또한 이는 시험이 육신을 입은 모든 인간에게 필연적으로 찾아온다는 것과 그 시험은 삶의 문제, 세상가치에 대한 욕망과 깊은 연관이 있음을 보여

---

3 김행선, 『동서양 고전의 이해』, 이회, 1999, 387쪽; 김용옥, 『도올의 마가복음 강해』, 통나무, 2019, 154쪽.

준다.[4] 다시 말해 성경에서 '사탄' 또는 '마귀'는 바로 물질과 정신적 허영 및 권세, 명예욕 등에 집착하는 탐욕적인 인간의 상징적 힘으로 등장하고 있다. 반면에 예수는 다만 '존재하는 자'로서 '여호와의 도'를 완전하게 실현시키는 진정한 '자유인'의 힘으로 등장한다.

마귀는 예수에게 하나님의 아들이라면 물리적으로 식량을 창조할 수 있을 것이라는 시험적인 주장을 제시한다. 즉 마귀는 예수에게 인간으로서가 아니라 신의 능력을 입증하라는 유혹을 던졌다. 이는 예수가 온전한 인간으로서 십자가 구속의 역사를 이루어내는 사명을 포기하게 만드는 시험이었다.[5] 이는 기독교를 대속의 십자가가 아니라, 사탄의 말에 따라 '빵의 종교', '능력과 기적의 종교', '권력이 지배하는 종교'로 전락시키는 것이었다.[6]

40일 금식은 예수의 믿음과 순종을 시험하는 시간이었다. 어려서부터 극심한 빈곤을 겪어야 했던 예수, 손아래의 일곱 가족을 책임지기 위해 목수 일에 골몰했던 예수 자신은 빈곤의 쓰라림을 뼈저리게 느끼고 있었다. 예수는 떡을 부정하지는 않았다. 인간이 육체를 지니고 있는 한 떡과 경제는 기본조건이 될 수 밖에 없다. 그러나 예수는 긴 안목으로 보았을 때 떡보다는 말씀의 우위성을 강조했다. 경제문제를 해결하는 궁극적인 길은 하나님의 말씀대로 사는 것임을 밝혔던 것이다. 예수의 정신은 떡과 경제의 문제는 아무리 시급하고 소중하더라도, 그것은 인생의 수단일 뿐 목적이 될 수 없다는 것이다.[7]

또한 '네가 하나님의 아들이어든 뛰어내리라'는 마귀의 유혹은 예수가

---

4 최태수, 「신앙의 우선순위」, 영등포중앙교회 주일설교, 2023.11.12.
5 「만일 하나님의 아들이어든 명하여 이 돌들로 떡덩이가 되게 하라의 의미」, Chat GPT 3.5.
6 허호익, 『예수는 달랐다』, 동연, 2022, 60쪽.
7 김형석, 『예수-성경 행간에 숨어 있던 그를 만나다』, 이와우, 2015, 16-18쪽.

인간이기를 포기하고, 하나님의 아들로서 네 스스로를 구원하라는 시험이었다. 마귀는 예수에게 스스로 그의 신성을 증명하고, 자신의 권위를 입증하라는 시험을 던졌던 것이다. 이에 예수는 하나님의 뜻을 시험하거나, 그의 뜻을 벗어나 앞으로 예수가 짊어져야 할 십자가의 사명을 포기하는 것은 옳지 않다는 점을 강조했다. 또한 자신의 권위를 내세우는 것도 옳지 않으며, 오직 하나님에 대한 믿음과 순종이 중요하다는 것을 보여주었다.[8]

또 한편 사람들은 가난에서 풀려나면 권력, 지위, 명예를 찾는다. 또 그것들을 가지게 되면 경제의 혜택은 쉽사리 뒤따르는 법이다. 예수도 그 당시 세계 국가였던 로마의 세력을 잘 알고 있었다. 로마의 권력을 배경 삼고 있는 집권자들과 집단들이 어떤 위치에 있다는 사실도 매일같이 보아 왔다. 심지어는 종교 속에서도 권력과 지위와 명예를 위해 암투와 음모가 벌어지고 있다는 사실을 예수만 모를 리 없었다. 악마는 예수에게 너도 그 사회에 동참해야 할 것이 아니냐는 강한 유혹을 한 것이다. 그러나 예수가 염원하는 나라는 지상적인 것이 아니었다. 예수의 나라는 하나님의 뜻에 의해 하나님께 바쳐질 나라였다. 그것은 로마의 권력이 아니라, 나사렛 마을의 빈민들 속에 세워져야 하는 나라이다. 그 나라는 빌라도(Pilate)나 헤롯의 궁중을 통해서가 아니라 병에 시달리고 있는 사람들, 권력의 그늘에서 희롱당하고 있는 사람들, 죄의식 때문에 머리를 들지 못하는 억눌린 사람들 속에 그들을 위해 건설되는 나라였다. 따라서 하나님 나라를 건설하는 데 있어 세속적인 수단과 방법을 이용하는 것은 옳지 않다. 그것은 세속적인 것과 더불어 끝나고 마는 일이기 때문이다.[9]

예수는 이러한 전투적인 광야생활의 모든 유혹과 시련을 말씀으로 극

---

8 「네가 하나님의 아들이어든 뛰어내리라의 의미」, Chat GPT 3.5.
9 김형석, 『예수─성경 행간에 숨어 있던 그를 만나다』, 19-24쪽.

복했다. 그 말씀은 "사람이 떡으로만 살 것이 아니요, 하나님의 입으로부터 나오는 모든 말씀으로 살 것이라"(신명기 8장 3절), "주 너의 하나님을 시험하지 말라 하였느니라"(신명기 6장 16절), "주 너의 하나님께 경배하고 다만 그를 섬기라 하였느니라"(신명기 6장 13절)이다.

하나님의 말씀으로 이기셨다는 것은 하나님을 향한 신뢰와 하나님 나라의 가치를 최우선으로 두셨다는 뜻이다. 예수는 이러한 세상적인 유혹들에 대해 물질적인 것만으로는 진정한 생명을 이룰 수 없으며, 오히려 하나님을 경외하고 그 말씀에 의지하면서, 인간의 욕망과 유혹에 대해 정신적으로, 영적으로 강하게 대처하고 하나님의 뜻을 따르는 진정한 생명의 길을 갈 것을 강조했다. 결국 예수는 마귀의 유혹에 인간으로서의 정체성을 버리거나, 영혼을 팔지 않으셨다.

요컨대 광야시험은 예수가 인간으로서 우리와 함께 하는 것을 이해하고, 그의 사명을 충실히 이행하기 위한 시련이었다. 예수는 이를 통해 육체적인 유혹과 물질적 욕망에 대한 저항과 영적인 힘을 강화시키고, 그의 사명에 대한 결심을 견고히 했다.[10]

그리고 예수는 공적 사역의 준비를 마치고, '메시아'로서의 정통성과 그 순결성을 스스로 확신하고 입증하게 되었다. 이후 그는 요한이 체포되었다는 소식을 듣고 갈릴리 지방으로 가서 직접 대중 앞에서 공개적인 메시아 왕국의 건설운동을 다음과 같이 전개하기 시작했다. 그때 그의 나이는 약 30세였다.

---

10 「예수의 광야시험의 의미」, Chat GPT 3.5.

2. 제자를 부르심: 사람 낚는 어부들

(1) 남성 제자들

가. 제자를 부르심

예수는 세례 요한이 잡혔다는 소식을 들으시고, 갈릴리 지역으로 물러나 그에게 부여된 사명에 따라 본격적으로 활동을 시작했다.[11] 이 땅에서 예수운동의 목적은 바로 십자가이다. 예수의 모든 사역은 십자가의 죽음에 초점이 맞추어져 있다. 이 길을 수행하기 위해 예수는 먼저 갈릴리 지방으로 가서 자신의 운동을 본격적으로 전개하기 위해 함께 동역할 제자들을 규합해 나갔다. 예수의 제자란 예수의 가르침과 사명을 이행하려고 노력하는 사람들이다. 그들은 예수를 따라 행동하고, 사랑하고, 섬기며, 예수의 성품을 모방하여 영적으로 성장하고 변화하려는 사람들이었다. 이는 믿음의 여정이며, 예수와의 신뢰를 바탕으로 이루어지는 것이다. 예수의 제자가 된다는 것은 영원한 생명과 하나님 나라에 대한 약속을 받는 것이다.[12]

예수운동과 요한운동의 차별성은 예수가 제자를 선택하는 방법에서도 나타나고 있다. 예수는 요한과는 달리 직접 대중 속으로 들어가 그와 함께 활동할 제자들을 선택했다. 요한은 대중들 밖에서 대중들을 기다리며

---

11 갈릴리는 예수활동의 본거지였으며, 예수는 '갈릴리 사람(마태복음 26장 69절)'이라고 불리기도 했다. 예수가 요한으로부터 세례를 받은 후 간 지역도 갈릴리였고, 그가 예루살렘으로 진격했을 때 그와 동행한 사람들 모두 갈릴리 사람이었다. 그리고 그의 부활을 증언한 사람들도 모두 갈릴리 사람이었으며, 그가 부활 후 가신 곳도 갈릴리였다. 최초의 초대교회라 할 수 있는 오순절 교회를 만든 사람들도 갈릴리 사람들이었다. 김근수, 『행동하는 예수』, 메디치미디어, 2014, 63쪽; 김용옥, 『도올의 마가복음 강해』, 통나무, 2019, 147쪽.
12 『예수의 제자에 대한 정의』, Chat GPT 3.5.

불러 모았다면, 예수는 대중 속에서 그들과 생활을 같이 하면서 그들을 조직해 내었던 것이다.

예수는 사람들이 따돌리고 있던 사람들을 친구로 삼았으며, 그들과 같이 생활하며 제자들을 모으고, 사람들에게 복음을 전파했다. 예수는 제자들을 고정된 장소에서 일정한 시간을 정해 놓고 가르치지 않고, 공동생활을 통해 가르쳤다. 예수가 가는 곳이라면 어느 곳이든 동행하게 하면서, 자신의 모든 언행을 통해 본을 보이고, 가르치는 '생활공동체교육'을 통해 구체적으로 '나의 삶을 따르라'고 가르친 것이다.[13]

그리하여 예수운동과 요한운동의 차이점에 대해 마태복음 11장 18–19절에는 "사람들이 요한이 와서, 먹지도 않고 마시지도 아니하니, 말하기를 '귀신이 들렸다' 했다. 그런데 인자가 와서 먹고 마시매 말하기를 '보라! 먹기를 탐하고 포도주를 즐기는 사람이요, 세리와 죄인의 친구로다' 한다"라고 기록되어 있다.

예수는 요한처럼 사람들과 격리된 은둔생활이나 금욕적인 삶을 살아가지 않았다. 그리하여 요한의 제자들이 예수에게 와서 "우리와 바리새인들은 금식하는 데 어찌하여 당신의 제자들은 금식하지 않는가"라고 묻기도 했다.[14] 이때 예수는 아래와 같이 답변했다.

혼인집 손님들이 신랑과 함께 있을 동안에 슬퍼할 수 있느냐. 그러나 신랑을 빼앗길 날이 이르리니 그 때에는 금식할 것이다. 생베 조각을 낡은 옷에 붙이는 자가 없다. 이는 기운 것이 그 옷을 당기어 헤어짐이 더하게 되기 때문이다. 새 포도주를 낡은 가죽부대에 넣지 않는다. 만약 그렇게 하면 부대가 터져서 포도주는 쏟아지고 부대도 버리게 된다. 새

---

13 허호익, 『예수는 달랐다』, 63쪽; 김행선, 『동서양 고전의 이해』, 388쪽.
14 마태복음 9장 14절.

포도주는 새 부대에 넣어야 둘이 다 보전되는 것이다.[15]

이처럼 예수는 세례 요한과 자신의 운동의 성격을 묵은 포도주, 낡은 가죽부대와 새 포도주, 새 부대로 비유하면서, 기존의 낡은 운동단계를 극복하고, 새로운 운동의 질적 단계로 나아갔다. 예수는 대중 속으로 들어가 그들과 함께 생활하면서 하나님 나라를 선포하기 시작했던 것이다. 그 결과 예수에 대한 소문은 곧 온 유대인들에게 퍼졌다. 대중들은 그들의 예언자 또는 메시아로 생각했던 세례 요한을 잃어버린 후, 이제 '예수'라는 인물에 대해 주목하기 시작했다. 요한을 따르던 많은 사람들이 예수 주변으로 몰려왔으며, 예수의 제자단 가운데는 세례 요한의 제자들도 있었다.

먼저 예수는 당시 대중들의 생활터전이었던 갈릴리 해변을 다니시다가, 그의 수제자이자 애제자인 시몬 베드로를 비롯해서 제자들을 다음과 같이 불러 모았다.

무리가 옹위하여 하나님의 말씀을 들을 때 예수는 게네사렛 호숫가에 서서 호숫가에 두 배가 있는 것을 보시니 어부들이 나와 그물을 씻고 있었다. 예수께서 그 배 가운데 하나인 시몬의 배에 올라서, 그에게 배를 육지에서 조금 떼어 놓으라고 하신 다음에, 배에 앉으시어 무리를 가르치셨다. 예수는 말씀을 마치고 시몬에게 이르시되 '깊은 데로 가서 그물을 내려 고기를 잡으라.' 시몬이 대답하기를 '선생이여 우리들이 밤이 맞도록 수고를 하였으나, 얻은 것이 없지만, 말씀에 의지하여 내가 그물을 내리겠습니다'고 했다. 그런 다음에 그대로 하니 많은 고기떼가 걸려들어서, 그물이 찢어질 지경이 되었다. 이에 다른 배

---

15 마태복음 9장 16-17절.

에 있는 동무들에게 손짓하여 와서 도와 달라 하니 저희가 와서 두 배에 채우매 배가 가라앉을 지경이 되었다. 시몬 베드로가 이를 보고, 예수의 무릎 아래 엎드려서 '주여, 나를 떠나소서. 나는 죄인입니다' 하고 말했다.(누가복음 5장 1-8절) 예수께서 말씀하시기를 '무서워말라. 이제부터는 내가 너희로 하여금 사람을 낚는 어부가 되게 하리라' 했다.(마태복음 4장 19절) 그러자 그들은 곧 배를 육지에 대고서, 모든 것을 버리고 예수를 쫓았다.(누가복음 5장 11절)

예수가 제자들을 선택하는 과정은 참으로 목가적이며 감동적이다. 그런데 여기서 예수는 시몬 베드로의 일터인 게네사렛 호수를 방문하셔서 그에게 이르시되, "깊은 데로 가서 그물을 내려 고기를 잡으라"라고 했다. 이는 바로 삶의 고통과 사망의 그늘 아래 신음하고 있는 '대중의 바다' 속으로 들어가 '사람을 낚는 어부'가 되어 그들에게 희망과 진리의 빛을 전달하라는 강력한 메시지이다.[16] 제자들이 스승을 찾아간 것이 아니라, 예수가 직접 자신이 원하는 자들을 제자들로 부르시고 열둘을 세우신 것이다.

'사람을 낚는 어부가 되게 하리라'는 말씀은 예수가 제자들에게 어부가 낚시를 하는 것처럼, 하나님 나라를 전파하고 사람들을 제자로 이끌어내는 일에 헌신하는 일을 비유로 사용한 것이다. 더 나아가 이는 사람들을 사랑하고, 그들에게 하나님의 사랑과 은혜를 전하는 일에 대한 동기부여와 책임감을 강조하며, 예수의 사명을 이해하고 사람들을 하나님 나라로

---

16 김행선, 『동서양 고전의 이해』, 389쪽; 갈릴리 바다의 이름은 3가지나 된다. 즉 갈릴리 바다, 게네사렛 호수, 디베랴 바다다. '갈릴리'라는 이름은 히브리어 '갈'이라는 말과 관계가 있다. 히브리어로 '갈'은 둥근 것을 의미한다. 갈릴리 바다의 모양이 둥글기 때문에 지어진 이름이 갈릴리라는 설명이다. 그리고 '게네사렛'이라는 이름은 갈릴리 바다의 모양이 '키노르', 즉 수금 모양과 같다고 해서 붙여진 이름이다. 마지막으로 디베랴는 헤롯왕이 로마 황제 디베랴에게 사랑을 받기 위해서 갈릴리 해변에 '디베랴'라는 도시를 건축하여 그에게 바친 데서 유래한 이름이다. 즉 디베랴 도시 앞에 있는 바다이기 때문에 디베랴 바다라고 부르는 것이다. 바이블패스워드, 「갈릴리 바다, 게네사렛 호수, 디베랴 바다」, m.blog. naver.com, 2021.6.2.

인도하는 것을 말한다.[17]

또한 "와서 나를 따르라"(마태복음 4장 19절)라는 예수의 부르심은, 곧 "내가 너희들이 찾고 있는 왕이기 때문에 따르라"라는 것이며, "내가 모든 것에 권위를 가지고 있기 때문에 따르라"라는 것이고, "내가 너희들의 진짜 사랑이고, 진짜 생명이기 때문에 따르라"라는 것을 의미했다.[18]

그리하여 제자들은 예수의 부르심에 따라 즉각적으로 생업을 정리하고, 예수를 따랐다. 그 이유는 무엇일까? 이들은 예수에게서 무엇을 보았기에 이런 결단을 내렸을까? 이는 그들의 심리적이고 사회적인 이유에서 찾아볼 수 있다. 우선 심리적으로 이들은 지루하게 반복되는 일상에서 아무런 의미를 찾지 못하다가, 예수에게서 그 답을 찾게 되었다고 할 수 있다. 더 나아가 이들은 사회적으로 로마의 지배와 수탈, 그리고 헤롯의 폭정에 시달리고 분노하며, 이스라엘 민족이 그동안 기다려왔던 메시아 왕국 및 하나님 나라를 갈망해 왔던 사람들이었기 때문이다. 이들은 예수에게서 메시아를 보았던 것이다. 예수의 부름만이 우리에게 절대적 순종을 요구할 수 있고, 우리의 실존을 바꿀 수 있는 유일한 믿음의 대상이다.[19]

특히 예수는 어부들을 제자로 부르셨다. 어부들을 제자로 부른 이유는 몇 가지가 있다. 우선 예수는 제자로서 열정적이고 신념이 깊은 사람들을 찾으셨는데, 어부들은 그러한 특성을 갖춘 사람들이었다. 또한 어부들은 일상적이고 단순한 삶을 살았다. 이러한 삶의 방식은 예수의 가르침을 받는데 있어서 좀 더 순수한 마음으로 받아들일 수 있었다. 더 나아가 어부들은 자신의 일에 대한 열정과 헌신이 있었다. 이러한 열정과 헌신이 예수의 활동과 사역에 있어서 제자를 선택하는 데 중요한 요인이 되었던 것

17 「사람을 낚는 어부가 되게 하라라는 뜻은」, Chat GPT 3.5.
18 Timothy Keller, *Jesus The King*, Previously Published as King's Gross, 2016, p.24.
19 김희룡 목사, 「부르심과 따름」, 성문밖교회 주일설교, 2024.1.21.

이다. 그리고 어부들은 대부분 빈곤한 계층이었기 때문에 겸손했으며, 신앙과 영적 가치에 몰두할 수 있었다. 끝으로 어부들은 전통적인 교육이 부족한 사람들이었다. 따라서 예수의 새로운 가르침에 더 유연하고 열린 마음으로 받아들일 수 있었던 것이다.[20] 그리하여 그들은 예수의 부름에 즉각적으로 응답하여 예수를 따랐다. 심지어는 그 아버지를 품꾼과 함께 배에 버려두고 예수를 따르기도 했다.

그러나 예수의 제자, 즉 '사람 낚는 어부'가 된다는 사실은 세례 요한이 보여준 금욕생활의 차원과는 달리 모든 것을 버려야 하는 비상한 결단을 요구한다. 이는 보통 일반적인 스승과 제자와의 관계가 아니라, 일상적인 삶의 기반과 기존의 낡은 사상을 모두 청산하고 새로운 삶으로 방향전환 하는 것을 말한다. 이에 대해서 예수는 아래와 같이 구체적으로 밝히고 있다.

> 누구든지 나를 따라 오려거든 자기를 부인하고, 자기 십자가를 지고, 나를 쫓을 것이다. 누구든지 자기 목숨을 구원하고자 하면 잃을 것이오, 누구든지 나와 복음을 위해 자기 목숨을 잃으면 구원하리라.[21]

이같은 말씀은 예수의 제자들에게 주어진 일반적인 지침 중 하나이다. 이 말씀은 예수가 제자로서의 자신의 삶과 사명에 대한 헌신과 희생을 강조하는 것이다. 자기를 부인하라는 말은 자기 이익이나 욕구보다는 하나님의 뜻과 타인의 이익을 우선시하는 태도를 가지라는 것을 의미한다. 또한 자기 십자가를 지고 나를 따르란 뜻은 예수를 따르는 것이 편안하고, 쉬운 일이 아니며, 예수를 모델로 삼아 스스로의 역경과 어려움, 고난을

---

20 「예수가 어부들을 제자로 부르신 이유」, Chat GPT 3.5.
21 마가복음 8장 34-38절.

짊어지고 희생과 헌신을 해야 한다는 것을 의미한다. 즉 자기 희생과 어려움을 감수하면서도 예수의 가르침대로 사랑과 자비의 길을 걸으며, 하나님 나라를 이루는 일에 헌신하라는 뜻이다.[22]

요컨대 예수의 제자가 되는 길은 예수의 가르침과 행동에 따라 영적인 할례를 받아 하나님의 임재를 느끼며, 그분의 뜻에 순종하는 길이다. 이는 우리의 일상생활 속에서 믿음을 지키며, 하나님과의 언약백성으로 살고자 하는 길이고, 나의 힘, 나의 능력으로 살아가는 것이 아니라, 하나님의 능력으로 살아가는 것을 말한다. 모든 일에 있어서 나의 뜻대로 살아가는 것이 아니라, 하나님의 뜻을 묻고, 하나님이 일하시도록 맡기는 순종의 자세로 살아가는 것이, 제자의 길임을 말해 준다.[23]

그리하여 예수는 자신의 직계 제자들을 선택하실 때 매우 엄격했다. 예수께서 길 가실 때 한 서기관이 예수가 어디를 가시든지 따르겠다고 하자, 예수는 말씀하기를, "여우도 굴이 있고 공중의 새도 집이 있으되 인자는 머리 둘 곳이 없도다"라고 하셨고, 또 다른 사람에게 예수를 따르라고 하시니 그가 이르되, "나로 먼저 가서 내 아버지를 장사하게 허락하옵소서"라고 하자, 예수는 말씀하시기를, "죽은 자들로 자기의 죽은 자들을 장사하게 하고 너는 가서 하나님의 나라를 전파하라"라고 하셨으며, 또 다른 사람이 제자되기를 청하며 먼저 가족과 작별하게 허락하여 달라고 했을 때, 예수는 질책하며 말씀하시기를, "손에 쟁기를 잡고, 뒤를 돌아보는 자는 하나님의 나라에 합당하지 않다"라고 했다.[24] 그리고 예수는 "나보다 아버지나 어머니를 더 사랑하는 사람은 내게 적합하지 않고, 나보다 아들

---

22 「자기를 부인하고 자기 십자가를 지고 나를 따르라는 예수의 말씀이 지닌 뜻」, Chat GPT 3.5; 「자기 십자가를 지고 나를 따르라는 말씀이 지닌 뜻은」, Chat GPT 3.5.
23 김병삼 목사, 「하나님의 임재가 인생을 바꾼다」, 영등포중앙교회 수요부흥집회, 2024.2.28.
24 마태복음 8장 19-22절; 누가복음 9장 57-62절.

이나 딸을 더 사랑하는 사람도 내게 적합하지 않다. 또 자기 십자가를 지고 나를 따르지 않는 사람도 내게 적합하지 않다"라고 극단적인 상황을 제시함으로써 제자직 수행의 엄격함과 그 중요성을 강조했다.[25]

신앙생활이란 나중으로 미루는 것이 아니라, 지금부터 하는 것이며, 지금 구원받고, 지금 충성하고 헌신하는 것이다. 또한 제자란 인생의 우선순위를 예수께 두는 것이다. 하나님 나라와 그의 의를 먼저 구하며, 쟁기를 잡았으면, 뒤돌아보지 않고 예수만을 바라보며 나아가는 것이다.[26]

그러나 실제 예수를 믿는 사람들은 모두가 다 그의 제자여야 한다. 이는 바로 예수가 구원자로서 뿐만 아니라, 만민(萬民)의 위대한 스승이라는 사실을 받아들이는 것을 말한다. 기존에 우리는 인류를 죄악에서 구원하는 '구원자', 즉 메시아로서의 예수상만을 강조해 왔다. 그로 인해 기독교인의 신앙은 기복적인 신앙으로 경도되는 경향성이 없지 않았다. 예수가 '만민의 위대한 스승'이고, '만민의 깃발'이라는 인식 아래에서만이 그가 보여준 진리의 길을 따라 제자답게 살아갈 수 있음을 간과해서는 안 될 것이다. 요컨대 우리의 일상생활 속에서 예수의 가르침과 행동을 본받아 사랑과 공의의 길을 걸으며, 하나님 나라를 이루어가는 삶이 참된 제자가 되는 길이다.

나. 열두 제자들과 그 이력

예수운동의 핵심세력이었던 열두 제자들과 그 이력을 살펴보기로 하자. 복음서에 나타난 제자들의 명단은 시몬 베드로, 안드레(Andrew), 야고보(James), 요한(John), 빌립(Philip), 바돌로매(Bartholomew), 도마(Thomas), 마

---

25 김행선, 『동서양 고전의 이해』, 389-390쪽; 마태복음 10장 37-38절.
26 최태수 목사, 「최고의 헌신-제자」, 영등포중앙교회 주일설교, 2024.1.28.

태, 작은 야고보, 야고보의 아들 유다(Thaddaeus 다대오), 시몬(Simon), 가룟 유다(Judas) 등이다.[27] 이들은 이스라엘의 12지파를 대신하여 하나님의 뜻을 이 땅에 이루게 될 하나님의 새 이스라엘로 표상되었다.[28] 열두 제자는 새로운 출애굽 여정에서 이스라엘을 이끌 지도자들이었다. 제자들은 예수와 함께 다니면서 어떻게 그의 활동을 이어나갈지를 익혔다. 그들은 예수를 좇아 사람들을 치유하고, 귀신을 내쫓으며, 극빈자들과 소외된 이들에게 하나님 나라의 복음을 전하는 사명을 가졌다.[29]

'시몬 베드로'와 그 형제인 '안드레'는 갈릴리 벳새다의 토박이 출신으로서 어부였다. '안드레'는 '남자답다'는 뜻을 지녔으며, 그의 이름 그대로 과묵하고 묵직한 장부였다. '안드레'는 예수의 제자가 되기 전에 세례 요한의 제자였다. '안드레'는 첫 번째 스승이었던 세례 요한이 자기 제자 중 두 사람(안드레와 사도 요한)과 함께 섰다가 예수가 거니심을 보고 말하되, "보라 하나님의 어린 양이로다"(요한복음 1장 36절)라고 하면서 예수를 메시아로 소개했다. 이후부터 요한의 두 제자는 예수의 제자가 되었다. 안드레는 예수를 따라가 그의 첫 제자가 되었으며, 예수운동의 창립멤버가 되었다. 그리고 형제인 '베드로'에게 "우리가 메시아를 만났다"라고 말하면서, 그를 예수에게로 인도한 첫 전도자가 되었다. '베드로'가 폭죽처럼 요란하게 터지기를 좋아하는 편이라면, '안드레'는 '밑불'처럼 조용히 열기를 간직하고 기다리는 침착한 성격이었다. 그는 '베드로'의 그늘에 가려져 뒷일을 처리하는 제2인자로서의 위치를 잘 지켜간 사람이었다.[30]

---

27 마태복음 10장 2-4절; 누가복음 6장 13-16절.
28 허호익, 『예수는 달랐다』 61-62쪽.
29 리처드 보컴 저, 김경민 역, 『예수 생애와 의미』, 비아, 2016, 93쪽.
30 김행선, 『동서양 고전의 이해』, 390쪽; 한기채 목사, 「예수님의 제자 1강 인도자 안드레」, CBS 성서학당; 한정섭, 『예수님의 생애와 열두 제자』, 부흥과 개혁사, 2013, 78쪽; 요한복음 1장 35-37절.

안드레는 예수의 오병이어 사건 당시, 예수가 굶주린 무리들에게 먹을 것을 주시고자 하는 마음을 알아서 무리 가운데서 먹을 것을 가진 자를 찾다가 물고기 두 마리와 보리떡 다섯 개를 가진 소년을 발견했다.(요한복음 6장 8-9절) 그리고 명절에 예배드리러 예루살렘에 올라온 사람들 중에 예수 뵙기를 원하는 헬라인들을 위해 빌립과 함께 예수께 나아갔다.(요한복음 12장 20-22절) 또 안드레는 감람산에서 예루살렘 성전 파괴의 때와 그 징조에 대해 베드로와 야고보 그리고 요한과 함께 질문한 바 있다.(마가복음 13장 3-4절)[31]

안드레는 다른 제자보다 더 존귀한 인물이었으나, 제자들 중에서 정점에 있는 베드로, 요한, 야곱의 3인의 반열에는 들지 못했다. 그러나 이러한 그의 자리는 그 능력 때문에 일어난 서열이 아니라, 그가 자기의 분수와 설 자리를 스스로 결정한 그 인격의 원숙함 때문이라고 해석하기도 한다. 따라서 건강하고 건실한 조직은 베드로같은 인물보다는 안드레같은 인물이 많아야 한다. 그리고 이와 같은 안드레의 원숙한 인품은 그가 처음에 세례 요한의 제자였기 때문에 요한의 겸손함을 배운 덕성이라고도 한다.

교회 전승에 따르면 안드레는 소아시아, 그리스, 수구디아에 가서 전도했고, A.D. 30년 경 그리스의 파도라에서 십자가에 달려 처형되었다고 한다.[32] 그러나 이 이야기는 역사적으로 입증되지 않았으며, 안드레의 죽음에 대한 정확한 사실은 알려진 바가 없다.[33]

생선 비린내가 몸에 찌든 뚝뚝하고, 충동적이면서도 정열적인 뱃사

---

31 「안드레」, 『라이프성경사전』, m.terms.naver.com.
32 「안드레」, 『라이프성경사전』; 「안드레」, 『인명사전』, m.terms.naver.com; 「안드레」, 『미술대사전(인명편)』, m.terms.naver.com.
33 「안드레의 죽음」, Chat GPT 3.5.

람이었던 '베드로'의 본명은 시몬(Simon)이었다. 그가 처음 예수를 만났을 때 이미 결혼을 했고, 자녀도 있었으며, 장모를 모시고 살고 있었다. 그는 열정적이고 결연한 품성, 용기와 결단력을 지닌 품성을 가지고, 예수와 가까이 다니면서 많은 일을 함께 하였고, 예수를 위해 헌신적으로 일했다. 그러나 그는 종종 자만심과 자기 과신, 그리고 다혈질적이고 겸손함이 부족한 점도 있었다. 이런 성품의 베드로를 처음 보고 예수는 '게바'라는 별칭을 주었으며, '게바'는 아람어로 그 의미를 번역하면 '반석'이다. 예수는 게바의 집안을 좋아했고, 보통 거기 유숙했다. 베드로는 예수를 만난 이후 그 성격의 군살을 빼고, 칼로 깎고, 끌로 쪼아내어 드디어 초대 교회의 위대한 기둥이 되었다.[34] 가톨릭 교회의 전승에 따르면 베드로는 로마로 가서 교회를 세워 초대 주교가 되었고, 네로(Nero) 황제 때인 64년 무렵 바울과 함께 로마에서 순교했다고 전해진다.

그러나 이러한 전통적인 이야기는 역사적으로 입증되지 않았으며, 베드로의 죽음에 대한 정확한 사실은 알려진 바가 없다.[35]

'요한'은 '야고보'의 동생이며, 예수와는 사촌지간으로 추정하고 있다. '요한'과 '야고보' 역시 베드로와 동업했던 어부였으나, 다소 자산을 가진 '세베대(Zebedee)'와 '살로메(Salome)'의 아들들이었다.(누가복음 5장 10절) 이들은 정치적 야망가들이었고, 열정으로 가득 차 있었기 때문에 예수는 재치있게 그들에게 '보아너게의 아들', 곧 '우뢰의 아들'이란 별명을 주었다. '요한'은 '여호와는 은혜로우시다'라는 뜻이며, 열두 제자 중 가장 눈에 띄는 사람으로서 레오나르도 다빈치(Leonardo da Vinci)의 역작 「최후의 만찬」에서 예수의 오른편에 있는 아름다운 여자같이 생긴 제자다. 그는 제자들 중에

---

34 김행선, 『동서양 고전의 이해』, 391쪽; 「베드로의 성품」, Chat GPT 3.5.
35 「베드로의 죽음」, Chat GPT 3.5.

서 가장 나이가 어려서 보통 예수가 준비하거나 시킬 일들을 가장 많이 담당했다. 요한도 처음에는 안드레와 마찬가지로 세례 요한의 제자였으나, 초대 기독교의 역사에서 결정적인 역할을 한 사람으로서 '사랑의 사도'가 되었고, 요한복음, 요한의 세 편지, 요한계시록의 저자로 알려졌다. 요한은 어린 나이였지만 진리를 추구하는 열심이 있어 세례 요한을 스승으로 삼고, 진리를 추구했기 때문에 자신의 스승을 뒤로 하고 진리를 좇아 예수를 따라 나섰던 것이다. 요한은 열심이 있어, 누구보다도 예수를 가까이에서 따랐으며, 사랑과 온유의 정신을 지닌 인물이다. 그의 글은 하나님의 사랑과 우리가 서로 사랑해야 한다는 강력한 메시지를 담고 있다. 또한 요한은 예수의 가르침과 그의 신비를 깊이 이해한 사람이다. 그의 글은 신약성서 중 가장 심오하고 철학적인 측면을 지니고 있다. 특히 요한은 예수의 재림과 종말론에 대한 중요한 비전과 말씀을 받은 것으로 전해진다. 그는 제자들 중 장수하여 90세(또는 94세)까지 살았으며, 자연사(自然死)한 사람이었다.[36]

'야고보'는 열두 제자 중 알패오의 아들 야고보(작은 야고보)와 구분하기 위해 '큰 야고보'로 불린다. 그는 불같은 성격의 소유자로서 사마리아인들이 예수를 거부하자 하늘에서 불을 내려 멸하도록 예수께 간청하다가 꾸지람을 들은 적이 있다.(누가복음 9장 53~55절) 그같은 성격 때문에 형제 요한과 함께 '보아너게' 곧 우레의 아들이라는 별명을 얻게 되었다. '야고보'는 요한의 형이면서도 자기 동생의 그늘에 가려져 있었다. 그러나 예수의 수제자로 불린 제자들은 베드로, 요한, 야고보였다. 변화산 상과 야이로의 딸을 살릴 때, 겟세마네 동산에서 기도하실 때, 예수와 함께 동행한 인

---

36 김행선, 『동서양 고전의 이해』, 391쪽; 「사도 요한」, 『나무위키』, namu.wiki, 2023.11.8; 한정섭, 『예수님의 생애와 열두 제자』, 78쪽; 「요한과 야고보의 성품」, Chat GPT 3.5.

물이다. 그는 형제 요한과 함께 예수의 정치적 메시아 되심을 믿고 세속적인 지위를 구하기도 했고, 예수가 잡히실 때 다른 제자들과 마찬가지로 도망치기도 했다. 그러나 부활하신 예수를 만난 이후 초대 교회의 기둥같은 역할을 했다. 야고보는 예수의 죽음과 부활 이후 예수를 따르는 신념과 교리를 강하게 지키기 위해 고통의 극한을 참고 견디어 낸 최초의 순교자가 되었다. 사도행전 12장 1-2절에는 헤롯왕에 의해 칼로 죽임을 당했다고 기록하고 있다.[37]

'빌립'은 '말(馬)을 사랑하는 자'란 뜻이고, 갈릴리 호수 근방 벳새다 출신으로 역시 어부로 추정되고 있다. 빌립도 예수의 제자가 되기 전 안드레와 함께 세례 요한의 제자로 알려져 있다. 그는 요단강 가에서 예수가 여러 제자를 부르실 때, 직접 "나를 따르라" 하시며 빌립을 부르셨다. 빌립은 어떤 의구심도 없이 즉각적으로 반응하여 예수를 따랐다. 그는 예수를 만난 뒤 친구 나다나엘(Nathanael)을 찾아 예수를 소개할 때, "모세가 율법에 기록하였고, 여러 선지자가 기록한 그이를 우리가 만났으니 요셉의 아들 나사렛 예수니라"(요한복음 1장 45-46절)라고 했다. 이렇게 볼 때 빌립은 구약을 잘 아는 사람이다. 예수를 구체적으로 소개했으나 나다나엘이 믿지 못하자, 그에게 "와서 보라"라고 하며, 나다나엘을 예수께 인도했다. 오병이어의 이적에서 보듯이 현실적이고 논리적인 성품인 반면, 베드로와는 달리 신중한 성격이면서도 소심하고 소극적이며, 우유부단한 면이 있는 인물이었다. 그러나 빌립은 예수를 따르는 데 있어서 확신과 신뢰를 지닌 인물이었다. 그는 열린 마음과 호기심을 가지고, 다양한 사람들과 교류하고 소통하는 데 능숙했다. 따라서 그는 다양한 문화적, 사회적 배

---

37 김행선, 위의 책, 391쪽;「야고보」,『라이프성경사전』, m.terms.naver.com; 한정섭,『예수님의 생애와 열두 제자』, 78쪽;「야고보의 생애」, Chat GPT 3.5;「요한과 야고보의 성품」, Chat GPT 3.5.

경을 가진 사람들에게 복음을 전파하고자 했다. 그는 인내와 겸손을 가지고 복음을 적극적으로 전파했다. 그의 이러한 성품은 기독교 교리와 신앙생활에서 중요한 모델로 여겨지고 있다. 말년에 소아시아의 브루기아에서 사역하다 히에라볼리에서 순교한 것으로 전해진다.[38] 이에 대한 역사적인 증거는 확실하지 않다. 그러나 빌립이 예수 그리스도의 가르침을 전하는데 열성적으로 노력하고, 그의 믿음을 온전히 지키며 살았다는 것은 역사적으로 알려진 사실이다.[39]

나다나엘은 '하나님께서 주셨다'는 뜻이다. 그의 이름이 제자들의 명단에는 나타나지 않으나 바돌로매와 동일인으로 보고 있다. 빌립의 소개로 예수의 제자가 된 갈릴리 가나 사람이다.(요한복음 1장 45절; 요한복음 21장 2절) 처음에는 나사렛에서 메시아가 나올 수 없다는 생각에서 예수의 메시아성을 의심했으나(요한복음 1장 46절), 예수의 영적 통찰력을 발견하고는 예수를 하나님의 아들이요, 이스라엘의 왕으로 고백했다.(요한복음 1장 47-49절) 예수는 나다나엘을 보시고, "이는 참으로 이스라엘 사람이라. 그 속에 간사한 것이 없도다"(요한복음 1장 47절)라고 말씀하셨듯이, 그는 진정 착한 사람이었다. 후에 디베랴(갈릴리) 바다에서 시몬 베드로를 비롯한 다른 제자들과 더불어 부활하신 주님을 만났다. 전승에 의하면 그는 인도와 아르메니아 지방에서 전도하다 살갗이 벗겨지는 죽임을 당한 것으로 전해진다.[40]

'마태'는 그 이름의 뜻이 '하나님의 선물'이고, 본명은 레위였다. 그는 갈릴리 지방에 있는 가버나움 출신이자 알패오의 아들이었다. 그는 상당한

---

38 요한복음 6장 5절, 1장 44절, 12장 21절; 김행선, 『동서양 고전의 이해』, 391쪽; 「빌립」, 『라이프성경사전』, m.terms.naver.com; 「빌립의 성품」, Chat GPT 3.5; 「예수의 제자 빌립의 성품」, Chat GPT 3.5.
39 「빌립의 생애」, Chat GPT 3.5.
40 「나다나엘」, 『라이프성경사전』, m.terms.naver.com; 한정섭, 『예수님의 생애와 열두 제자』, 80쪽.

재력가였으나, 당시 '부정축재자' 또는 '매국노', '민족반역자'로 취급받고 있었던 세리였다. 그는 회당에서 쫓겨났고, 사람들에게 손가락질 당했다. 그리하여 마태는 자신이 부당하게 번 물질에 만족하지 못하고, 영적 갈증을 느끼고 있었다. 예수는 이런 그의 갈증을 보셨고, 그를 부르셨다. 예수가 마태를 부르신 까닭은 그가 가지고 있던 믿음에 대한 영적 갈증 외에 제자로서의 준비가 된 사람이었기 때문이다. 마태는 레위인이자 세리로서 가졌던 세밀함과 정확성이 있었고, 마태복음을 기록할 정도로 성경에 정통하였다.[41]

그런데 당시 유대인들은 세리들이라면 로마의 앞잡이로 여기고 치를 떨었으며, 죄인 취급했다. 세리장에게는 더욱 적대적이었다. 그리하여 세리장 마태는 대화할 만한 사람 하나 없는 고독한 영혼의 소유자로써, 예수의 부르심에 다 내려놓고 따랐던 것이다.[42]

마태는 예수의 부름에 기쁨으로 화답했다. 그는 그의 기쁨을 모든 사람에게 알리고 싶어 큰 잔치를 베풀었다. 이때 모여든 사람들은 모두 죄인이라고 취급당하며 영혼에 대한 갈증을 느끼고 있던 사람들이었다. 예수를 적대하는 세력들은 제자들에게 너희 선생은 왜 세리와 죄인들과 함께 식사를 나누는가 하고 불만을 토로했다. 이에 예수는 "내가 긍휼을 원하고 제사를 원하지 않는다"라는 호세아 6장의 말씀을 인용하면서, 자신이 온 목적은 병든 자, 죄인을 구원하려고 오셨다고 분명히 말씀하셨다.[43]

유대인들에게 함께 식사를 한다는 것은 다양한 의미를 갖는다. 먼저 식사는 사회적 상호작용과 연대를 나타내는 행위이다. 함께 식사하는 것

41 해월 정선규, 「의식전환─마태복음 9장 9-17절」, m.blog.naver.com, 2022.10.16; 「마태」, 『라이프성경사전』, m.terms.naver.com; 사랑누리, 「의식전환─마태복음 9장 7-17절」, m.blog.naver.com, 2021.8.7.
42 송태근 목사, 「인간의 조건─마가복음 10강(2장 13-17절)」, CBS 성서학당, 2020.6.12.
43 해월 정선규, 「의식전환─마태복음 9장 9-17절」.

은 친밀함과 화합을 상징하는 중요한 행위이며, 예수 공동체의 일원으로 받아들여져 소속감과 연대감, 그리고 소통을 강화하는 데 도움이 된다. 또한 함께 식사하는 것은 예수의 사상과 가치관을 공유하고, 대화와 친목을 나누는 좋은 기회이기도 하다.[44]

바리새인은 일상에서 이루어지는 식사를 신성한 제의를 지키기 위한 의식으로 만들었다면, 예수는 일상에서 이루어지는 식사를 다가오는 하나님 나라를 기대하는 의식으로 바꾸었다. 그가 진행한 식탁 친교의식은 초대를 받아들여 자리에 나온 사람 모두를 하나님의 사랑으로 환대하는 행위였다.[45]

마태의 만년에 대해서는 여러 가지 전설이 있으며, 최후에 관해서도 서방에서는 순교했다고 하고, 동방에서는 평화롭게 사망했다고 한다.[46]

이와는 반대로 젤롯당에 속해 있었던 '시몬'이라는 제자가 있었다. 그는 열혈당원이라는 뜻인 가나나인이었다. '마태'가 로마 식민통치를 위해 복무하는 세금 징수관이었다면, '시몬'은 그것에 저항하는 혁명가 출신이었다. 이들은 서로 상극 관계에 있던 사람들이었지만, 예수를 구심점으로 하여 서로 간의 적대감을 극복하고, 하나님 나라의 건설이라는 보다 큰 목표 아래 협력하고 있었던 것이다. 시몬은 하나님 나라의 정치적 도래를 기도한 사람이었고, 로마 제국에 대한 분노와 적개심으로 독립을 소원한 열렬한 정치적 행동주의자였다. 그럼에도 불구하고 그는 가룟 유다와 달리 끝까지 예수를 떠나지 않았다. 예수의 순수함, 그 뜨거운 사랑, 영혼 깊은 곳에 호소하는 그 위대한 사랑을 만났기 때문일 것으로 추정하고 있

---

44 「유대인에게 함께 식사를 한다는 의미는」, Chat GPT 3.5.
45 리처드 보컴 저, 김경민 역, 『예수 생애와 의미』, 87쪽.
46 「마태」, 『인명사전』, m.terms.naver.com; 「마태」, 『미술대사전(인명편)』, m.terms.naver.com.

다. 전승에 의하면 시몬은 북아프리카와 지금의 소련 지방인 흑해 근처, 그리고 영국의 런던 등에서 예수를 증거하며 전도여행을 하다가 페르시아 가까운 곳에서 불한당의 습격을 받아 마침내 톱으로 켜는 죽임을 당했다고 한다.[47]

작은 야고보는 알패오의 아들이고, 어머니는 예수를 따르던 여인 중 한 명인 마리아이며, 형제로는 요세가 있다. 그는 기독교의 성인 중 한 명이다. 작은 야고보로 불리우는 이유에 대해 여러 학설이 있다. 그 중 대표적인 것은 "나이가 어릴 것이다", "키가 작을 것이다", "영향력이 작았을 것이다" 등이 있으나 확실한 것은 없다. 다만 전승에 의하면 작은 야고보는 연약한 자의 대표자로 여겨졌다는 것이다. 기독교에서는 이 야고보가 야고보서의 저자로 알려진 예수의 동생 야고보와 같은 인물인가에 대한 논란이 있다. 로마 가톨릭 교회에서는 동일 인물로 여기고, 개신교에서는 대체로 별개의 인물로 본다. 그의 행적은 예수의 열두 제자 중 한 명이라는 것 외에는 거의 알려져 있지 않다. 전승에 의하면 그는 어려서부터 신앙심이 두터워 엄격하고 경건한 수양생활을 했기 때문에 고기와 술을 일절 입에 대지 않았으며, 외모를 가꾸지 않았고, 긴 겉옷과 망토만 몸에 걸치고 맨발로 돌아다녔다고 한다. 오랜 기도생활로 항상 무릎을 꿇고 기도를 해서 그의 무릎이 굳은 살이 박히고 딱딱해져서 낙타무릎처럼 되었다고 한다. 그는 예루살렘의 높은 탑에서 내어 던져졌으나, 그래도 목숨이 붙어 있어 톱으로 토막을 내는 참혹한 처형을 당했다고 한다.[48] 다른 전통

47 김행선, 『동서양 고전의 이해』, 391쪽, 415-416쪽 각주 194); 「마태복음 9장 9절」, dkramy, m.blog.naver.com, 2021.1.18; 「가나나인 시몬-열심당 시몬」, m.blog.naver.com, 2017.1.18; 복을 받는 교회와 나, 「열심당 제자 시몬(눅 6:12-16)」, gsamil.tistory.com/m/7567302, 2022.11.12.
48 「야고보(알패오의 아들)」, 『위키백과』, ko.m.wikipedia.org; 김행선, 『동서양 고전의 이해』, 415-416쪽 각주 194); 「작은 야고보」, 『스톤위키』, www.stonecry.org/wiki

에 따르면 작은 야고보는 인도에서 복음을 전파하다가 순교한 것으로 추정하기도 한다. 그러나 그의 죽음에 대해서도 정확한 사실은 알려진 바가 없다.[49]

예수를 배신한 '가롯 유다'는 가롯 시몬의 아들(요한복음 6장 71절)로서 지식인 출신이었다. 그는 다른 제자들이 갈릴리 지방 출신이었던 것과는 달리 유대지역 출신이었고, 도시사람이었다. 가롯 유다는 열두 제자들 가운데 누구보다도 정치적 야망과 권력에 대한 집념이 강한 인물로 추정하고 있다. 유다는 예수가 없을 때에는 예수를 대신해서 로마의 권력과 이스라엘의 장래에 관해 이야기해 주기도 했고, 독립투사들이 어떻게 항쟁하다가 처형당했는지를 설명해 주었을 것으로 보기도 한다. 그만큼 그는 박식했고, 견문이 넓었다. 그리고 동료들을 세상의 권력과 정치적인 방향으로 이끌어가곤 했다. 베드로나 요한, 야고보와 같은 촌뜨기까지 마지막에는 장관의 꿈을 가졌을 정도로 변했다. 그와 같은 변화를 일으킨 사람은 역시 가롯 유다 밖에는 생각해 볼 수 없다.[50]

또한 가롯 유다는 예수의 제자들 가운데 돈에 전문가인 세금 징수관 마태를 물리치고, '회계'라는 중차대한 직분을 맡은 인물이었다. 그는 돈과 권력에 대한 욕망이 강하여 회계를 맡게 되었다. 유다는 다른 제자들의 돈주머니를 관리하기도 했다. 마리아가 예수에게 값비싼 향유를 부었을 때 가롯 유다는 이를 낭비라고 보았으며, 이를 팔아서 가난한 사람들에게 나누어 주는 것이 더 바람직한 일이라고 주장했다. 그러나 요한복음은 그의 마음이 진정 가난한 사람들을 위함이 아니라, 그가 바로 도적이기 때문이며, 돈궤를 맡아 돈을 훔쳐갔다고 기록하고 있다.[51]

49 「작은 야고보의 죽음」, Chat GPT 3.5.
50 김형석, 『예수-성경 행간에 숨어 있던 그를 만나다』, 이와우, 2015, 57쪽.
51 요한복음 12장 4-6절; 김행선, 『동서양 고전의 이해』, 391-392쪽; 「유다 이스카리옷」, 『나

배신자의 화신으로 여겨지는 가룟 유다의 최후에 대해서는 여러 가지 전설이 돌았다. 마태복음 27장 3-8절에는 예수를 판 유다는 예수가 정죄됨을 보고 스스로 뉘우쳐 은 삼십을 대제사장들과 장로들에게 도로 갖다주며, "내가 무죄한 피를 팔고 죄를 범하였도다 하니 그들이 이르되 그것이 우리에게 무슨 상관이냐 네가 당하라 하거늘", 유다가 은을 성소에 던져 넣고 물러가서 스스로 목매어 죽었다고 기록하고 있다. 그리고 대제사장들이 그 은을 거두며 이르되, "이것은 핏값이라 성전고에 넣어둠이 옳지 않다" 하고 의논한 후, 이것으로 토기장이의 밭을 사서 나그네의 묘지를 삼았다고 했다. 또한 사도행전 1장 18-19절에는 유다가 불의의 삯으로 밭을 사고 후에 몸이 곤두박질하여 배가 터져 창자가 다 흘러 나왔다고 기록하고 있다. 그리고 이 일이 예루살렘에 사는 모든 사람에게 알려져 그들의 말로는 그 밭을 '아겔다마'라 하니, 이는 '피밭'이라는 뜻이라 했다. 또 다른 전승에 의하면 그는 수종병에 걸려 보기 흉한 상태로 죽었다고 한다.

이밖에 '다대오'는 열두 제자 중 하나인 야고보의 아들 유다이며, '사랑받는 아들'이란 뜻이다. 누가복음과 사도행전에는 야고보의 아들로, 요한복음에는 가룟인 아닌 유다로 소개된다. 다대오는 예수를 진심으로 사랑하고 따랐던 제자 중 한 명으로 여겨지고 있다. 그의 신상과 행적에 대해서는 더 이상 알려진 것이 없으나 열렬한 성격의 논쟁가였다고도 한다. 다만 전승에는 다대오가 수리아 지역에서 선교했으며, 수리아 왕 아브가르 5세의 병을 고쳐주었다고 한다. 그리고 그곳 순교지에서 순교했다고 전해진다. 또 다른 전승에 의하면 다대오는 시몬과 함께 페르시아에서 순교한 것으로 알려져 있다.[52]

무위키」, namu.wiki, 2023.10.30; 「가룟 유다가 회계를 맡게 된 이유」, Chat GPT 3.5.
52 「다대오」, 『라이프성경사전』, m.terms.naver.com; 「유다(다대오)」, 『두산백과』, m.terms.naver.com; 「예수의 제자 다대오에 대해」, 뤼튼 AI 검색.

'도마'는 갈릴리 출신으로 겟세마네 호수에서 어부로 일하다가 예수의 제자가 되었다. 그의 이름은 아람어로 '쌍둥이'를 뜻하며, 그리스어로는 '디두모'라고 불렸다. 예수가 죽은 나사로를 살리려고 베다니로 가려고 하자 다른 사람들은 바리새파의 음모에 걸릴 위험이 있다고 하며 모두 극구 만류하였다. 그러나 도마는 "우리도 함께 가서 그분과 생사를 같이 하자"(요한복음 11장 16절)라고 말했다. 그러나 예수가 겟세마네 동산에서 로마 병사들에게 사로잡히자 도마도 다른 제자들과 같이 예수를 버리고 달아났다. 도마는 "눈으로 보아야 믿겠다"(요한복음 20장 25절)라는 실증주의자이자 의심이 많은 회의론자이기도 했다. 그의 성격은 강직하고 타협을 모르며, 옳은 것은 옳고, 아닌 것은 아니라고 말하는 성향의 보유자였다. 따라서 그는 무엇이든 곧이 곧대로 믿지 않고 의심하며 비판적인 시각을 갖고 있었다고 한다. 이런 성격을 가졌기에 도마가 예수의 부활을 의심하다가 예수의 상처를 보고 그의 부활을 확인하며, "나의 주님이시요, 나의 하나님이시니이다"(요한복음 20장 28절)라고 한 고백은 예수를 설명하는 기독교에서는 가장 완벽한 신앙고백 중 하나로 보기도 한다. 철저한 의심과 회의를 통해 믿음의 확신을 얻은 도마는 우리가 의심하면서도 얼마든지 사도가 될 수 있고, 신앙인이 될 수 있다는 사실을 알려준다. 도마는 논리적이고 경험적인 접근 방식으로 유명한 '도마복음'을 썼다고 알려져 있다. 하지만 도마복음은 정경에 포함하지 않았는데, 이는 도마의 논리적이고 경험적인 접근 방식이 당시 교회의 신앙관과 맞지 않았기 때문으로 보고 있다. 도마는 에디오피아와 인도 등지로 가서 복음을 전했다고 전해진다. 가톨릭에서는 서기 52년 인도의 남쪽 끝 부분인 케랄라 주에까지 가서 기독교를 전파하다가 순교했다는 전승이 있다. 이교도 제사장을 격노케 하여 인도 코르만델에서 창에 찔려 순교했다고 전해지기도 한다. 인도의 첸나이에는 토마스의 언덕이라고 하여 첸나이 시내가 내려다보이는 언덕에 토마스가

순교한 장소인 동시에 그의 무덤이 안장된 성토마스 대성당이 있다.[53]

이밖에도 열두 제자 외에 70인의 제자 중 한 명으로 추정되는 사람은 마가이다. 마가는 '큰 망치', '여호와는 은혜로우시다'는 뜻이다. 히브리식 본명은 요한(사도행전 15장 37절)이고, 마가는 로마식 이름이다. 그래서 독자의 이해를 돕기 위해 '마가라 하는 요한'(사도행전 12장 12절, 25절)이라는 표현을 쓰기도 한다. 그는 부자청년이었으며, 바나바(Barnabas)의 생질(조카)이었고, 예루살렘 출신의 레위지파이다. 바울과 바나바 간의 충돌의 빌미를 제공했던 인물이다. 그러나 그 후 로마 옥중에 있는 바울을 돕고 좋은 협력자가 되었다. 바울은 마가를 인정하면서 골로새교회 성도들에게 마가를 기꺼이 맞아줄 것을 부탁하기도 했다. 그는 베드로의 비서였고, 베드로와의 관계를 통해 마가복음을 기록한 사실은 성경학자들 사이에서 일반적으로 인정되고 있다. 그의 기록은 예수의 생애에 대한 짧고 간결한 기록을 통해 주로 예수의 힘과 권위, 그리고 예수의 인류 구원 사업의 핵심을 전달하고, 그를 따르는 자들에게 영적인 깨달음과 도전을 제공한다. 전승에 의하면 그는 70인 제자 중 한 사람이었다고 한다. 마가의 다락방은 예수가 최후의 만찬을 했던 곳이자, 오순절 교회가 탄생한 곳으로 볼 때 마가는 어려서부터 신실한 신앙 가운데서 성장한 것으로 추정되고 있다. 예수가 잡히시던 날 밤, 벗은 몸으로 도망친 인물과 동일인으로 보기도 한다. 전승에 의하면 애굽의 지중해 연안 항구도시 알렉산드리아 교회의 창시자로 알려져 있다. 또한 마가복음을 기록한 직후 알렉산드리아에서 순교한 것으로 전해진다. 또 한편으로는 그가 복음서를 쓴 직후에 아프리카로 가

---

53 구원자, 「사도 도마」, m.blog.naver.com, 2023.10.8; 김행선, 「동서양 고전의 이해」, 392쪽; 「도마의 생애」, Chat GPT 3.5; 「사도 토마」, 「위키백과」, ko.m.wikipedia.org; 김희룡 목사, 「생명의 말씀」, 성문밖교회 주일설교, 2024.4.7; 「예수의 제자 도마에 대해」, 뤼튼 AI 검색.

서 복음을 전하다가 순교했다고도 한다. 따라서 마가의 죽음에 대한 실제적인 사실은 알 수 없지만, 그가 예수의 복음을 전파하고, 그의 이름으로 복음서를 쓴 것으로 인해 그의 기여는 크게 인정받고 있다.[54]

한편 예수의 제자로 성경 속에 등장한 인물로 글로바(Cleopas)와 아리마대 요셉(Joseph), 니고데모(Nicodemus)를 들 수 있다. 글로바는 예수의 열두 사도에는 속하지 않으나 예수를 따랐던 제자였다. 그는 엠마오로 가는 길에서 부활한 예수와 동행하며 말씀을 나누었으나, 그의 눈이 가리워져 예수를 알아보지 못하다가 이후 알아보게 된 두 명의 제자 중 한 명이었다.(누가복음 24장 13-35절) 그는 예수를 하나님과 모든 백성 앞에서 말과 일에 능한 선지자로 설명했으며, 예루살렘으로 돌아와 열한 명의 사도들을 만났다. 글로바는 예수의 십자가 곁에 최후까지 서 있었던 여인들 중 하나인 마리아의 남편인 글로바와 동일인물로 보기도 한다.[55]

아리마대 요셉과 니고데모는 그동안 예수를 믿는 사실을 드러내지 않았으나, 하나님은 이들로 하여금 예수의 장례식을 치르게 했다. 아리마대 요셉은 부자였고, 바리새인이었으며, 존경받는 산헤드린 공회원이었으나, 산헤드린 공회원이 예수를 십자가에 처형하는 일을 결의할 때 이에 찬성하지 않았다. 그는 예수의 제자였으나, 예수가 살아계셨을 때에는 예수의 제자됨을 숨겼던 자였다. 그럼에도 불구하고 예수의 사후 자신의 처지에 대한 위험한 상황 속에서도 예수의 시신을 달라고 빌라도에게 당돌하게 요구했다. 왜냐하면 그는 선하고 의로운 자로서 하나님 나라를 기다리는 자였기 때문이다. 그는 자기를 위해 미리 준비해둔 바위 속에 판 새

---

54 사도행전 1장 12-15절; 사도행전 12장 12절; 골로새서 4장 10-11절; 마가복음 14장 51-52절; 베드로 전서 5장 13절; 「마가」, 『라이프성경사전』, m.terms.naver.com; 「예수의 제자 마가에 대해」, Chat GPT 3.5; 「마가 인물에 대해」, Chat GPT 3.5.

55 「글로바」, 『라이프성경사전』, m.terms.naver.com; 「글로바」, 『위키백과』, ko.m.wikipedia.org; 「예수의 제자 글로바에 대해」, 뤼튼 AI 검색.

무덤에 예수의 시신을 안치했다. 그리하여 그는 예수의 시신을 확인한 목격자로서 역사에 남게 되었다.[56]

니고데모는 그 뜻이 '승리한 백성', '백성의 정복자'이다. 바리새인이며, 산헤드린 공회 의원이었다. 그는 유대인의 지도자이면서도 예수의 가르침과 하나님 나라에 대해 깊은 고민을 하고 있었다. 그리하여 그는 구원의 진리를 배우기 위해 한밤중에 예수를 찾아와 거듭남의 진리를 배웠다. 이 대화에서 예수는 "진실로 진실로 네게 이르노니 사람이 거듭나지 않으면 하나님 나라를 볼 수 없느니라"라고 말씀하면서 영적 변화의 중요성을 강조했다. 그 후 니고데모는 예수의 신실한 제자가 되었다. 그는 예수를 죽이기 위해 소집된 산헤드린 공회에서 정당한 심문없이 죄인을 죽이는 것은 불법이라고 말하여 간접적으로 예수를 옹호했다. 그는 예수의 열두 제자들처럼 복음 사역을 위해 전적으로 헌신하지는 않았지만, 자신의 지위와 신분을 최대한 이용하여 주님에게 충성한 인물로 평가된다. 그의 믿음의 성장은 예수가 십자가에 달려 돌아가시던 날, 예수를 따르던 제자들마저도 하지 못했던 놀라운 일을 했다. 니고데모는 장례용품을 가져와 예수의 시신을 요구하여 새 무덤에 예수를 정성스럽게 장사지냈던 것이다.[57]

다. 제자들을 세상으로 파송하다

예수는 열두 제자들에게 하나님 나라를 전파하고, 더러운 귀신을 쫓아내며, 병을 고치는 능력과 권세를 주어 각 지역으로 두 명씩 파송했다.[58] 또

---

56 마태복음 27장 57-61절; 마가복음 15장 42-47절; 누가복음 23장 50-56절; 요한복음 19장 38-42절; Timothy Keller, op.cit, pp. 233-234.

57 잠근동산, 「새 사람의 삶의 태도-요한복음 3장 1-10절」, m.blog.naver.com, 2022.1.29; 「니고데모」, 『라이프성경사전』, m.terms.naver.com; 「예수의 제자 니고데모」, Chat GPT 3.5; 「니고데모에 대하여」, Chat GPT 3.5; 요한복음 3장 1-10절.

58 누가복음 9장 1-2절; 마가복음 6장 6-7절; 마태복음 10장 1절.

한 예수는 열두 제자에 이어 다시금 70인의 제자를 따로 세우셔서 각 동네와 각 지역에 둘 씩 보내셨다. 이들은 그리스도의 도래와 하나님 나라가 가까이 왔다는 것을 알리며, 병든 자를 치료하며, 예수의 가르침을 전파하고 세상을 변화시키는 데 크게 기여했다. 이는 복음을 온 세상에 전파하는 것이 제자의 근본사명임을 시사하는 것으로, 예수의 사명이 단지 유대인들에게만 국한되지 않았음을 나타내는 중요한 근거이기도 하다.[59]

제자들은 말 주변도 없고, 배운 것도 없는 갈릴리 범부들이어서 그들에게 주어진 사명이 참으로 버거운 일이었을 것이다. 그러나 제자란 단지 배우는 데서 그치지 않고, 스승인 예수로부터 배운 것을 행하고 전하는 사람이다. 그들은 눈으로 보고, 귀로 들은 바가 많았다. 천국의 실재를 책으로 익히지 않았고, 삶으로 경험했기에 그들의 증언은 생생할 것이다. 또 그들에게는 예수가 주신 성령의 권능이 있다. 지극히 평범했던 제자들은 이제 사람들에게 천국의 실재를 보여주며, 억눌리고 얽매인 자들에게 자유와 안식과 평화를 선물할 것이다.[60]

예수는 제자들에게 명하여 이르시기를, "이방인의 길로도 가지 말고 사마리아인의 고을에도 들어가지 말고 오히려 이스라엘의 '잃어버린 양'에게로 가라"라고 하며, "천국이 가까이 왔다"라고 하고, "병든 자를 고치며, 죽은 자를 살리며, 나병환자를 깨끗하게 하며, 귀신을 쫓아내되 너희가 거저 받았으니 거저 주어라. 너희의 주머니 속에 금이나 은이나 동을 가지지 말라. 여행을 위하여 배낭이나 두 벌 옷이나 신이나 지팡이를 가지지 말라. 이는 일꾼이 자기의 먹을 것 받는 것이 마땅함이라"라고 했다.[61]

---

59 누가복음 10장 1-9절; 「예수와 70인 제자」, Chat GPT 3.5; 「예수의 70인 제자파송의 의미」, Chat GPT 3.5; 「누가복음 10장 1-14절 문단해설」, 「노트 여백성경」.

60 백장로, 「마태복음 10장 1-15절」, m.blog.naver.com, 2021.5.30.

61 마태복음 10장 6-10절.

이스라엘 집의 잃어버린 양에게 먼저 가라는 것은 이스라엘 선교의 우선성과 긴급성을 강조한 것이다. 이스라엘 백성에게 그들이 기다려온 소망이 현실이 되었음을 알리고, 우선적으로 하나님 나라에 참여할 기회를 주신 것이다. 이는 주로 유대인들이 하나님의 백성이지만, 신앙을 잃어가는 현실에 대한 예수의 염려와 사랑 때문에 하신 말씀이다. 그는 자신이 이 땅에 오신 것은 죄인을 부르러 온 것이라고 말씀하셨고, 유대인들의 회개를 강조했다. 그래서 예수의 복음전파의 첫 포성은 "회개하라 천국이 가까이 왔다"라는 것이었다. 이스라엘은 하나님이 그의 특별한 백성으로 세우셨고, 그들이 회개하고 돌아오는 것이 하나님의 계획과 관심에 부합했다. 즉 이스라엘 백성에게 그들의 영적 상태와 역할을 강조하고, 그들을 우선적으로 하나님 나라로 인도하고자 하신 것이다. 그러나 예수는 이방선교를 금하지 않았다. 그는 이스라엘 백성의 회개와 구원을 우선시 했지만, 후술하는 바와 같이 이방인들에게도 복음을 전파하고 치유기적행위를 베푸셨으며, 부활하신 후에는 제자들에게 가서 모든 민족을 제자로 삼고, 아버지와 아들, 성령의 이름으로 세례를 베풀어주며, 예수가 그들에게 분부한 모든 것을 가르치라고 했다.[62]

또한 예수는 제자들에게 모든 병과 모든 약한 것을 고치는 권능을 주었다. 제자들은 무일푼 단신으로 떠나 전적으로 하나님을 의지해서 천국복음을 전파했다. 예수는 무상교육을 시행했고, 제자들을 파송하면서 "너희가 거저 받았으니 거저 주어라"(마태복음 10장 8절)라고 했다. 그리고 이익을 따라 전전하지 말고, 한 곳에 머물며 간절한 마음으로 복음을 전하라 했다. 복음을 거부하는 자에게는 연연할 필요가 없다. 전도자는 겸손하되

---

62 백장로, 「마태복음 10장 1-15절」; 「예수님이 제자들에게 우선적으로 이스라엘의 잃어버린 양에게로 가라고 하신 것은」, Chat GPT 3.5; 마태복음 28장 19-20절.

비굴하지 않고, 당당하되 강압적이지 않아야 한다. 오직 하나님만 의지하며 주어진 위치에서 하나님 나라와 그 분의 임재를 드러내는 제자가 되라는 것이다.[63]

요컨대 예수와 제자들의 삶의 스타일은 세 가지로 요약된다. '탈가정', '탈고향', '탈소유'가 그것이다. 예수는 하나님 나라 선교에 동참하기 위해 소유, 연고지, 가정이라는 세 가지 인연의 사슬로부터 해방될 것을 촉구한다. 즉 공적인 삶을 위해 먼저 사적인 삶을 청산해야 한다는 것이다.[64]

예수는 하나님 나라를 건설하기 위한 예수운동을 확산시키는 데 따르는 탄압과 고난을 두려워하는 제자들을 향해 다음과 같이 비상한 결단을 요구하며 격려하고 있다.

> 보아라, 내가 너희를 내보내는 것이 마치 양을 이리떼 가운데로 보내는 것과 같다. 그러므로 너희는 뱀과 같이 슬기롭고, 비둘기와 같이 순진하게 되어라. 사람들을 조심하여라. 그들이 너희를 법정에 넘겨주고, 그들의 회당에서 매질을 할 것이다. 또 너희는 나 때문에 총독들과 왕들 앞에 끌려 나가서, 그들과 이방 사람 앞에서 증언할 것이다. 사람들이 너희를 관가에 넘겨 줄 때에 어떻게 또는 무엇을 말할까 하고 걱정하지 말아라. 너희가 무슨 말을 해야 할지, 그때에 지시를 받을 것이다. 말하는 이는 너희가 아니라, 너희 안에서 말씀하시는 아버지의 영이다...너희는 내 이름 때문에 모든 사람에게 미움을 받을 것이다. 그러나 끝까지 견디는 사람은 구원을 받을 것이다.[65]

예수는 제자들을 세상으로 파견하는 것을 "양을 이리떼 가운데로 보내

---

63 허호익, 『예수는 달랐다』, 65쪽; 백장로, 「마태복음 10장 1-15절」.
64 김명수, 『역사적 예수의 생애』, 한국신학연구소, 2004, 124쪽.
65 마태복음 10장 16-22절.

예수의 사상과 활동
182

는 것"에 비유했으며, 제자들은 스승이 제시한 엄격한 규율과 죽음을 각오하는 전투적인 자세로 각 촌을 두루 다니며 새로운 복음을 전파했다.

그러나 제자들은 여전히 주님의 오신 목적과 가는 길, 그 분이 누군지를 모르고 있었다. 제자들은 예수가 세상적인 왕국을 세우고 이스라엘을 회복시키려는 것으로 잘못 이해했다. 때로는 예수의 말씀을 제대로 이해하지 못하거나 그 의도를 파악하지 못했다. 더 나아가 제자들은 서로 누가 더 중요한지, 누가 더 큰 지위를 가져야 하는지에 대한 다툼과 갈등이 있었다. 이는 제자들 사이의 관계를 흔들었다. 또한 제자들 중에는 예수의 마지막 날들에도 믿음의 부족함을 보였다. 예를 들어 예수가 자신의 십자가 죽음에 대해 이야기할 때, 베드로는 이를 막으려 했다. 그리고 예수가 십자가에 못박혀 죽임을 당하자, 제자들은 자신들의 안전과 생명에 대한 우려 때문에 예수를 버리거나 부인하는 행동을 했으며, 무력하고 절망적인 상황에 처해 믿음의 시련을 겪었다. 이처럼 제자들은 전혀 준비가 안 된 사람들이었다.[66]

이에 예수는 제자들의 믿음이 없음을 책하시기도 했다. 그러나 예수는 부족한 제자들을 포용하고 끝까지 사랑하면서 훈련시키고, 참된 제자로 만들어가셨다. 그리하여 제자들은 예수의 부활 이후 그들의 믿음이 강화되었고, 성령 강림 후에는 예수의 강력한 증인이 되어 세상에 복음과 하나님 나라를 전파하는 데 크게 공헌했다.

---

66 마태복음 16장 21-22절; 마태복음 17장 14-27절; 마태복음 20장 1-9절; 「열두 제자들의 예수에 대한 오해와 부족한 믿음」, Chat GPT 3.5.

(2) 여성 제자들과 추종세력

예수는 가부장적 사회질서에서 소외된 여성들에게 각별한 관심을 쏟았다. 그는 병자를 치유하고, 귀신을 추방하고, 죄인을 용서하는 데 있어서 남녀를 구별하지 않았다. 그는 여성에게 불리한 이혼관례를 거부했고, 여성들과 개인적인 친교를 나누었으며, 여성들의 제자직을 허용하였고, 여성들로부터 재정적인 도움을 받기도 했다.[67]

이러한 예수의 여성친화적인 선교사역은 당시 가부장적 사회관습과는 거리가 먼 행동이었다. 가부장적 사회구조로부터 해방되는 것이야말로 예수가 선포한 하나님 나라의 핵심 중 하나라고 볼 수 있다.[68]

특히 예수의 제자들 가운데 남성 제자들 이외에 여성 제자들이 포함되어 있었다는 사실은 주목할 만하다. 남성 제자들이 부르심을 통해 존재근거가 마련되었다면, 여성 제자들은 병치유와 경제적 후원을 통해 택함을 받았다. 예수가 열두 제자와 함께 각 성과 마을에 두루 다니시며 하나님 나라를 선포하시고 그 복음을 전하실 때, 예수 일행을 따라다니며 도왔던 여러 여인들이 있었다. 예수를 늘 따라 다니던 기름 부은 익명의 여인, 글로바의 아내인 마리아, 작은 야고보와 요세의 어머니인 마리아, 예수가 일곱 귀신을 쫓아주었던 막달라 마리아(Magdalene Mary), 세례 요한을 처형했던 헤롯왕의 청지기였던 구사(Chuza)의 아내 요안나(Joanna), 수산나(Susanna), 살로메, 마르다(Martha)와 마리아(Mary) 자매 등이 그 대표적인 인물들이다. 특히 살로메는 요한 형제의 모친이자 세베대의 아내였으며, 예수의 이모였다. 그녀는 두 아들을 데리고 예수께 나아가 예수의 나라가

---

67 마가복음 10장 2-12절; 누가복음 8장 3절; 김명수, 『역사적 예수의 생애』, 213-214쪽.
68 김명수, 위의 책, 214쪽.

세워질 때 예수의 오른쪽과 왼쪽에 두기를 간청하여 다른 제자들의 분노를 사기도 했다. 그녀는 예수가 죽는 그 순간까지 그를 쫓았던 여인이었다. 이 여인들은 자기네 재산을 바쳐 예수 일행을 도왔다.[69]

이들 여성 제자들은 갈릴리 지방에서부터 예루살렘까지 예수와 함께 동행했으며, 죽음을 무릅쓰고 예수를 섬겼던 사람들이었다. 누가복음은 몇몇 여성이 예수운동 초기부터 그가 죽음을 맞이할 때까지 함께 했음을 강조했다. 이들은 남성 제자들이 모두 뿔뿔이 흩어져 버린 상황에서도 예수의 외로운 마지막 길을 끝까지 지켜보았고, 부활한 예수를 처음 목격했으며, 이 사실을 실의에 빠져 각기 생업으로 돌아가려 했던 남성 제자들에게 전했다. 따라서 예수운동에 있어서 여성들의 역할은 특별했다. 처음부터 끝까지 예수운동에 참여하고 있었던 막달라 마리아와 다른 마리아는 예수의 십자가 고난의 현장을 지켜보고 있다가 사흘 째 되는 날 무덤으로 가서 부활한 예수를 처음으로 만나고, "그가 죽은 자 가운데서 살아 나셨다"라는 기쁜 소식을 남성 제자들에게 전했다. 이와 반면에 남성 제자들 가운데 가룟 유다는 은 삼십에 예수를 팔았으며, 예수를 사랑한다고 고백했던 수제자 베드로 역시 예수가 체포되자 세 번씩이나 스승을 부인했다. 그리고 다른 남성 제자들도 결정적으로 예수의 고난 현장으로부터 도망쳐 버리고 말았던 것이다.[70]

유다의 랍비 가운데 여성을 제자로 둔 사람은 없었다. 여성 제자는 랍비 전통에서는 생각할 수도 없는 일이었다. 즉 교권화 되고, 권위화 된 성

69 누가복음 8장 1-3절; 마가복음 15장 40절; 마태복음 20장 20-24절; 김근수, 「가난한 예수31: 예수를 도운 여인들」, www.catholicpress.kr, 2016.5.10; '막달라'는 갈릴리의 한 지명 이름이다.

70 김행선, 『동서양 고전의 이해』, 393-394쪽; 리처드 보컴 저, 김경민 역, 『예수 생애와 의미』, 94쪽; 김근수, 「가난한 예수31: 예수를 도운 여인들」; 마가복음 15장 40-41절; 마태복음 28장 1-10절; 막달라 마리아는 베드로를 능가하는 사도 중의 사도요 제자 중의 제자였다. 김희룡 목사, 「빈 무덤」, 성문밖교회 주일설교, 2024.3.31.

전과 회당직제에서 여성은 차별대우를 받았다. 그러나 예수는 이들과는 달리 여인들을 그 제자로 삼고 있었다는 점에서 여성해방이 하나님 나라의 건설운동에 포함되어 있었다는 사실을 추측할 수 있다. 가장 가난한 사회적 약자인 여인들과 운명을 함께 한 해방자 예수였던 것이다.[71]

그리하여 예수의 자유와 여인들의 자유가 돋보인다. 당시는 예외적인 일이었던 여성을 제자로 받아들인 예수의 자유로운 정신과 고향 집을 떠나 예수의 제자 대열에 합류한 여인들도 역시 자유로운 인간이었다. 사회 주변부에 있었던 여인들은 잠시나마 예수 곁에서 완전한 자유를 누리고, 해방을 맛보았던 것이다. 자유와 해방의 추억은 예수와 함께 생긴다. 예수를 제대로 만난 사람들은 자유로운 인간이 된다. 예수를 만나야 진정한 자유가 생긴다. 예수 없이 자유 없고, 자유 없이 예수 없다.[72] 자유란 하나님의 선물이며, 그분과의 만남의 선물인 것이다.[73]

요컨대 예수운동에 있어서의 여성들의 역할은 바로 서구에서 여성해방운동을 일으키는 사상적 뿌리가 되었다고 해도 과언이 아니다. 이 점에서 교회를 세우고 일으키며, 부흥시킨 원동력은 여성이었다고도 할 수 있다.

이상과 같이 예수의 제자들은 각계·각층으로 이루어진 통일전선적 성격을 내포하고 있었다. 처음에는 대부분 가난한 계층의 사람들과 여성들이었으며, 갈릴리 지역의 대중들을 그 기간세력으로 하고 있었다.

예수가 있는 곳에는 언제나 무리가 있고, 무리가 있는 곳에는 언제나 그가 있었다. 그는 극빈자, 실업자, 병자, 귀신 들린 자, 세리, 죄인, 창녀, 고아, 과부, 여성들에게 각별히 관심을 쏟았다. 예수는 그들과 더불어 먹고, 마시기를 즐기며 세리와 죄인들의 친구로 살아갔다. 유대사회의 중

71 김행선, 위의 책, 394쪽; 김근수, 「가난한 예수31: 예수를 도운 여인들」.
72 김근수, 「가난한 예수31: 예수를 도운 여인들」.
73 칼 바르트, 『교의학 개요』, 복 있는 사람, 2022, 23쪽.

심부에서 변두리로 밀려난 소외된 사람들이야말로 예수운동의 중심세력이며 동시에 주요 대상이 되었다.[74]

그러나 하나님 나라, 곧 메시아 왕국의 건설운동은 점차 보다 광범위한 운동으로 확대되어 갔다. 예를 들어 부자이며, 산헤드린 공회원인 아리마태아 사람 '요셉'이나 '니고데모'는 바리새인임에도 불구하고, 예수의 제자였다. 일부 유대인의 관원들이나 회당장 '야이로'같은 사람도 예수를 지지하고 그의 가르침을 받아들였다. 세리 출신이자 부자였던 '삭개오'나 부자 청년까지 예수의 제자가 되고 싶어 했다. 더 나아가 예수의 적대세력이었던 한 서기관은 예수가 어디를 가시든지 따르겠다고 했으며, 대제사장들과 바리새인들의 종들까지도 예수의 가르침을 듣고 "그 사람이 말하는 것처럼 말한 사람은 이때까지 없었습니다"라고 그들의 주인에게 전달하기도 했다. 따라서 일부 서기관이나 대제사장들과 바리새인들의 종들도 예수를 심정적으로 메시아로 인식했던 것이다. 그리고 예수 일행에게 은신처를 제공해 주는 사람들 등 많은 사람들이 예수운동을 지지했다. 이처럼 일부 서기관이나 바리새인들과 예수의 관계는 단순한 적대적인 것만이 아니라, 이해와 협력의 가능성도 포함하고 있었다. 그러나 대부분의 서기관들이나 바리새인들 및 율법학자들은 예수운동을 지켜보면서, 결국 예수운동의 척결대상이 그들임을 알고는 예수를 함정에 빠뜨릴 수 있는 모든 방도를 모색했다. 그리고 예수를 거부하고 그의 사상에 반대했다. 그렇지만 예수운동은 이미 그들의 통제를 벗어나 광범위한 대중을 기반으로 확산되고 있었다.[75]

특히 예수운동은 북이스라엘이 앗시리아에게 멸망한 이래 남쪽의 유

---

74 김명수, 『역사적 예수의 생애』, 125쪽.
75 김행선, 『동서양 고전의 이해』, 394-395쪽; 마태복음 8장 19절; 요한복음 7장 45-46절; 「예수와 바리새인」, Chat GPT 3.5.

대인들과 적대적 관계에 있으면서 서로 상종하지 않고 있었던 북쪽의 사마리아 지역으로까지 확산되어, 평소 유대인들로부터 '개' 취급을 당하던 사마리아인들도 예수를 많이 따르게 되었다. 예수는 다윗 가문의 자손임을 부정하면서, 금기(禁忌)의 지역이었던 사마리아 지역에도 복음과 구원의 소식을 전하여 오랫동안 지속되어 왔던 남북 간의 지역적 적대감정을 해소시키려 했던 것이다. 그리하여 일부 유대인들은 예수를 '사마리아인'(요한복음 8장 48절)이라고 모함하기도 했다.[76]

또한 예수운동은 예수사상의 탄력성과 원대한 이상을 기반으로 하여 앞서 언급했듯이 협소한 민족주의 운동의 틀을 극복하고, 점차 이방인들에게도 확산되어 세계운동으로 발전하고 있었다. 그 일례로 앞에서 서술했듯이 예수운동의 방향을 이방인에게로 확대시켜 준 이방여인인 수로보니게 여인과 로마 군대의 장교인 백부장의 예수운동의 참여를 지적할 수 있다. 그리고 이는 예수 부활사건 이후 제자들에게 나타나 당부한 모든 민족을 제자로 삼으라는 예수의 말씀을 통해서도 나타나고 있다.[77]

요컨대 예수운동은 가난한 자나 부자, 유대인이나 이방인, 지배층이나 피지배층을 막론하고, 온 세상과 온 민족을 향한 보편적 구원운동으로 확대되었다. 이로써 예수는 '만민의 깃발'이 될 수 있었고, 기독교는 세계종교로 발돋움 할 수 있었다.

---

76 김행선, 위의 책, 395쪽; 그리스도와 다윗의 가문에 대한 예수의 말씀은 마태복음 22장 41-45절 참고.

77 김행선, 위의 책, 395-396쪽; 마가복음 7장 24-30절; 마가복음 16장 15-16절; 누가복음 7장 9절; 마태복음 28장 18-20절.

3. 예수운동: 메시아 왕국의 건설운동

(1) 복음전파운동
: 수고하고 무거운 짐을 진 자들아 다 내게로 오라

예수는 세례 요한이 잡혔다는 소식을 들으시고 요한의 집단을 떠나 고향인 갈릴리로 물러나셨다. 짧은 기간이었으나 예수는 세례 요한과 그 집단을 통해 많은 것을 보았고, 또 많은 것을 극복해야 한다는 사실을 깨달았다. 세례 요한은 구약의 연장이었으나, 구약의 추종자일 뿐 그 완성도 아니며, 극복도 못된다는 것을 발견했던 것이다. 요한은 광야에 외치는 소리일 수는 있어도, 그 소리의 영원한 실체는 될 수 없었다. 예수는 낡은 것과 새 것은 구별되어야 하며, 영원한 것을 낡은 부대에 넣는 일은 어리석다는 점을 통감했다. 요한은 비범한 것을 원했으나, 영원한 것은 평범 속에 머무는 것이다. 요한은 정의를 호소했으나, 예수는 사랑을 견지해야 했다. 요한은 남다른 옷을 입고, 일반 사람들이 택하지 않은 생활을 했으나, 예수는 평범한 사람들의 삶 속에서 하나님의 뜻을 드러냈다.[78]

세례 요한은 엄격한 도덕주의자로서, 사람들에게 회개와 순명(順命)을 강조하고, 사회적인 부패와 죄악을 비판하며, 새로운 세례의 실시를 통해 죄 사함의 길을 제시했다. 그리고 그리스도의 나타남을 예고하는 것이었다. 그러나 예수는 새로운 언약의 구주로서 이 땅에 오셨으며, 그 자신이 하나님의 아들이요 인류의 구원자임을 선포했다. 그는 사랑과 긍휼을

---

78 김형석, 『예수-성경 행간에 숨어 있던 그를 만나다』, 27-28쪽; 예수와 세례 요한과의 일치성을 강조하는 말들이 있는가 하면, 때로는 세례 요한에 대한 예수의 우위성을 내세우는 말들이 있으며, 때로는 정통 유대교에 대립된 두 종파의 연대성을 지적하는 일들이 있는가 하면, 때로는 두 종파의 경쟁을 보여주는 말들이 있다. 루돌프 불트만 저, 허혁·김경희 공역, 『예수』, 새글사, 1972, 20쪽.

강조하고, 자비와 공의를 실천하도록 가르쳤다. 그의 사명은 인류의 죄를 속죄하고 구원의 길을 열며 하나님 나라를 가르치고 세우는 일이었다. 그리고 그 수단으로 병고치는 일을 하셨다. 때문에 예수운동은 사람들에게 큰 영향력을 미쳤다.[79]

예수는 요한의 세례운동을 계승하면서도 이를 자신의 운동과 엄격하게 구별했다. 당시 사람들은 예수와 세례 요한의 역할을 혼동하고 있었다. 뿐만 아니라 요한 역시 옥에 갇혀 있을 때에 예수가 활동한다는 소문을 듣고 제자들을 예수에게로 보내서 "메시아로 오실 그 분이 당신이오니까? 아니면 우리가 다른 이를 기다리오리이까?"(마태복음 11장 3절)라고 묻게 했다. 이에 대해 예수는 다음과 같이 전하라고 말씀하고 있다.

> 너희는 가서 보고 들은 것을 요한에게 고하되 소경이 보며, 앉은뱅이가 걸으며, 문둥이가 깨끗함을 받으며, 귀머거리가 들으며, 죽은 자가 살아나며, 가난한 자에게 복음이 전파된다 하라.[80]

이러한 언급은 요한의 금욕주의적인 세례운동과 예수운동을 확실하게 구분하는 선언이었으며, 동시에 고통 가운데 있는 사람들에게 희망의 빛이자 구원의 소식이었다.

한편 예수가 제자들과 함께 한 3대 사역은 모든 도시와 마을을 두루 다니시며 하나님 나라를 가르치시고, 하나님 나라가 가까이 왔다는 천국 복음을 전파하시며, 모든 병과 모든 약한 것을 고치시는 치유와 회복운동이었다.[81]

---

79 「세례 요한과 예수의 차이」, Chat GPT 3.5.
80 누가복음 7장 22-23절.
81 마태복음 4장 23절, 9장 35절.

예수가 갈릴리 지역을 예수활동의 첫 지역이자 근거지로 선택한 이유는 바로 갈릴리 지역의 특수성 때문이라 할 수 있다. 우선 갈릴리 지역은 예수의 고향이자 활동 근거지였기 때문이다. 또한 갈릴리는 '이방의 갈릴리'로 불릴 정도로 다른 나라와 접해 있어서, 다양한 문화와 종교가 공존하는 지역이었다. 때문에 예수의 가르침을 다양한 사람들에게 전파할 수 있었다. 더 나아가 이 촌락지방은 예루살렘과 로마제국의 지배권력이 직접 미치지 않았기 때문에 그 감시망에서 쉽게 벗어나 있었다. 따라서 예수는 비교적 자유롭게 활동할 수 있었던 것이다. 특히 갈릴리 지방은 호수 주변에 위치하고 넓은 곡창지대를 이루는 지역으로 어부들과 농부들의 중심지역이었으며, 예수는 그들에게 친근하게 다가갈 수 있었고, 인구밀도도 비교적 높은 지역이었다. 이를 기반으로 대부분 지역에 촌락회당이 세워져 있었다. 따라서 갈릴리 지방은 천국복음을 전파하는 데 가장 적합한 곳이었다.[82]

특히 이 지역은 앞서 극빈자들과 포로들을 비롯해서 매우 척박한 삶을 살아가는 사람들이 살고 있었다. 마태복음 4장 15-17절에는 다음과 같은 예언자 이사야의 예언과 함께 갈릴리 지역에 관해 언급하고 있다.

> 스불론과 납달리 땅, 요단 강 저편 해변 길과 이방 사람들의 갈릴리여! 어둠에 앉아 있는 백성이 큰 빛을 보았고, 그늘진 사망의 땅에 앉은 사람들에게 빛이 비췄었도다. 그때부터 예수께서는 비로소 '회개하라, 하늘나라가 가까이 왔다'라고 선포하기 시작했다.[83]

---

82 김행선, 『동서양 고전의 이해』, 397쪽; 「예수가 갈릴리 지방을 공식활동의 첫 지역이라 근거지로 삼은 이유」, 뤼튼 AI 검색; 「예수가 갈릴리 지방을 공식활동의 첫 지역이자 근거지로 삼은 이유」, Chat GPT 3.5.

83 스불론 땅과 납달리 땅은 이스라엘 12지파 중 두 지파의 이름으로 여호수아 이후 그들의 거주지였다. 스불론은 갈멜산과 갈릴리 바다 중간지대, 납달리는 남쪽으로는 스불론과 갈릴리 중간에 위치하고, 북쪽으로는 요단강 상류와 아셀의 중간에 위치하고 있다. 김행선, 『동서양 고전의 이해』, 397쪽 각주 167).

이처럼 갈릴리는 어둠에 앉아 있는 사람들, 그늘진 죽음의 땅에 파묻혀 살아갈 수밖에 없었던 사람들의 지역이었다. 갈릴리 지역은 앞서 언급했듯이 천대, 흑암, 가난, 멸시, 저주, 반역 등 세상의 불행한 말들의 의미가 담겨져 있다. 그리하여 예수는 당시 고통 가운데 있는 대중들을 연민의 마음을 가지고 바라보면서 그들의 '희망'이 되고자 했다.

예수는 갈릴리 지방에서 대중들에게 먼저 회개를 촉구하는 민족회개운동과 함께 삶의 희망과 빛, 즉 앞서 언급한 메시아 왕국의 대헌장 및 그 진리를 선포하기 시작했다. 예수는 복음을 전파하여 이르시되, "회개하라, 천국이 가까이 왔느니라"라고 하셨다.[84]

이는 사람들에게 죄를 깨닫고 뉘우쳐서 새로운 삶의 방식으로 변화할 것과 하나님 나라에 참여하도록 촉구한 것이다. 특히 그는 하나님 나라가 이 세상에 가까이 왔다고 함으로써 하나님의 권위와 주권이 흑암과 사망에 앉아 있는 사람들에게 생명의 빛으로 나타났다고 선포했다. 그 생명의 큰 빛은 바로 예수 자신이었다. 즉 하나님 나라는 이 땅에 빛으로 오신 예수를 통해 우리의 삶과 역사를 변화시키려는 하나님의 계획을 나타내신 것이다. 이는 새로운 삶의 시작과 희망을 알리는 중요한 메시지였다.

그리고 예수는 자신의 고향이자 갈릴리 지방의 한 촌읍이었던 나사렛으로 가서 늘 하던 대로 안식일에 회당에 들어가 이사야의 글을 받아서 61장에 기록된 아래와 같은 구절을 찾아 읽었다.

주의 성령이 내게 임하였으니, 주께서 나를 보내셔서 가난한 자에게 복음을 전하고, 상한 마음을 싸매어 주고, 포로된 사람들에게 자유를 선포하고, 눈먼 사람들을 다시 보게 하고, 갇혀 있는 사람에게 석방

---

84 마태복음 4장 12-17절.

을 선언하고, 억눌린 사람들을 자유롭게 하고, 주의 은혜의 해를 전파하게 하려 하셨다. 모든 슬퍼하는 사람들을 위로하게 하셨다.[85]

예수는 『구약성경』의 예언서를 매우 즐겨 인용하면서, 예언자적인 역사인식과 종교관을 통해서 당시 사회를 비판하고 새로운 메시아 왕국을 건설하기 위한 목적을 분명히 선포했다. 그것은 바로 가난한 자에게 기쁜 소식을 전하고, 슬픔으로 상처 난 마음을 싸매어 주고, 포로로 잡혀 있거나, 억눌려 있는 사람들, 그리고 감옥에 갇혀 있는 양심수들에게 자유와 해방을 선언하고, 눈먼 사람들을 다시 보게 하는 것이었다. 이는 바로 모세율법의 희년정신을 그대로 실천에 옮기는 것이었다. 따라서 이러한 예수의 가르침을 들은 사람들은 모두 놀라곤 했다.

사람들은 예수의 가르침을 새로운 것으로 체험했다. 그는 하나님에 관해 아주 새로운 방식으로, 신선하게 그리고 생동감이 넘치게, 치유와 해방하는 방식으로 말씀하신다. 또한 그는 권위 있게 말씀하신다. 그는 바리새파 사람들처럼 율법을 해석하시는 것이 아니라, 청중들이 당신 말씀 안에서 하나님의 힘을 느끼도록 하신다. 그의 가르침은 인간을 해방시켜 자기 자신이 되게 한다.[86]

그리고 예수는 아래와 같이 대중들의 고단한 삶을 위로해 주었다.

> 수고하고 무거운 짐을 진 자들아! 다 내게로 오라. 내가 너희를 쉬게 하리라. 나는 마음이 온유하고, 겸손하니 나의 멍에를 메고, 나에게서 배우라. 그리하면 너희들의 마음이 쉼을 얻을 것이다. 이는 나의 멍에는 편하고, 나의 짐은 가볍기 때문이다.[87]

---

85 누가복음 4장 18절-19절.
86 안셀름 그륀 저, 김선태 역, 『예수, 자유의 길』, 50쪽.
87 마태복음 11장 28-30절.

이 구절은 마치 노자의 무위자연의 철학을 체화시킨 성인의 품격을 보는 것 같다. 무거운 짐이란 삶의 어려움, 죄의 짐, 율법의 짐, 육체적·정신적 어려움 등을 상징적으로 나타낸다. 이 구절은 현실적으로 이러한 고난과 어려움 속에서 피로하고 지친 모든 사람들에게 주는 희망의 메시지였다. 예수는 이런 모든 지친 자들에게 자신에게로 오라고 초대한다. 이는 예수가 모든 사람에게 열려 있으며, 그의 사랑과 은혜가 모든 이에게 주어질 수 있다는 의미이다. 그리하여 예수는 자신을 따르는 사람들에게 진정한 안식과 위로, 그리고 평안을 약속한다.[88]

또한 예수는 우리에게 그의 성품과 태도를 본받아서 온유하고 겸손한 삶을 살도록 권고하고 있다. 그리스도인의 최종목표는 예수를 닮아가고 예수처럼 되는 것임을 말한 것이다.

그리고 이스라엘 민족의 명절인 초막절의 마지막 날에 예수는 많은 사람들을 향해 이렇게 외쳤다. "목마른 자는 다 내게로 와서 마시라. 나를 믿는 사람은 성경에 이른 것과 같이 그의 배에서 생수가 강처럼 흘러나올 것이다."(요한복음 7장 37-38절)

특히 예수는 당시 가난한 대중들에게 '빵'의 문제를 제시하며 하나님 나라에 관한 복음을 전하면서 다음과 같이 선포하고 있다.

하나님의 빵은 하늘로부터 내려오는 것이다. 그것은 세상에 생명을 준다. 나는 생명의 빵이다. 내게로 오는 이는 결코 주리지도 않고, 나를 믿는 사람은 다시는 목마르지 않을 것이다...나는 하늘로부터 내려 온 살아있는 빵이다. 이 빵을 먹는 사람은 영원히 살 것이다. 내가 줄 빵은

---

88 김형선, 『동서양 고전의 이해』, 398쪽; 「수고하고 무거운 짐을 진 자들아 다 내게로 오라 내가 너희를 쉬게 하리라의 뜻」, Chat GPT 3.5.

나의 살이다. 그것은 세상에 생명을 준다.[89]

굳이 예수가 하나님 나라의 복음을 대중들에게 가르칠 때 '빵'이라는 단어를 사용한 이유는 바로 당시 대중들의 생활이 '빵'에 굶주리고 있었기 때문임을 추측할 수 있다. 이 구절은 예수의 신성과 영적인 존재를 비유적으로 표현한 것이다. 예수는 빵이 우리의 육체를 살려 주는 것처럼, 그의 존재가 우리의 영혼을 살게 하고, 영원한 삶을 주신다는 것을 가르친 것이다. 따라서 살아 있는 빵인 예수를 먹는 사람은 예수를 믿고 따름으로써 영적으로 만족하고, 영원한 생명을 얻을 수 있다는 것을 의미한다. 빵을 먹는다는 것은 예수와 영적으로 결합하고, 예수의 말씀을 듣고 따르며, 예수와의 교감을 통해 예수의 생명이 내 안에서 움직여 변화되는 영적인 삶과 영원한 생명을 얻게 될 것이라는 말이다.[90]

이는 성찬의식에서 특히 중요한 의미를 지닌다. 성찬의식은 예수의 몸과 피를 상징하는 떡과 포도주를 나눔으로써 예수의 십자가에 의한 구원의 은혜를 기억하고, 내가 그리스도와 함께 십자가에 못 박혀, 오직 내 안에 그리스도가 사는 연합된 삶을 경험하는 것이다. 또한 이는 예수의 죽음과 부활을 선포하는 의식이다.[91]

한편 예수는 모든 도시와 마을을 두루다니며, 무리를 보고 불쌍히 여기며 말하기를, "그들이 목자 없는 양과 같이 고생하며 기진함이라"(마태복음 9장 36절)라고 했다. 그리고 그는 제자들에게 이르기를, "추수할 것은 많은데 일꾼이 적으니 그러므로 추수하는 주인에게 청하여 추수할 일꾼들을

---

89 요한복음 6장 33–51절.
90 「나는 살아 있는 빵이다. 이를 먹는 사람은 영원히 살 것이라는 예수의 말씀의 의미」, Chat GPT 3.5; 「예수가 살아 있는 빵이라는 말씀의 의미」, Chat GPT 3.5.
91 「성찬의식의 의미」, Chat GPT 3.5; 갈라디아서 2장 20절.

보내주소서 하라"(마태복음 9장 37-38절)라고 했다.

이 구절은 예수의 사명과 제자들에 대한 지시, 그리고 인류의 영적 상태에 대해 언급한 것이다. 예수가 바라본 세상 사람들은 목자 없는 양과 같이 방황하다가 지쳐서 고통스럽게 살아가는 사람들이었다. 추수는 영적인 수확, 곧 사람들의 영혼을 구원하는 일을 의미한다. 이에 예수는 목자의 심정을 가지고 영혼을 구원하는 참된 일꾼의 필요성을 강조한 것이다. 이는 기독교인들이 복음을 전파하고, 사람들을 제자로 삼아 하나님 나라를 세우기 위해 더 많은 노력과 헌신이 필요하다는 뜻을 담고 있다.[92]

이러한 예수의 포성은 많은 사람들의 마음을 찢기도 했으며, 더욱 완악하게도 하여, 어떤 사람은 "이 사람이 바로 그 선지자라 하며, 혹은 그리스도다"라고 말하는가 하면, 또 어떤 이는 "그리스도가 어찌 갈릴리에서 나올 수 있겠는가?"라고 회의를 품기도 했다. 더 나아가 유대인들은 말하기를, "이는 요셉의 아들 예수가 아니냐. 그 부모를 우리가 아는데 자기가 지금 어찌하여 하늘에서 내려왔다 하느냐"라고 수근거렸다. 더 나아가 예수의 제자 중에서도 "이 말씀은 어렵도다. 누가 들을 수 있느냐"라고 하면서, 이때부터 많은 사람이 예수를 떠나가고 다시 예수와 함께 다니지 않았다. 그리하여 예수의 가르침으로 인해 사람들은 분열하게 되었다. 이 무리 가운데 예루살렘 성전에서 몰래 파견된 경비병들도 있었으나, 그들은 감히 예수에게 손을 대지 못했다. 그 이유는 그 가르치는 것이 권세 있는 자와 같고, 기존의 종교지도자들의 가르침과는 판이하게 달랐기 때문이었다. 즉 예수는 사람의 외모를 보지 않고, 그 중심을 보시며, 진리와 진실을 척도로 '여호와의 도'를 가르쳤기 때문이었다.[93]

---

92 「추수할 것은 많은데 일꾼이 적으니 추수할 일꾼들을 보내주소서의 뜻」, Chat GPT 3.5.
93 요한복음 6장 41-66절; 요한복음 7장 40-45절; 김행선, 『동서양 고전의 이해』, 399쪽.

요컨대 예수의 복음선포는 패배로부터 승리를, 약함으로부터 강함을, 죽음으로부터 생명을, 버려짐에서 구원을 보여주는 궁극적인 힘이었다.[94] 특히 대중들은 배고픈 그들에게 '생명의 빵'을 준다고 선언한 예수를 바로 구약에서 '오리라'고 예언한 '메시아'라고 인식했다. 그리하여 이스라엘 민족의 지도자들이나 바리새파인들을 제외한 나머지 사람들 중에는 점차 예수의 인품과 그 진리의 선포에 감동되어 예수운동에 참여하게 되었다. 그리고 이러한 대중적 힘을 기반으로 하나님 나라 건설운동은 놀라운 속도로 파급되어 갔다.

(2) 치유기적운동: 구하라, 그러면 주실 것이다

가. 치유기적행위의 성격

복음서에는 병자치유에 관한 기사가 모두 29번 기록되어 있다. 이는 당시의 병자들이 가장 고통받는 사람들이었기 때문이다. 그리하여 예수가 선포한 하나님 나라에서는 병자들이 환대받고, 치유받는 구원의 원초적인 역사가 나타났다. 예수는 그가 만난 모든 병자들을 왕의 신하에서부터 종, 그리고 이방인에게까지 그 신분이나 계급 및 민족적 차별을 두지 않고 치유해 주었다.[95]

치유행위는 예수가 육체적 세계에도 영향을 주는 왕임을 드러내는 일이었으며, 예수의 권위를 명백히 드러내고 증거하는 일이었다. 즉 그가 병에 대해 실질적인 능력과 권위를 지니고 있음을 나타내는 것이었다.[96]

---

94 Timothy Keller, op.cit, p. 251.
95 허호익, 『예수는 달랐다』, 68-72쪽.
96 Timothy Keller, op.cit, pp.23-24.

예수는 하나님 나라에 대한 대중계몽운동을 중심으로 당시 세태를 비판하고, 민족적 또는 개인적 회개를 촉구하며 자신이 바로 하나님이 보낸 '메시아'이자, 더 나아가 '하나님의 아들'임을 알리기 위해서 '치유기적운동'을 전개했다.

예수는 불치병자, 맹인, 마비된 사람들 등의 모든 병든 사람들을 치유함으로써 그들의 신체적 고통에 대한 사랑과 깊은 관심을 보여주었다. 그럼으로써 많은 사람들은 예수의 치유기적을 통해 믿음을 회복하거나 새로운 믿음을 얻게 되었다. 이는 예수의 능력과 하나님의 영광을 인정하는 과정이었다. 더 나아가 예수의 치유기적행위는 그의 복음전파와 하나님 나라에 대한 도구로 사용되었고, 예수의 신성성과 하나님의 권위를 증명하는 것이었다. 특히 이는 하나님 나라가 이 땅에 예수와 함께 왔다는 표징이었다.[97]

기적은 은혜를 베푸는 의미에서 기쁨을 낳는다. 억압세력을 물리칠 수 있다는 사실 때문에 동시에 희망을 낳는다. 그런 뜻에서 기적은 하나님 나라를 가리키고 나타내는 표징이다. 기적을 부인하는 일은 하나님이 가까이 있다는 사실을 부인하는 것과 같다. 이 때문에 예수는 기적에 큰 비중을 두었던 것이다.[98]

예수가 행한 기적은 다른 사람, 특히 가난한 대다수 사람들이 당하는 고통 앞에서 느끼는 아픈 마음을 드러내고, 그 마음에서 비롯되는 강력한 표징이다. 그는 구원을 믿는 신앙에 유효한 방향을 보여주었다. 그는 인류가 겪는 질병, 굶주림, 무지, 노예, 온갖 종류의 비인간적 상황 등 비참함을 줄이고 없애는 일을 그의 왕국에서 이룩할 중요한 임무라고 생각했

97 「예수의 치유기적행위의 의미」, Chat GPT 3.5.
98 혼 소브리노 저, 김근수 역, 『해방자 예수』, 메디치미디어, 2015, 186쪽.

던 것이다.[99]

따라서 기적 이야기 속에는 한편으로는 대중들이 겪고 있는 절망적인 상황과 다른 한편으로는 그러한 절망적인 상황에서도 고난을 헤치고 나가려는 대중들의 희망이 공존한다.[100] 이는 하나님 나라의 임재인 동시에 민중해방의 사건이다.[101]

이같은 기적행위는 예수가 대중들을 사랑하는 실천행위이기도 했다. 특히 질병은 인간의 고통을 수반하게 되고, 죽음과 직면하게 한다. 따라서 모든 질병은 반드시 하나님 나라를 건설하기 위해 필연적으로 청산되어야 하는 '사탄의 영역'이기도 했다. 마태복음 8장 17절에서는 이사야가 예언한 기록을 예수의 치유행위와 연결시켜서 다음과 같이 기술하고 있다.

우리의 연약한 것을 친히 담당하시고 병을 짊어지셨도다.

예수는 죄 사함을 주시기 위해 오셨으나 그것만으로는 예수가 누구인지를 알지 못하기 때문에 우리의 연약함과 질병을 짊어지시고, 병을 고쳐주심으로 알리고자 하셨던 것이다.

그런데 우리는 예수의 '기적행위'를 종교적인 차원에서 뿐만 아니라, 역사적이고 사회적인 차원에서 바라볼 필요가 있다. 예수가 태어나기 전 1세기 동안 가뭄과 천재지변 및 기근, 전염병 등으로 많은 수의 농민들은 토지를 잃고, 소작농이나 떠돌아다니는 유민층으로 전락했다. 그리하여 예수가 활동하던 시대에도 경제적 몰락층이나 많은 질병을 가진 사람들이 있었다. 나병환자들, 정신병자들, 불구자, 창녀, 베데스다 연못가에서 기

---

99 위의 책, 190쪽.
100 김명수, 『역사적 예수의 생애』, 195쪽.
101 김용옥, 『도올의 마가복음 강해』, 301쪽.

적을 바라며 기다리던 병자들 등 정치적·사회적·종교적 관심 밖으로 밀려난 사람들이 많이 있었다.

따라서 이들의 질병상태가 이미 불평등사태이다. 그런데 전통사회의 모랄은 그것을 모두 죄의 탓으로 돌렸다. 그러나 예수에게는 그러한 죄의 개념은 부재한 것이다. 그것은 불평등사태일 뿐이고, 그 불평등상태는 제거의 대상이 되어야 한다. 그리고 그 제거는 바로 하나님 나라의 도래를 실증하는 사태였다.[102]

예수는 이들의 처참한 모습을 보시고 연민의 정을 느꼈다. 그리하여 예수의 기적행위는 바로 사회로부터 소외된 사람들에게 '구원의 빛'을 주는 사회운동으로 전개된 것이었다. 따라서 우리가 주목해야 할 점은 예수가 일으킨 기적행위는 '사회정의'의 성격이 결여된 '마술'과는 전혀 다른 차원이라는 점이다. 또 한편 예수의 기적행위를 지나치게 신비화시켜서도 안 된다. 흔히 우리는 '기적의 역사'를 초자연적이며, 초인간적인 현상에 초점을 맞추고 있다. 그러나 예수의 기적행위는 지극히 평범한 인간이 누려야 할 기본적인 삶을 회복시키는 실천행동이었다. 기적을 바라지 않고서는 도저히 살아갈 희망조차 잃어버린 사람들의 염원이 예수의 '기적행위' 속에 내포되어 있었던 것이다.

특히 당시 유다사회의 대중들은 로마의 식민통치와 유다사회 지배층에 의한 이중적 억압구조 아래 처절한 삶을 살아가야 했다. 그리하여 대중들은 로마 식민통치의 절정기에서 출애굽 사건과 같은 '제2의 기적의 역사'를 갈망하고 있었고, 예수는 이들의 갈증을 치유기적행위를 통해서 어느 정도 풀어주고 있었다.

예수의 입장에서 보았을 때, 병 때문에 인간의 자격을 잃고 쓸모없는

---

102 위의 책, 186쪽.

여생을 보낼 사람들을 외면하면서, 어떻게 하나님 나라를 선포하고, 하나님의 사랑을 호소할 수 있겠는가? 그들을 사랑한다는 것은 곧 그들을 치료해 주는 일이었다. 예수가 환자들을 대하는 태도는 언제나 극진했고, 정성스러웠으며, 모든 환자를 차별없이 보살펴 주었다.[103]

나. 치유기적행위의 내용

가나 혼인잔치는 예수가 물로 포도주를 만든 첫 번째 기적사건을 보여준다. 예수가 제공한 많고도 질 좋은 포도주는 풍부하고 고양된 삶, 예수가 이 땅에 가져온 흘러넘치는 충만한 삶을 뜻한다. 이 이야기는 예수의 공개적인 사역이 시작되는 첫 번째 기적 중 하나이다. 이는 예수의 신앙적 권위와 그의 신성성을 나타내는 중요한 사건이다. 그리고 이는 그의 능력이 인간의 이해를 초월하고, 그의 권위가 모든 것을 변화시킬 수 있다는 것을 나타낸다. 그리하여 이 기적 이야기는 예수의 복음전파와 구원의 역사 및 하나님의 은혜를 상징하는 것으로, 예수가 참 구원자이며, 그와 함께 하나님 나라가 도래했다는 것을 선포한 것이었다.[104]

복음서에서는 예수가 각 지역을 두루 다니면서 대중들을 계몽하는 운동, 즉 하나님 나라의 복음을 전파하는 운동과 함께 배고픈 이들에게 먹을 것을 주고, 말 못하는 사람이 말하고, 수십 년간 고통받아 온 앉은뱅이나 중풍병자를 일으키고, 눈먼 소경을 보게 하고, 12년이나 앓고 있던 혈루증 여인을 치료하고, 귀신 들린 자들을 낫게 했다고 기록하고 있다. 그러자 무리가 보고 놀랍게 여겼으며, 예수의 명성이 사람들에게 더욱 널리 알려지게 되었다. 이에 사람들이 구름떼처럼 몰려와서 그는 쉬고, 음식

---

103 김형석, 『예수-성경 행간에 숨어 있던 그를 만나다』, 30쪽, 34-35쪽.
104 「가나 혼인잔치가 지닌 뜻」, Chat GPT 3.5.

먹을 겨를조차 없었다. 그가 어쩌다 집에 들어갈 경우 다시 무리들이 몰려와 나가곤 하니, 그의 친척들이 그를 미쳤다고 할 정도였다.[105]

12년 동안 혈루병에 걸린 여인은 부정한 여인으로 낙인찍혀 사회로부터 완전히 배제되고, 소외된 삶을 살았다. 그녀는 그동안 병을 고치기 위해 많은 의사를 찾았으나 많은 괴로움을 받았고, 가진 재산도 모두 탕진했다. 그러나 아무 효험이 없고 도리어 병이 더 악화되었다. 그리하여 그녀는 극심한 고통 가운데 살다가 예수에 대한 소문을 듣고, 예수의 옷자락이라도 만지면 나을 수 있다는 절박한 믿음만을 가지고 거리로 뛰어나와 예수의 옷자락을 만지게 되었고, 예수의 능력으로 고침을 받게 되었다. 그녀의 믿음이 치유하는 힘이 되었던 것이다.[106]

그래서 이때까지 모든 것을 스스로 얻으려 했고, 스스로 완성하려 했던 자세에서 벗어나 이제는 예수를 신뢰하고, 예수께로 나아온 그녀는 육신만이 아니라, 있는 그대로의 온전한 모습으로, 자신의 삶 전체와 여성의 존재 전체로 받아들여졌음을 느꼈다. 이것이 그녀를 치유하고, 그녀를 다시 일어서게 했던 것이다.[107] 이 기적 역시 예수의 신성성과 하나님의 능력을 증명하는 것이자 하나님 나라가 예수와 함께 이미 왔다는 것을 입증하는 것이었다.

베데스다 연못 사건의 기적은 예수가 그 곳에 38년 된 병자를 고쳐 주시려 예루살렘에 올라가신 사건을 보여주고 있다. '베데스다'란 히브리어로 '은혜의 집', '자비의 집'이란 뜻이지만, 실제로는 반대였다. 베데스다 연못 주변에는 많은 병자, 맹인, 다리 저는 사람, 혈기 마른 사람들 등 병든 사람들이 모여 들었다. 그들은 연못의 물이 동할 때, 첫 번째로 연못에

105 마태복음 9장 35절; 마태복음 15장 29~31절; 김행선, 『동서양 고전의 이해』, 401쪽.
106 마가복음 5장 25~34절; 누가복음 8장 43~48절.
107 안셀름 그륀 저, 김선태 역, 『예수, 자유의 길』, 104~105쪽.

들어가서 치유를 받으려고 했다. 그래야만 치유를 받을 수 있다고 믿었기 때문이다. 이런 상황에서 병든 사람들은 연못의 물이 동하는 때에 치유되는 희망을 갖고 모두 치유받기 위해 누가 먼저 물에 들어갈지를 두고, 서로 경쟁하고, 격렬하게 싸웠다. 그리하여 베데스다 연못은 무한경쟁의 생지옥이 되어 버렸다. 예수는 연못가에 머물면서 이들을 살피셨다. 거기 38년 된 병자가 있었다. 예수는 그 누운 것을 보시고, 병이 벌써 오래된 줄 아셨다. 그리하여 이르시기를, "네가 낫고자 하느냐"라고 물으신다. 그러면서 "일어나 네 자리를 들고 걸어가라"라고 명령하신다. 이에 그 사람이 곧 나아서 자리를 들고 걸어갔다. 그런데 38년 된 병자는 이런 은혜를 받을 만한 믿음은 없었다. 오히려 자신의 병이 낫지 않은 원인을 남에게 돌리며, 원망하고 있었다. 그럼에도 불구하고 이 병자는 38년 간이나 변함없이 은혜의 집을 지키며, 소망 가운데서 하나님의 은혜를 기다려왔다. 이러한 인내와 소망으로 예수를 만나게 되고, 하나님의 은혜를 경험하게 된 것이다. 이것이 바로 하나님의 은혜와 능력이 발현된 힘이었으며, 어려움과 고통 가운데 있는 사람들에 대한 예수의 사랑과 관심을 나타내는 것이었다.[108]

특히 당시 유대인들 사이에서는 질병이나 장애를 겪는 사람들은 죄 때문에 병이 생긴 것이고, 병자는 죄인이라고 생각하고 있었다. 이는 유대인들의 종교적 사고방식이나 문화적 전통에 근거한 것이다. 그러나 예수의 생각은 이와는 달랐다. 요한복음 9장 1-7절에서 예수의 제자들이 날 때부터 맹인된 사람을 보고 예수께 묻기를, "이 사람이 맹인으로 난 것이 자기의 죄 때문인가 부모의 죄 때문인가"라고 물었다. 이에 대해 예수는

---

108 요한복음 5장 1-9절; 「베데스다 연못에서 치유를 기다리며 경쟁하는 병자들의 모습」, Chat GPT 3.5; 「예수가 병자를 고쳐준 베데스다 연못의 뜻」, Chat GPT 3.5; 최태수 목사, 「최고의 축복, 은혜」, 영등포중앙교회 주일설교, 2024.2.25.

부모의 죄나 그 자신의 죄 때문에 맹인이 된 것은 아니라고 말씀하신다.

예수는 맹인의 장애와 죄의 관련성을 전면적으로 부정한 것은 아니지만, 맹인의 고통을 죄악의 징표로 간주하지도 않았다. 그는 모든 병이 특정 개인의 죄 때문에 발생하는 것이 아니라, 어떤 사람들이 시험을 받거나 어려움을 겪는 일은 때로는 하나님이 하시는 일과 하나님의 영광을 나타내기 위한 것이라고 밝히셨다. 예수는 맹인의 신앙과 희망을 인정하고, 그 회복과 새로운 삶의 기회를 주셨다. 이는 용서와 사랑에 근거한 회복의 중요성을 강조하며, 죄의 문제에 대한 종교적 오해 및 편견을 깨뜨리고자 한 것이다. 또한 이는 영적으로 맹인인 우리 모두에게 육체적인 치유 뿐만 아니라, 영적인 구원을 제공하려는 하나님의 사랑과 능력을 보여주시는 것이다. 우리는 어려운 상황에서도 하나님의 영광을 찾고, 믿음을 키우며, 다른 사람들에게 하나님의 사랑과 권능을 전파해야 한다는 것이다. 이러한 예수의 말씀과 행동은 우리가 인간의 고통과 죄의 문제를 어떻게 이해하고 대처해 나가야 하는지를 보여주는 상징적인 예로서, 우리에게 믿음의 도전과 용기를 주며, 하나님의 계획과 은혜를 신뢰하는 깊은 이해를 제공한다.[109]

그러나 또 한편으로 예수는 인간의 육체적 병보다 더 본질적인 문제는 죄의 문제라고 보셨다. 예수는 가버나움에 들어가시어 한 중풍병자를 치유하면서 '네 죄 사함을 받았노라'고 하시면서, 병자들의 육신 뿐 아니라 마음까지도 치유해 주셨다. 중풍은 당시에는 치료가 어려운, 심각한 질병으로 여겨졌다. 그러한 중풍병자의 치유는 그 자신의 믿음과 더불어 그의 친구들과 가족들의 신앙을 보여준다. 그들은 예수에게서 희망을 발견

---

109 「날 때부터 맹인된 자의 병의 원인이 죄 때문이 아니라 하나님의 영광을 드러내는 것이라는 예수의 말씀이 지닌 뜻」, Chat GPT 3.5; 「날 때부터 보지 못한 맹인에 대한 죄의 문제」, Chat GPT 3.5.

했고, 중풍병자를 어려운 조건을 극복하고 예수의 발 앞에 내려놓았으며, 그가 치유될 것을 굳게 믿었다. 예수는 그들의 믿음을 칭찬하고, 그의 죄를 용서하고 치유해 주었다. 사실 예수는 중풍병자가 알지 못하는 문제까지 알고 있었다. 그는 그의 신체적 질병보다 더 큰 문제를 지니고 있었던 것이다. 예수는 그에게 말씀하신다. "나는 너의 문제를 이해한다. 나는 너의 고통을 보았다. 인생에 있어서 진짜 중요한 문제는 육체적 질병으로부터 오는 고통이 아니다. 그것은 죄의 문제다." 때문에 예수는 죄 사함의 선포를 먼저 하신 것이다.[110]

예수가 죄 사함의 선포를 먼저 하신 이유는 중풍병자의 문제를 영적인 문제로 보았기 때문이다. 인간이 갖고 있는 본질적인 문제는 죄의 문제이며, 죄야말로 진정한 죽음이기 때문이다. 죄는 영적인 병이며, 그것은 치유받지 못하면 죽음으로 이어질 수 있다. 따라서 예수의 죄 사함의 선포는 사람들에 대한 그의 사랑과 관심을 드러내고, 사람들이 영원한 삶을 살 수 있도록 회복하고자 한 것이다. 그리고 이같은 행위는 많은 사람들에게 예수의 은혜와 능력을 경험하게 함으로써 새로운 삶을 시작할 수 있다는 희망과 확신을 심어주고, 예수에게서 구원의 역사하심을 보게 하였다.[111]

그러나 당시 종교지도자들은 죄를 사하는 행위는 오직 하나님만이 하실 수 있다고 주장하면서, 죄 사함을 통해 치료하시는 예수의 치유기적행위를 하나님을 모독하는 신성모독이요 불경죄로 여겼다.[112]

한편 예수는 세상의 더럽고 악한 영의 세력으로부터 인간을 벗어나게 하시고, 참된 자기 자신으로 회복시키시는 치유행위도 하셨다. 예를 들어

---

110 마가복음 2장 1-12절; Timothy Keller, op.cit, p.30; 「마비된 중풍병자의 모습이 주는 의미」, Chat GPT 3.5.
111 「예수가 병을 치유하면서 죄 사함의 선포를 먼저 하신 이유」, Chat GPT 3.5.
112 마가복음 2장 6-7절; Timothy Keller, op.cit, p.35.

거라사인(가다라) 지방에 더러운 귀신 들린 사람이 무덤 사이에서 사슬에 묶여 평생 곤고하게 살아가고 있었다. 그는 돌로 자신의 몸을 해치고 있었다. 마을 사람들이 그를 소외시키고 격리시켜 무덤 사이에 살도록 압박했기에 귀신 들린 사람의 영혼은 6천 명 정도의 군대(레기온)귀신이 들린 상태로 악화되었다. 예수는 귀신 들린 사람에게 명령하여 돼지떼로 들어가라고 허락하셨고, 귀신들은 돼지떼 안으로 들어갔다. 그리고 돼지떼는 절벽으로 내려가서 바다에 빠져 몰살되었다.[113]

예수는 귀신 들린 사람을 치유함으로써 그의 신적 권능과 권위를 나타냈으며, 구원의 역사를 이루었다. 귀신 들린 사람은 심각한 영적 고통과 육체적 고통을 함께 겪고 있었고, 예수는 말씀의 능력으로 그를 자유롭게 하고, 영적으로나 육체적으로 회복시켜 주었다. 그의 치유는 인간의 영적 상태와 마음의 병을 해결하는 데 중점을 두었다. 이를 통해 예수는 사람들의 신앙을 강화시키고, 하나님 나라가 임했음을 선포했다.[114]

그러나 가다라 사람들은 돈벌이가 되는 돼지떼를 기르는 일에 온통 신경을 써서 귀신 들린 사람이나 예수, 그리고 하나님 나라에는 전혀 관심이 없었다. 이때 그들은 귀신 들린 사람이 치유된 것과 돼지들이 몰사한 것을 전해 들었다. 가다라 사람들은 한 영혼이 치유된 것보다 돼지떼가 몰사하여 경제적 손실이 큰 것에 더 마음을 쏟았다. 그들은 자신들의 소유물들이 더러운 귀신에 들려 모두 빠져죽은 것만을 목격한다. 그리하여 이들은 예수의 능력을 보고서도 떠나라고 했던 것이다. 그들은 구원자 예수를 필요로 하지 않았다. 오히려 예수가 자신들의 재산과 관습을 무너뜨리고, 자신들의 삶을 혼란스럽게 만든다고 생각했던 것이다. 따라서 정말

---

113 마가복음 5장 1-20절; 누가복음 8장 26-39절.
114 「예수가 이 땅에 오신 목적과 귀신 들린 사람을 치유하신 의미」, Chat GPT 3.5.

미친 사람은 귀신 들린 사람이 아니라, 구원자 예수를 외면하고, 물질을 숭배하며 돈의 노예로 살아가는 사람들이었다.[115]

특히 레기온이 무엇인가? 육천 명에서 만 명에 이르는 로마군단의 한 명칭이다. 레기온으로 유명한 로마군단은 지중해 연안에서 악명 높은 살인 기계들이었다. 레기온은 로마제국의 군사적 지배력과 정복활동에 중요한 역할을 했다. 로마의 레기온은 로마 시민들만으로 구성된 중무장 보병이었다. 로마의 시민이라는 자긍심과 엄격한 군율, 그리고 발달된 무기체제는 로마군을 일약 지중해 최강의 군대로 성장시켰다.[116]

레기온은 이스라엘을 억압하는 지배자들인 로마인을 상징하는 개념이다. 로마인의 지배권력을 상징하는 레기온이 유대인에게 가장 불결한 것으로 치부되는 돼지떼에 들어가서 바다 속으로 빠져 몰살당한다. 아마 이 대목에서 예수의 제자와 사람들은 구약의 출애굽 사건을 상기했을 것이다. 출애굽기 15장은 애굽을 탈출한 히브리 사람들을 뒤쫓던 바로의 군대가 홍해에서 모두 익사하고 만다는 기사를 전하고 있다. 로마의 레기온도 물로 심판을 받은 바로의 군대처럼 심판받을 것이라는 유대 백성들의 염원이 이 이야기에 담겨 있는 것이다. 이처럼 당시의 역사적·사회적 배경에서 이 귀신 축출 이야기를 본다면 로마의 군국주의를 조롱하고, 풍자하는 이야기로 읽을 수 있다.[117]

또한 이 이야기는 무덤 속에서 자기분열로 고통을 당하는 사람은 곧 피식민지 대중들을 나타내는 데, 피식민지 대중이 로마군대를 추방함으로써 자기 자신을 되찾게 된다는 희망을 담고 있다. 피식민지 대중의 이러

---

115 마가복음 5장 1-20절; 누가복음 8장 26-39절; 안셀름 그륀 저, 김선태 역, 『예수, 자유의 길』, 99쪽.
116 정승우, 『예수, 역사인가 신화인가』, 책세상, 2005, 86쪽; 「로마군단 레기온의 의미」, Chat GPT 3.5.
117 정승우, 위의 책, 143쪽; 김명수, 『역사적 예수의 생애』, 199쪽.

한 운명의 전환은 바로 예수와의 만남을 통해 이루어진다. 이 장면에서도 로마 식민지하에서 고통을 당하는 유대인들의 로마에 대한 감정과 희구를 여과없이 표현하고 있다. 따라서 예수께서 귀신을 축출한 것은 개인적 차원에서의 치유 이상의 의미를 지닌다. 그것은 식민지 지배권력에 저항하는 사회적 혁명을 상징한다.[118]

요컨대 예수의 귀신 축출이나 병자치유사건은 하나님 나라의 임재인 동시에, 민중해방의 사건인 것이다. 이 민중해방의 집단적 성격이 예수운동의 본질이고, 그것은 역사적, 정치적, 사회적 의미로부터 유리될 수 없다.[119]

한편 기적은 예수 자체이며, 고통 속에 있는 사람들이 예수에 대한 믿음을 가지고 있을 때 일어나는 행위다. 기적은 믿음을 전제로 일어난다. 믿음을 통해 인간은 변화하고 능력을 받는다. 그래서 예수는 "네 믿음이 너를 구원하였다"(마태복음 9장 22절)라고 말했던 것이다. 믿음의 힘은 선과 진리에서 오는 힘이다. 믿음은 하나님이 주는 힘이요, 선물이다.[120]

예수는 대중들이 그들의 절망적인 현실에 주저앉지 않고, 보다 적극적인 자세로 미래의 기적을 만들어가기를 원했다. 예수는 그의 치유기적운동에 있어서 믿음과 확신을 중요하게 여겼다. 그가 제자들에게 병고치는 능력을 주었음에도 불구하고 제자들이 이를 잘 수행하지 못하고, 그 이유를 스승에게 묻자 예수는 답하기를, "만일 믿음이 겨자씨 한 알 만큼만 있어도 이 산을 명하여 여기서 저기로 옮겨지라 하면 옮겨질 것이요, 또 너희가 못할 것이 없으리라"라고 했으며(마태복음 17장 20절), "믿는 자에게는 능치 못할 일이 없다"(마가복음 9장 23절)라고 했다. 믿음을 갖는다는 것은 곧 절망 끝에서 실오라기 같은 희망이라도 품는 자세를 말한다. 그리하여 예수는 삶의 어

118 김명수, 위의 책, 199쪽.
119 김용옥, 『도올의 마가복음 강해』, 301쪽.
120 혼 소브리노 저, 김근수 역, 『해방자 예수』, 192쪽.

둠과 절망의 그늘에 앉아 있는 사람들에게 아래와 같이 언급하고 있다.

> 구하라! 그러면 주실 것이요, 찾으라! 그러면 찾을 것이요, 문을 두
> 드리라! 그러면 너희에게 열릴 것이다. 구하는 이마다 얻을 것이요, 찾
> 는 이가 찾을 것이요, 두드리는 이에게 열릴 것이다. 너희 중에 누가 아
> 들이 떡을 달라 하면 돌을 주고, 생선을 달라하는데 뱀을 줄 사람이 있
> 겠는가? 너희가 악한 자라도 좋은 것으로 자식에게 줄줄 알거든 하물
> 며 하늘에 계신 너희 아버지께서 구하는 자에게 좋은 것으로 주시지
> 않겠느냐?[121]

여기서 구하는 이마다 얻을 것이요, 찾는 이가 찾을 것이요, 두드리는
이에게 열릴 것이라는 말씀은 우리에게 기도와 믿음의 중요성을 강조하
며, 하나님의 섭리와 인자함을 나타내고 있다. 그러나 이는 하나님께 구
하는 모든 것이 다 이루어진다는 뜻이 아니다. 오직 말씀과 기도를 통해
하나님의 뜻을 간절히 찾고, 믿음으로 그분을 찾아가며, 우리의 문제와
어려움을 그분에게 열어 보이면, 하나님은 우리에게 대답하시고, 돌봐주
신다는 것이다. 나의 욕망과 나의 뜻대로 구하는 것이 아니라, 먼저 하나
님의 뜻과 그의 나라를 먼저 구해야 한다는 뜻이다.

예수가 믿음을 칭찬하신 사람은 대표적으로 가나안 여인과 로마 군대
장 백부장을 들 수 있다. 예수는 두로와 시돈 땅으로 들어가셨다. 두로와
시돈 지방은 지중해 연안에 위치한 페니키아의 중요한 도시였다. 이 지역
은 중요한 상업과 해상교역의 중심지였으며, 물질문명이 발달한 곳이었
다. 그러나 영적으로는 물질에 의해 지배되는 세상이었다. 예수는 그곳에
서 흉악하게 귀신 들린 어린 딸을 둔 가나안 여인을 만났다. 그 여인은 팔

---

121 마태복음 7장 7-11절.

레스타인 원주민 여자로 마가복음에 따르면 수로보니게의 여인이었다.[122]

가나안 여인은 자신의 딸이 귀신 들린 상태로 고통받고 있음을 알고 예수께 도움을 청했다. 그녀는 비록 유대인이 아닌 이방인이었으나, 예수에 대한 소문을 듣고 그분의 권능과 자비에 의지하며 예수에게서 희망을 찾았던 것이다. 그녀는 하나님 나라 백성에게 주어질 은혜를 간절히 사모하는 믿음을 가지고, 예수를 '다윗의 자손'이라 호칭할 정도로 딸을 고치고자 하는 간절함이 있었다. 예수는 처음에는 이 여인의 간청에 "자녀의 떡을 취하여 개들에게 던짐이 마땅하지 않다"(마태복음 15장 26절)라고 구원의 대상에 있어서 유대인에게 우선권이 있다는 점을 강조하셨다. 그러나 이 여인은 자신이 이방인으로써 선택받지 못한 족속, 즉 개들임을 스스로 인정하면서, '부스러기 은혜'를 간구하고 끈질기게 청하며 예수의 자비를 기다렸다. 예수는 결국 믿음과 인내로 간청하는 가나안 여인의 청을 받아들여서 그녀의 딸을 치유해 주셨다. 예수는 가나안 여인의 믿음을 크게 칭찬하시며 말씀하시기를, "여자여 네 믿음이 크도다. 네 소원대로 되리라"(마태복음 15장 28절)라고 하셨다.

이 이야기는 예수의 이방인들에 대한 사역이 지니는 복음의 평등성과 보편성을 나타내는 상징적인 예로써, 예수의 사랑과 자비가 인종, 국적, 문화, 사회적 지위를 초월하여 모든 사람에게 동등한 기회와 구원의 희망을 주며, 하나님 나라에 참여하는 기회를 제공해 주는 새로운 시각을 알려주고 있다.[123]

이는 예수의 족보에 등장하는 이방여인들, 유대인의 왕을 찾아온 동방박사들, 가나안 여인을 거쳐 백부장에 이르기까지 점점 분명하게 드러나

---

122 마태복음 15장 21-28절; 마가복음 7장 24-30절; 「고대사회 두로와 시돈 지방에 대해」, 뤼튼 AI 검색.
123 「가나안 여인과 예수」, Chat GPT 3.5.

고 있다. 즉 메시아의 사역이 이방인들에게까지 확장되고 있음을 보여주는 것이다.

　로마 군대장인 백부장은 예수의 소문을 듣고, 그의 권세라면 능히 예수를 부를 수 있지만 유대인의 장로 및 몇 사람을 예수께 보내어 병들어 죽게 된 종을 구해달라고 간청했다. 백부장은 로마 군대의 지휘관으로서 권력과 권위를 가졌으나, 예수의 참된 권위를 알아보고 인정하는 믿음의 사람이었다. 그의 믿음은 자신의 권위나 지위에 기반하지 않았으며, 오히려 예수의 권능과 자비에 의존하는 절대적 신뢰와 겸손을 보여주었다. 또한 백부장은 자신의 종이 중풍병으로 집에 누워 몹시 괴로워하는 모습을 보고 자신의 권위나 지위를 따지지 않고, 오직 종을 치료해 주어야겠다는 유일한 희망을 갖고 예수를 찾았던 것이다. 특히 백부장은 이방인이었으나, 유대인을 사랑하고 유대인을 위해 회당을 짓는 등의 일로 유대인들로부터 인정받는 자였다. 이에 예수가 "내가 가서 고쳐 주리라"라고 말씀하자 백부장은 대답하여 이르기를, "주여 내 집에 들어오심을 나는 감당하지 못하겠사오니 다만 말씀으로만 하옵소서. 그러면 내 하인이 낫겠사옵나이다. 나도 남의 수하에 있는 사람이요, 내 아래에도 군사가 있으니, 이더러 가라 하면 가고, 저더러 오라 하면 오고, 내 종더러 이것을 하라 하면 하나이다"라는 엄청난 신앙고백을 한다. 백부장은 예수의 말씀만으로도 시공간을 초월하여 그의 종이 나을 수 있다고 믿었던 것이다. 이에 예수는 그를 놀랍게 여기며, 따르는 무리에게 이르시기를, "내가 너희에게 이르노니 이스라엘 중에서도 이만한 믿음은 만나보지 못하였노라"라고 하시며 백부장의 종을 치유하셨다. 이 이야기는 믿음의 힘은 예수의 권능과 사랑이 어떠한 권위나 지위에 의존하지 않고, 모든 사람에게 이루어질 수

있다는 중요한 사례가 되었다.[124]

한편 오병이어의 기적사건이란 보리떡 다섯 개와 물고기 두 마리로 오천 명의 무리를 먹이신 것을 말한다. 예수는 세례 요한의 죽음을 들으시고 배를 타고 떠나사 따로 요한의 활동 근거지였던 빈들에 나가 역사의 바턴을 넘겨받았다. 무리가 이를 알고 여러 고을로부터 걸어서 예수를 따라갔다. 그들은 참 선지자인 세례 요한의 처형소식을 듣고 목자 잃은 양처럼 방황하다가, 죽기 전 그가 인정한 메시아가 계신 곳을 듣고 예수께로 달려간 것이다. 예수는 무리를 보시고 불쌍히 여기셨다. 예수의 사역과 기적행위의 기초는 바로 불쌍히 여기는 마음이다. 이는 예수의 사랑과 자비로운 본성을 나타내는 것이며, 그의 신성과 인간성을 동시에 나타내는 말이다. 이러한 예수의 마음이 인류의 죄악과 비참함에 대한 구원의 역사를 이루는 원동력이 된 것이다. 제자들은 해가 저물어도 돌아가지 않는 사람들을 돌려보내 각자 마을로 들어가 음식을 사 먹게 하자는 합리적이고 현실적인 대안을 제시했다. 그러나 예수는 너희가 먹을 것을 주라고 명하셨다. 이같은 말씀은 제자들에게 불쌍한 무리를 돌보라는 책임감을 주기 위함이기도 했다.[125]

굶주림의 문제는 인류가 직면하는 심각한 문제 중 하나이다. 이는 합리성의 문제나 경제논리를 넘어서는 생명의 문제이다. 따라서 가장 우선적으로 해결해야 할 문제요, 그 어느 것으로도 핑계될 수 없는 문제이다. 무리들의 기아문제는 합리성을 깨는 초자연적인 힘을 빌어서라도, 또는 기적을 행해서라도 해결되지 않으면 안 된다는 것이, 빈곤에 대한 예수의 기본입장이다. 오병이어 사건은 비록 공동체 내부의 그리스도 신앙을 강

---

124 마태복음 8장 5-13절; 누가복음 7장 1-10절; 「백부장의 믿음」, Chat GPT 3.5.
125 마태복음 14장 13-21절; 마가복음 6장 30-44절; 누가복음 9장 10-17절; 요한복음 6장 1-14절; 「예수가 사람들을 불쌍히 여기는 마음이란」, Chat GPT 3.5.

화하기 위한 동기가 중심을 이루지만, 그것이 전부가 아니고, 동시에 빈익빈·부익부의 사회 구조악에 대한 비판적 성격도 포함되어 있다.[126]

당시 이스라엘 백성들은 앞서 언급했듯이 로마 제국의 치하에서 굶주림이 일상화 되었기 때문이다. 로마 제국은 지배지역의 자원을 통제하고 세금을 걷어내며 이를 로마로 수송하여 제국의 부를 쌓았다. 이로 인해 지배받는 이스라엘 백성들은 과도한 세금과 부당한 부담으로 인해 경제적 압박을 받았고 고통을 겪었다. 이로 인해 굶주림, 가난, 소득 불평등 등의 문제가 심각해졌다. 예수는 가난한 이들에게 특별한 관심을 기울이며, 그들의 고통을 완화하고자 힘썼다. 그의 가르침과 행동은 가난한 자들에게 관심을 기울이고, 부유한 자들에게는 독려하여 자산을 나누고 나눔의 가치를 강조한 것이다. 이는 경제적 어려움과 굶주림에 직면한 이스라엘 백성들에게 희망과 도움을 주는 메시지였다.[127]

따라서 오병이어의 기적은 단순한 기적이 아니라 구약성경에서 예언된 메시아의 성취를 의미했다. 예수는 오천 명의 사람들이 배고픈 상황에서 그들을 섬겼다. 이는 이들에 대한 예수의 사랑과 관심을 드러낸 것으로 그의 메시아적 사명에 따른 섬김을 보여준 것이다. 또한 오천 명의 사람들이 적은 양의 음식으로 충분히 먹고도 남았다는 사실은 굶주림의 문제를 해결할 수 있는 예수의 권능과 축복을 나타낸 것이다. 그리하여 예수의 권능을 통해서는 불가능한 일조차 가능하다는 사실을 알려주었다.

또한 누군가가 먹을 것을 내놓았다는 것은 누군가의 나눔과 희생과 헌신이 기적을 일으키는 씨앗이 된다는 것을 말해주는 것이다. 나눔을 통해 우리 자신의 삶에도 기쁨과 의미를 준다. 또한 나눔은 우리 사회의 연대

126 김명수, 『역사적 예수의 생애』, 197쪽.
127 「로마 제국 치하에서 이스라엘 백성들이 처한 경제적 고통과 굶주림에 대해」, Chat GPT 3.5.

와 상호의존성을 나타내며, 더 나은 세상, 하나님 나라를 만들어가는 핵심요소가 된다.

요컨대 오병이어의 사건은 사람들에게 예수의 메시아적 신호와 기적의 성취로 인식되었다. 사람들은 예수를 오랜기간 기다려왔던 이스라엘 민족에게 약속된 메시아로 생각했던 것이다. 이 사건을 통해 예수는 자신이 세상의 빵이 되고, 생명의 물이 된다는 사실을 나타냈다.

특히 예수가 빈들에서 기적처럼 군중을 먹인 사건은 사람들에게 광야에서 이스라엘 백성에게 음식을 공급한 모세를 떠올리게 했다. 그리하여 많은 사람이 그를 왕으로 추대하려 했고, 예수는 이들에게서 도망쳐야 했다.[128]

오병이어의 사건에 이어서 바다 위를 걸으신 사건은 예수가 풍랑으로 말미암아 고난당하고 있는 제자들을 구원하시기 위해 오신 사건이다. 이는 복음서에 나오는 중요한 기적 중의 하나이다. 이 사건은 예수가 제자들을 재촉하여 자기가 무리를 보내는 동안에 제자들을 배 타고 앞서 건너편 벳새다로 가게 하는 중에 발생했다. 예수는 무리를 작별하고 기도하러 산으로 가셨다. 그런데 제자들이 배를 타고 바다에 있을 때 바람이 불고 파도가 일기 시작하여 그들은 힘들게 노를 저었다. 그때 예수는 이를 보시고 밤 사경쯤에 바다 위를 걸어서 제자들에게 다가오셨다. 제자들은 두려움에 떨며 '유령'이라고 소리쳤다. 하지만 예수는 그들에게 이르기를, "안심하라 내니 두려워하지 말라"라고 했다. 이에 베드로가 "주여, 만일 주시면 나를 명하여 물 위로 오라 하소서"라고 말하자, 예수는 "오라"라고 하셨다. 베드로가 믿음을 가지고 배에서 내려 물 위로 걸어서 예수에게로 가되, 강한 바람을 보고 무서워하며 바다에 빠졌다. 그리고 소리질러 이르기를, "주여 나를 구원하소서"라고 하니, 예수는 즉시 베드로를 붙잡으

---

128 리처드 보컴 저, 김경민 역, 『예수 생애와 의미』, 63쪽; 요한복음 6장 14-15절.

면서, "믿음이 작은 자여, 어찌하여 의심하였느냐"라고 하시고 배에 함께 오르자 바람이 그치고 평화가 찾아왔다. 그러자 배에 있는 사람들이 예수께 절하며 이르되, "진실로 하나님의 아들이로소이다"라고 했다.[129]

베드로는 믿음과 용기를 가지고 예수의 명령에 따라 물 위를 걸어가지만, 바람과 물결이 일자 두려움에 휩싸였다. 그래서 예수에게로 집중했던 그의 시선이 풍랑이는 물결로 옮겨 갔기 때문에 물에 빠진 것이다. 우리의 시선이 예수에게 집중한다면 안전하지만, 우리의 시선이 세상으로 향할 때 우리는 세상의 위험과 혼란 속에 빠지게 된다. 이는 믿음을 올바르게 유지하지 못한 결과이다. 그러나 우리가 오직 베드로처럼 "주여 나를 구원하소서"라고 고백하면, 주님은 우리의 부족하고 연약한 믿음에도 구원의 빛을 비춰주실 것이다.

이 이야기는 예수가 자연도 다스리시는 하나님의 아들임을 분명하게 입증하는 사건으로, 예수의 신성과 권능을 나타내는 것이지만, 아울러 우리가 믿음을 가지고 주변의 환경이나 어려움에도 불구하고 굳게 서 있어야 함을 강조한 것이다.

한편 기적의 강도가 점점 세져갔다. 영적으로 귀신 들린 자를 치료하고, 신체적인 치유기적이 일어나고, 자연현상의 기적이 일어났다. 그리고 예수의 기적행위는 죽었던 자들, 즉 그의 친구이자, 그에게 향유를 붓고 머리카락으로 그의 발을 씻어준 마리아와 마르다의 오빠였던 나사로 (Lazarus), 또는 과부의 외아들, 그리고 회당장 야이로의 열두 살 된 딸 등을 다시 살아나게 했다는 부분에서 절정을 이루고 있다.[130]

---

129 마태복음 14장 22-33절; 마가복음 6장 45-52절.
130 김행선, 『동서양 고전의 이해』, 402쪽; 회당장은 회당 내에서 종교적인 활동과 관리를 담당했다. 회당장은 유대사회에서 권위 있는 중요한 지위를 가지고 지역사회에서 중요한 역할을 했다. 따라서 회당장은 일반적으로 유대인 사회에서 존경받고 인정받는 인물이어야 했고, 종교적인 지식과 경험을 갖추고 있어야 했으며, 성경에 대한 이해와 해석 능력이 요

특히 죽었던 나사로가 다시 살아난 것을 계기로 갈릴리 지역의 사람들은 물론 유다와 요단강 건너편에 있는 사람들, 심지어는 예루살렘 지역에서도 사람들이 몰려들어 예수를 메시아로 믿고 따르기 시작했다. 나사로의 부활은 예수가 행한 기적들 중에서 가장 위대한 기적이었으며, 예수 자신의 죽음과 부활을 예고하는 것이어서 의미심장한 기적이다. 그러자 대제사장들과 바리새인들 및 서기관들은 이를 두려워하여 나사로까지 죽이려고 했으며, 공회를 열어 이 날로부터 예수를 죽이려고 모의하기 시작했다.[131]

이처럼 예수가 죽은 자까지도 살려주신 목적은 예수가 바로 구약성경이 예언한 메시아, 곧 구세주 되심을 증거하기 위한 것이다. 나사로의 부활은 예수의 신적 권능과 메시아로서의 권위를 확인시켜 주는 상징적 기적이다. 이 사건은 죽음이 인간의 최후가 아니라는 메시지를 전달하며, 예수만이 인간의 고통과 죽음의 문제를 해결해 주시는 메시아임을 드러내는 것이다. 예수만이 우리의 죽음까지도 짊어지시는 분이시며, 이를 통해 우리로 하여금 하나님 나라를 경험하게 해주려는 것이다. 또한 나사로의 부활은 예수 부활의 전조로서, 인류에게 영원한 삶의 희망을 제공한 것이다.[132]

마지막으로 예수가 보인 권능은 단순히 질병을 앓고 있던 이들의 육체적 건강만을 회복시킨 것이 아니었다. 그는 그 이상의 것, 소외된 이들이

구되었다. 또한 회당장은 지역사회의 선정을 통해 선출되었는데, 이는 유대인 사회의 구성원들에 의해 선출되었다. 그들은 성경을 가르치고 해석하며, 종교적인 의견을 제시했다. 그리하여 회당장은 지역사회의 리더로서 역할을 수행했으며, 종교적인 의식과 행사를 조직하고 주관하는 책임이 있었고, 예배를 주관했다. 그리고 회당의 운영과 관리를 책임졌다. 더 나아가 회당장들은 예수와 그의 가르침에 대해 관심을 가졌고, 종종 토론을 하기도 했다. 「예수 시대 회당장에 대해」, Chat GPT 3.5; 「예수 시대 회당장의 구성과 자격」, Chat GPT 3.5.

131 김행선, 위의 책, 402쪽; 폴 존슨 저, 이종인 역, 『예수 평전』, 알에이치 코리아, 2012, 82쪽, 95쪽; 요한복음 11장 1-57절, 12장 9-11절.

132 「나사로의 죽음과 부활」, Chat GPT 3.5; 「예수가 죽은 나사로를 다시 살리신 의미」, Chat GPT 3.5

하나님의 백성인 이스라엘 사회에 편입될 수 있도록 도와줌으로써 그들의 사회적 관계를 회복시켜 주었다.[133]

예수는 병자들을 무상으로 치유한 다음, 그들을 다시 자기가 속한 집이나 마을 공동체로 돌려보냈다. 예수의 치유기적행위는 실제로 이적이 아니다. 그것은 본질적으로 삶을 회복하는 행위였다. 일상적 삶의 복귀가 그 궁극적 관심이다. 나병환자를 치료한 다음 예수는 그를 제사장에게 보여 병이 나은 것을 확인하게 했다. 그것은 나병으로 인해 사회공동체로부터 분리된 그를 다시 사회의 일원으로 받아들이도록 하는 절차임을 알 수 있다.(마가복음 1장 43절) 또한 중풍병자를 치료한 다음, 예수는 그에게 침상을 메고 집으로 돌아가도록 명령한다.(마가복음 2장 11절) 귀신들린 사람을 치료한 다음, 그를 가족에게로 돌려보냈다.(마가복음 5장 18-19절) 자기 집과 마을을 떠나 유랑해야하는 병자들에게 다시 가정의 품과 고향으로 돌아가려는 희망만큼 절실한 것은 없을 것이다. 가정과 사회로부터 소외된 병자들을 그들이 속한 곳으로 되돌려 보내는 것은 일종의 인권회복이요, 해방운동이라 할 수 있다. 하나님 나라를 실천하려는 일환으로 시행된 예수의 기적운동은 이와 같이 개인적 차원의 구원을 넘어 사회적 해방의 차원을 지니고 있다.[134]

이처럼 예수는 소외된 병자들을 치유함으로써 그들에게 경계를 허무시는 하나님을 경험케 해주었다. 참된 의미에서 이러한 치유는 전인적인 기적이었다. 그리고 예수는 자신이 빚어낸 치유사건들이 하나님 나라의 징표라 생각했다. 그에게 치유는 명백히 사랑과 연민으로 가득 찬 하나님께서 진행하시는 일이었다. 예수는 이 신성한 연민을 바탕에 둔 하나님 나라를 세우셨다.[135]

---

133 리처드 보컴 저, 김경민 역, 『예수 생애와 의미』, 77쪽, 79-80쪽.
134 김명수, 『역사적 예수의 생애』, 204-205쪽; 김용옥, 『도올의 마가복음 강해』, 323-325쪽.
135 리처드 보컴 저, 김경민 역, 『예수 생애와 의미』, 77쪽, 79-80쪽.

그리하여 예수의 대중계몽운동이나 치유행위는 많은 사람들로 하여금 예수야말로 하나님의 구원역사를 고지할 예언자 또는 구약시대 대중들이 부활 승천했다고 믿었던 엘리야라는 선지자나, 심지어 죽은 세례 요한이 부활한 사람으로 생각하도록 만들었다. 그리고 더 나아가 대중들은 예수를 구약성경에서 예언된 다윗의 자손이자 메시아라고 인식했다. 이와 같이 대중들 사이에서 들불처럼 번지는 예수에 관한 소문은 당시 갈릴리 지역을 관할하고 있었던 헤롯 안티파스의 귀에까지 들어가 그를 매우 당황시켰다. 그는 예수가 신기한 기적을 일으킨다는 소문을 듣고, 누군가 하고 보고 싶어 하기도 했다.

반면에 예수가 일으킨 기적은 다이너마이트와 같은 폭발력을 지니고 있다. 그리고 이러한 강렬한 행위는 예수를 가족과 고향사람들, 그리고 종교지도자들과의 갈등으로 몰아넣었다.[136] 고향사람들이 예수를 배척한 이유는 우선 예수에 대한 편견과 불신 때문이다. 즉 그들은 예수를 사람으로만 여기고, 예수의 신성과 능력을 인정하지 않았다. 또한 그들은 유대인의 종교적인 교리와 관행을 엄격히 따르고 있었다. 그러나 예수는 종교적 규범을 뛰어넘는 가르침과 행동을 보였기 때문에 그들의 종교적 편견과 마음의 완고함에 따라 예수를 배척했던 것이다. 그리고 고향사람들은 메시아를 무리들의 정치적인 왕으로 기대하고 있었으나, 예수는 이와 반대로 영적인 왕국을 선포했고, 이는 그들의 정치적 기대와 맞지 않았다. 따라서 자신들의 이익과 이해에 부딪히는 예수의 가르침을 거부했다.[137]

더 나아가 고향사람들은 예수를 어려서부터 잘 알고 있다는 선입견 때

---

136 리처드 A.버릿지 저, 손승우 역, 『복음서와 만나다-예수를 그린 네 편의 초상화』, 비아, 2017, 89쪽, 93쪽.

137 「고향사람들이 예수를 배척한 이유」, Chat GPT 3.5; 「고향 사람들이 예수를 배척한 이유」, 뤼튼 AI 검색.

문에 예수를 배척했던 것이다. 이는 마태복음 13장 54-57절에 기록된 바와 같이 예수가 고향으로 돌아가 회당에서 가르치시니 고향사람들이 놀라이르되, "이 사람의 이 지혜와 이런 능력이 어디서 났느냐 이는 그 목수의 아들이 아니냐 그 어머니는 마리아요, 그 형제들은 야고보, 요셉, 시몬, 유다라 하지 않느냐 그 누이들은 다 우리와 함께 있지 아니하냐 그런즉 이 사람의 이 모든 것이 어디서 났느냐" 하고 예수를 배척했다. 이에 예수는 그들에게 말씀하시기를, "선지자가 자기 고향과 자기 집 외에서는 존경을 받지 않음이 없느니라"라고 하셨다.

가까이 있는 가족들도 예수를 믿지 않았다. 어머니 마리아도 동네사람들이 예수가 귀신 들렸다는 말에 시험에 들었으며, 친족들도 그를 미쳤다고 생각했고, 형제들까지도 예수를 믿지 않았다. 예수의 어머니와 그의 형제들은 걱정이 되어 그를 집으로 데려가려 했지만, 그가 눈을 똑바로 뜨고 새 시대의 새벽을 보고 있었다는 걸 알지 못했다. 예수의 어머니와 형제들은 모든 사람이 머무르고 있는 죽음의 그늘 밑에서 그를 살게 하려 했지만, 그는 죽음에 기꺼이 맞서 저 언덕 위에서 목숨을 내놓아 우리의 기억 속에 영원히 살아남고자 했다.[138]

또한 당시 서기관들과 바리새인들은 예수에 관한 대중들의 여론에 쐐기를 박으며, 예수의 치유기적 행위는 "귀신의 왕, 바알세불의 힘을 빌어서 귀신을 쫓아내는 것이다"(마태복음 12장 24절)라고 모함했다. 더 나아가 대제사장들과 바리새인들은 예수가 광범한 대중적 지지를 받게 되자 의회를

---

138 칼릴 지브란 저, 박영만 역, 『사람의 아들 예수』, 프리윌, 2016, 188-189쪽; 하나님 나라의 가족이란 어떤 의미인가? 가족이란 생물학적인 혈육의 관계가 아니라, 하나님의 사랑을 통해 연결된 영적 공동체를 의미한다. 즉, 하나님을 아버지로 받아들이고, 예수를 그리스도라고 고백하며 믿는 이들이 서로 형제와 자매로 생각하고, 하나님의 뜻을 이루기 위해 함께 노력하는 믿는 자들의 공동체를 말한다. 요컨대 예수의 죽음과 부활을 믿는 자들은 하나님의 가족으로써 연합되며, 서로를 사랑하고 배려해야 하는 가족관계가 성립되는 것이다.

소집하여 논의하기를, "만일 그를 이대로 두면 모든 사람이 그를 믿을 것이요 그리고 로마인들이 와서 우리 땅과 민족을 빼앗아 가리라"(요한복음 11장 47-48절)라고 하며, 예수를 죽이려고 모의했다. 이처럼 예수의 가르침과 활동은 그들에게 진정한 위협이 되었다. 그것은 새로운 세계를 지향하는 것으로, 그들의 오래된 전통적·배타적 가치를 전복시키는 것이었으며, 그들의 기득권을 위협했기 때문이다.[139]

그리하여 예수운동이 확대되어 감에 따라 예수와 바리새인을 비롯한 종교지도층과의 갈등의 폭은 깊어져 갔다. 그리고 예수는 자신과 함께 하지 않는 사람은 그를 반대하는 사람이라고 못을 박았다. 그는 모든 사람을 향해 "누구든지 사람들 앞에서 나를 시인하면 나도 하늘에 계신 내 아버지 앞에서 그 사람을 시인할 것이다. 그러나 누구든지 사람들 앞에서 나를 부인하면, 나도 하늘에 계신 내 아버지 앞에서 그 사람을 부인할 것이다"(마태복음 10장 32-33절)라고 선포했다.

이상과 같이 예수의 가르침과 활동은 로마제국과 유대 종교지도층의 관심을 끌었고, 그의 메시아적 선포와 이에 따른 추종자들의 모임은 이들의 주의를 끌었다. 따라서 로마 당국이나 유대 종교지도층은 예수의 가르침과 활동을 종교적으로나 정치적으로 위협적인 것으로 받아들였다. 특히 예수가 유대인들 사이에서 점차 인기를 얻고 있을 때, 로마 당국이나 유대 종교지도층은 예수의 사상과 활동이 이들의 권위와 체제에 도전하는 것으로 여겼다. 결국 예수의 사형집행은 로마 당국과 유대 종교지도층과의 정치적, 종교적 갈등의 결과였던 것이다.

---

139 폴 존슨 저, 이종인 역, 『예수 평전』, 96쪽.

제5장

⋮

예루살렘 입성과
십자가형

제5장

예루살렘 입성과 십자가형

I. 예루살렘 입성: 다윗의 나라가 다가온다

예수는 종교와 문화, 사회와 경제, 정치의 중심지 예루살렘으로 들어
오셨다. 당시 '예루살렘'은 이스라엘 민족이 로마 식민통치를 받고 있었던
중심 지역이자, 현학과 독설 및 논쟁을 중심으로 하는 온갖 사상의 발원
지이며, 성전과 의회 및 법정과 대학의 중심 지역이었다. 예루살렘은 유
대교의 중심지로서, 성전이 있었고, 매년 유대인들이 유월절과 다른 주요
축제를 기념하기 위해 그곳으로 모였다. 성전은 하나님의 존재를 상징하
고 유대인들의 예배와 희생의 장소였다. 또한 유다사회의 모든 종파들의
종교상의 토론, 모든 교단법의 교육, 심지어 소송이나 민사 사건 등 이스
라엘 민족의 모든 활동이 이곳에 집중되어 있었다. 때문에 그만큼 상대방
의 사상에 대해 편협했으며, 정치적·종교적 소동이 매일 일어났고, 서로

간의 분열과 대립이 난무하는 도시이기도 했다.[1]

또한 예루살렘은 유대인의 정치적 중심지였다. 유대인들은 로마 제국의 지배 아래 있었지만 자기들의 국가와 독립을 원했다. 그들은 다윗의 왕국을 회복하고자 원했고, 이를 위해 예루살렘을 중심으로 한 국가적 자주권과 독립을 희망했다. 더 나아가 많은 유대인들은 구약시대 선지자들의 예언으로부터 예루살렘에 대한 미래의 역할과 그 재건에 대한 기대를 가졌다. 이는 다윗왕국의 부활과 메시아의 도래를 기대한 것이다. 즉 예루살렘은 메시아 대망사상이 실현될 장소라는 민중신앙이 대중들 사이에서 전통적으로 내려오고 있었다. 따라서 예수의 예루살렘으로의 입성은 필연적인 것이었으며, 이곳에서의 활동은 메시아 왕국 건설운동의 새로운 질적 단계를 의미했다.[2]

우선 예수의 예루살렘 입성은 매우 인상적이다. 그는 나귀 새끼를 타고 예루살렘으로 입성했다. 이는 구약시대 스가랴가 예언했던 그대로를 실행한 것이다. 스가랴 9장 9-10절에 기록된 메시아의 도래에 관한 부분을 보면 아래와 같다.

> 시온의 딸아, 크게 기뻐하라. 예루살렘의 딸아, 즐거이 부를지어다. 보라, 너희의 왕이 너희에게 임할 것이다. 그는 공의로우시며, 구원을 베풀며 겸손하여서 나귀를 탈 것이며, 나귀의 작은 것, 곧 나귀새끼니라. 내가 에브라임의 병거와 예루살렘의 말을 없애겠고, 전쟁하는 활도 없앨 것이니, 그가 이방 사람들에게 화평을 전할 것이요, 그의 '정권'은 바다에서 바다까지 이르고 유프라테스강에서 땅 끝까지 이르리라.

---

1 김행선, 『동서양 고전의 이해』, 이회, 1999, 403-404쪽; 「예수 시대 예루살렘의 의미」, Chat GPT 3.5.

2 김행선, 위의 책, 403-404쪽; 「예수 시대 예루살렘의 의미」, Chat GPT 3.5: 예수의 사역과 가르침은 대부분 예루살렘과 유대 지방에서 이루어졌다. 그의 사역은 유대인들의 종교적 신념과 관행에 근본적인 도전을 가져왔고, 그의 죽음과 부활도 예루살렘에서 발생했다.

여기서 언급된 병거와 군마는 왕들의 행차 때 사용되던 것으로서 북이스라엘과 남유다 왕국의 왕권을 상징한 것이다. 그런데 새로 이스라엘 민족을 다스리기 위해 오시는 메시아는 이런 것들을 없애고, 어린 나귀를 타고 입성한다는 것이다. 이야말로 백성 위에 군림하지 않는 왕, 무위통치로서 백성들을 섬기는 진정한 왕의 등극을 의미했다.

나귀는 겸손과 평화를 상징하고, 말은 권력과 힘 그리고 전쟁을 상징한다. 예수는 철창으로 사람들을 굴복시키고 다스리는 강력한 왕이 되기를 거부하고, 겸손하고 온유하신 평화의 왕으로 임하셨다. 무력으로 지중해의 평화를 이룬 로마의 평화가 아닌, 십자가로 인류의 평화를 이룰 그리스도의 평화를 가지고 오셨다. 제국의 평화는 정의없이 갈등을 짓눌러 얻은 위장된 평화이지만, 그리스도의 평화는 참된 화해와 정의를 통해 얻는 진정하고 영원한 평화이다.[3]

많은 사람들은 종려나무 가지를 흔들어댔다. 종려나무 가지는 승리와 평화를 상징하는 것으로, 주로 개선장군이나 임금을 환영하고 찬양할 때 사용하는 것이었다. 또한 예수가 가는 길 앞에 겉옷을 벗어서 깔았다. 이 역시 예수를 예언된 왕이자 메시아로서 인정하고 환영하는 제스처였다.[4] 그리고 군중들은 다음과 같이 외쳤다.

> 호산나! 찬송하리로다. 주의 이름으로 오시는 이여, 찬송하리로다. 다가오는 우리 조상 다윗의 나라여, 가장 높은 곳에서 호산나 하리로다.[5]

---

3 백장로, 「예언을 성취한 겸손한 왕의 행진-마태복음 21장 1-11절」, m.blog.naver.com, 2021.7.5; 김근수, 『행동하는 예수』, 101쪽.
4 김행선, 『동서양 고전의 이해』, 405쪽; 「예수가 예루살렘 입성할 때 군중들이 겉옷을 깔아준 의미」, Chat GPT 3.5.
5 마가복음 11장 9-10절.

이처럼 예수는 열광하는 한 무리의 추종자들과 함께 예루살렘에 입성했다. 모두들 환호와 지금 하나님 나라가 동텄다는 확신에 차 있었다.[6] 호산나는 "구하옵나니 이제 우리를 구원하소서"라는 뜻으로, 예수를 다윗의 후손으로서 이스라엘 역사에서 가장 찬란했던 다윗왕국을 이어받을 분으로 인식한 것을 나타낸다. 그리하여 "가장 높은 곳에서 호산나 하리로다"라는 말은 예수를 최고로 높이고 찬양하는 표현이다. 이같은 행위들은 유대인들이 왕을 맞이할 때 사용하는 전통적인 행위로써 왕이신 예수의 권위를 인정하고, 그를 환영하는 행위였다. 이는 예수에 대한 군중들의 기대와 열망을 나타내는 것으로, 예수를 유대인들이 그동안 기다려왔던 '메시아', 그들을 구원할 '예루살렘의 왕'으로 받아들이는 정치적 행위였다.[7]

이러한 군중들의 환호는 로마의 식민통치하에서 이스라엘 민족의 새로운 '다윗왕국', 즉 '예수왕국'이 수립되기를 희망한 것이다. 따라서 이는 곧 로마의 식민통치에 저항하는 것이었다. 더구나 군중들이 로마가 임명하지 않은 유대인을 왕으로 환호한 사실 역시 로마의 지배권력에 대한 강력한 도전이었다.

그러나 이 왕의 등극은 자세히 보면 아주 우스꽝스러운 행렬이다. 30대의 청년 예수가 말이 아니라, 어린 나귀새끼를 타고 예루살렘으로 들어온다. 뒤뚱거리는 나귀새끼를 타고, 발을 땅에 끌면서 예루살렘으로 입성하는 예수를 보고 군중들이 '유대인의 왕'이요, '메시아의 입성'이라고 환호하는 것은 거의 코미디의 한 장면이다. 하지만 그의 예루살렘 입성은 정치적 의미가 지대한 것이었다. 메시아적인 희망을 담고 있는 이러한 예루

---

6 루돌프 불트만 저, 허혁·김경희 공역, 『예수』, 새글사, 1972. 24쪽.
7 김행선, 『동서양 고전의 이해』, 404-405쪽; 「예수가 예루살렘 입성할 때 군중들이 겉옷을 깔아준 의미」, Chat GPT 3.5; 「다가오는 우리의 조상 다윗의 나라여 가장 높은 곳에서 호산나 하리로다의 뜻」, Chat GPT 3.5.

살렘 입성은 유월절 기간 동안 소요를 경계했던 기득권자들로부터 의심을 사기에 충분했다. 그리하여 예수 일행이 예루살렘으로 진입하자 온 예루살렘 성이 소동을 일으키며, "그가 누구냐"라고 했으며, 바리새인들은 예수에게 군중들의 환호성을 그치게 해 줄 것을 요청하기도 했다.[8]

한편 예수는 예루살렘에 입성해서 하나님 나라를 세우기 위해, 그리고 성전을 모든 불결에서 정결케 하기 위해, 따르는 자들과 함께 성전을 점령했다.[9] 그가 예루살렘으로 입성한 이후 성전에서 활동한 기간은 약 삼일이다. 첫째 날 그는 예루살렘에 이르러 이 도시를 둘러보고 눈물을 흘리며 아래와 같이 탄식했다.

> 오늘날 이 도시가 평화의 길을 알았더라면 얼마나 좋았을까! 그러나 지금 너희 눈은 그 길을 보지 못하는구나. 멸망의 때가 너희에게 닥칠 것이니, 너희 원수들이 토성을 쌓고, 너를 에워싸고, 사면으로부터 공격하여 너와 네 가운데 있는 너희 자식들을 짓밟고, 돌 하나도 돌 위에 남기지 아니하리다. 이는 하나님께서 너를 구원하러 오신 때를 너희가 알지 못하기 때문이다.[10]

이처럼 예수는 멸망의 때가 다다른 예루살렘 도시를 둘러보고, 민족의 위기 앞에서 이미 세례 요한이 민족적 회개운동과 세례운동을 통해 '비상 나팔'을 불었으나, 헤롯 안티파스가 그를 죽였고, 예수 역시 같은 길을 걸어가게 될 것을 알고 있었기 때문에 탄식한 것이었다.

둘째 날은 소위 예루살렘의 성전을 숙청한 날이다. 예수는 왕으로 오

---

8 김행선, 위의 책, 405쪽; 김명수, 『역사적 예수의 생애』, 한국신학연구소, 2004, 257쪽.
9 루돌프 불트만 저, 허혁·김경희 공역, 『예수』, 24쪽.
10 누가복음 19장 41-44절.

셔서 가장 먼저 성전을 깨끗하게 하셨다. 당시 예루살렘 성전 구내에서는 은행업무와 짐승을 매매하는 상업행위가 예배자들에게 편의를 제공한다는 미명 아래 합법적으로 행해지고 있었다. 상인들은 성전 측에서 공식적으로 지정한 사람들로서 제의용 짐승, 화폐 등을 독점 판매했다. 가령 소를 제물로 바치기 위해 가져온 사람들은 이들 상인이 제의용으로 키운 짐승으로 바꿔야 했다. 그래야 흠없는 짐승으로 제사드릴 수 있다는 것이다. 물론 여기에도 독점업체가 누릴 수 있는 가격상의 횡포가 발휘되고 있었다.

예루살렘 성전은 경제, 정치, 사회생활의 중심이었다. 성전 안에서 정치적, 사회적, 경제적으로 중요한 결정이 내려졌으며, 화폐를 만들기도 했다. 성전은 모든 것을 결정하고 있었다. 그리하여 성전에서 사제계급은 특권층이 되었다.[11]

총독들은 성전헌금의 자유를 인정했고, 그 수입관리도 사두개파 대사제들이 자율적으로 관리하게 함으로써 이들의 이권을 보장해 주었다. 그 결과 매년 순례자들이 예루살렘 성전에 바치는 희생 제물에 대한 매매수입과 환전수입 등은 실로 막대한 액수였다. 사제귀족들은 이 성전수입을 가지고 땅을 매입해서 대토지 소유자가 되었으며, 반대로 많은 농민들은 자작농에서 소작농으로 전락했다. 그리하여 당시 예루살렘 성전은 성전체제의 비호 아래 유다사회의 기득권 계층인 대제사장들과 서기관들의 배를 채우며, 힘없는 자들과 나그네들을 착취하고, 가난한 자들을 소외시키며 약자들을 배제하는 '강도들의 소굴'로 변해 버리고 말았다.

이러한 모든 부정과 비리를 알고 있었던 예수는 예루살렘 성전으로 들어가 그 안에서 매매하는 자들을 내쫓고, 예배할 때 하나님 앞에 드리는

11 혼 소브리노 저, 김근수 역, 『해방자 예수』, 메디치미디어, 2015, 358쪽.

제물을 위해 돈 바꾸는 자들인 환상인들과 비둘기를 파는 상인들의 의자를 둘러엎었다. 이것이 바로 '성전숙청' 행위였다. 그리고 예수는 아래와 같이 그들을 향해 분노의 화염을 내뿜었다.

> '내 집은 만민이 기도하는 집이라고 불릴 것이다'하지 않았느냐? 그런데 너희는 성전을 '강도의 소굴'로 만들어 버렸도다.[12]

이는 곧 하나님과 예루살렘 성전을 상품화시켜 여호와의 근본정신을 상실하고, 거룩한 성전을 '강도의 소굴'로 전락시킨 당시 종교지도자들에 대한 선전포고였다.

이 시기 예루살렘 성전에서는 로마제국에 대한 충성의 표시로 로마황제와 로마인들의 번영을 위해 하루에 두 번씩 제사를 지내고 있었다. 게다가 로마총독은 예루살렘 대사제들의 임명권을 갖고 있었다. 그리하여 실제 예루살렘 성전은 로마총독에게 종속된 것이나 다름없었다. 성전은 유대인과 로마 당국 사이에서 식민지 지배를 가능하게 하는 방편 역할을 했던 것이다. 따라서 예수의 성전숙청 행위는 로마의 지배권력에 대한 저항이기도 했다. 이러한 숙청행위는 예수를 지지하던 대중들의 힘을 배경으로 한 것이었으며, 마치 모세가 애굽의 바로 왕에게 히브리인들을 해방시키라고 한 당당한 행동과도 같은 것이었다.[13]

예수는 십자가형에 처해지기 직전에 종말에 대해 예언을 했는데, 그 시작이 성전의 무너짐으로부터 였다. 당시 헤롯이 유대인의 환심을 사기 위해 재건하고 있었던 성전은 대단한 규모에 아름다운 돌과 헌물로 꾸며

---

12 마가복음 11장 17절.
13 김행선, 『동서양 고전의 이해』, 407쪽; 김명수, 『역사적 예수의 생애』, 한국신학연구소, 2004, 258쪽.

진 건물이었다. 그리하여 당시 유대인들과 로마 제국의 관심을 끌었다. 그런데 예수는 그 당시에도 아직 완성되지 않은 성전 건물이 다 무너지고, 돌 하나도 돌 위에 남지 않을 것이라고 끔찍한 예언을 하고 계신다.[14]

헤롯 성전은 헤롯의 주도 하에 백성들을 착취하여 지어졌기 때문에 예수는 가난한 과부도 헌금을 내야 하는 불공평하고 비도덕적인 사회적·종교적 상황을 고발하고 있다. 성전을 짓는데는 돈이 필요했고, 종교지도자들은 로마 권력에 유착되어 백성들로부터 세금과 헌금을 강요했다. 이러한 상황에서 가난한 과부는 생활비 전부를 성전에 드려야만 자신의 종교적 의무를 다하는 것으로 여겼을 것이다. 이에 예수는 정의와 공의가 사라진 성전에서 더 이상 희망을 발견하지 못하시고, 이런 가난한 자의 고혈을 빨아서 세우는 성전이라면, 돌 위에 돌 하나도 남김없이 완전히 무너져 버릴 것이라고 분노에 찬 예언을 쏟아 놓으셨던 것이다. 따라서 예수의 행동은 불공평한 사회적 상황을 고발하고, 더 나은 사회적 조건을 위한 변화를 촉구하며, 가난한 자들에 대한 배려의 필요성을 강조했던 것이다.[15]

그러나 또 한편으로 예수가 가난한 과부의 헌금을 통해 우리에게 알려주시려 했던 것은 가난한 자들에 대한 사회적 돌봄과 함께, 하나님에게 드리는 참된 헌금이란 액수를 드리는 것이 아니라, 우리의 마음을 드리는 것이고, 감동을 드리는 것이라는 사실이다.[16] 이는 자신의 사회적·종교적 위치와 상관없이 모든 사람들이 하나님 앞에서 동등하게 존경받을 자격이 있다는 메시지를 전달하면서, 사회적이고 종교적인 체제 속에서 소외된

---

14 마태복음 24장 2절; 마가복음 13장 1-2절; 누가복음 21장 5-6절.
15 「예수는 가난한 과부가 생활비 전부를 드려야 하는 사회적 종교적 상황을 고발하고 있다」, Chat GPT 3.5.
16 최태수 목사, 「최고의 감동; 헌금」, 영등포중앙교회 주일설교, 2024.1.21.

이들의 의미있는 기여와 존엄성을 인정하고 존중해야 한다는 교훈을 담고 있기도 하다.[17]

　이상과 같은 예수의 성전숙청 행위는 성전을 둘러싸고 발생하는 사회적 부패상황을 비판하고, 종교적인 장소인 성전을 숭배와 경건함의 장소로 회복시키려는 의도를 보여준다. 이 사건을 통해 예수는 사회적 정의와 성전숭배의 순수성을 강조하고, 돈과 이익을 숭배의 장소에서 제거함으로써 하나님의 집을 경건하게 유지해야 한다는 메시지를 전달하고 있다.[18] 더 나아가 예수는 성전을 치유의 공간으로, 이방인을 포함한 모든 민족이 기도하는 공간으로, 사회적 약자들이 하나님을 찬양하는 공간으로 만드셨다. 그는 율법에서 금한 맹인들과 저는 자들을 성전으로 들어오게 해서 고치셨고, 어린아이들은 '호산나 다윗의 자손이여'라고 노래하며 메시아 예수를 칭송했다. 이처럼 예수는 사회적 약자들에게 희망과 치유를 제공하고, 그들을 신앙과 찬양의 주체로 세웠던 것이다. 이러한 행동은 사회적인 경계를 넘어서 모든 이들이 하나님 앞에서 동등하게 자리할 수 있음을 보여준 것이다. 그리하여 예수는 새로운 성전의 개념을 보여주시고, 이것이 바로 하나님 나라임을 알리셨다.[19]

　예루살렘 성전은 약 82년 간 걸려서 A.D. 63년에 완공되었으나, A.D. 70년에 로마의 침공으로 무너졌다. 즉 오랜 세월 백성들의 고혈을 쥐어짜며 겨우 완공된 성전은 고작 7년 만에 로마제국 당국과 유대인 간의 갈등 때문에 벌어진 제1차 유대-로마전쟁 당시 티투스 장군이 내린 명령으로 파괴되었다. 유대인들이 재봉기하지 못하도록 그들의 정신적 구심점인 예

---

17 「예수가 지적한 과부의 헌금이 갖는 사회적 종교적 불공평에 대해」, Chat GPT 3.5.
18 「예수의 성전정화운동」, Chat GPT 3.5.
19 마태복음 21장 14-15절; 누가복음 19장 47절; 「예수는 성전을 치유의 공간으로 사회적 약자들이 주님을 찬양하는 공간으로 새롭게 만드셨다」, Chat GPT 3.5.

루살렘 성전을 없애버렸던 것이다. 이후 예루살렘과 성전을 잃은 유대인들은 안식처를 잃고 뿔뿔이 흩어져 70년부터 1948년까지 나라 없는 백성이 되었다. 이를 유대인의 '디아스포라'라고 부른다.[20] 그러나 예수의 성전 파괴의 예언은 결국 신성모독죄를 적용하게 되는 빌미가 되어 그를 죽음으로 몰아넣었다.

셋째 날, 예수는 예루살렘에 입성한 이후 날마다 성전으로 들어가 직접 대중들을 가르치시고, 하나님 나라에 관한 복음을 전파했다. 그리하여 많은 사람들이 이른 아침부터 성전으로 몰려들었다. 그런데 사실 예루살렘 성전의 성직자가 아닌 예수가 대성전에서 대중들에게 설교를 한다는 것은 있을 수 없는 일이었다. 그래서 대제사장들과 장로들 및 율법학자들은 예수에게로 와서 "당신은 무슨 권한으로 이런 일을 하는가? 누가 당신에게 이런 일을 할 수 있는 권한을 주었는가?" 하고 힐문했다. 그러나 예수는 그들에게 "나도 너희에게 한 가지를 물어 보겠으니 나에게 대답해 보아라. 그러면 내가 무슨 권한으로 이런 일을 하는지를 너희에게 말하겠다. 요한의 세례가 하늘에서 온 것이냐? 사람에게서 온 것이냐?"라고 반문했다. 이에 그들은 자기들끼리 의논했다. 하늘에서 왔다고 말하면 어찌하여 그를 믿지 않았느냐고 할 것이고, 그렇다고 해서 사람에게서 왔다고 대답할 경우, 당시 대중들이 요한을 참 예언자로 알고 있었기 때문에 그렇게 대답할 수도 없었다. 따라서 그들은 의논한 결과 "모르겠다"라고 답변했다. 그러자 예수는 "나도 내가 무슨 권한으로 이런 일을 하는지를 너희에게 말하지 않겠다"라고 했다.[21]

그리고 예수는 그들을 향해 비난하기를, "내가 진실로 너희들에게 말

---

20 「예루살렘 성전」, 『나무위키』, namu.wiki, 2023.12.26.
21 누가복음 19장 47-20장; 김행선, 『동서양 고전의 이해』, 407쪽.

한다. 세리들과 창녀들이 오히려 너희들보다 먼저 하나님 나라에 들어가리라. 요한이 너희들에게로 와서 옳은 길을 보여 주었음에도 불구하고 너희는 그를 믿지 않았다. 그러나 세리와 창녀들은 믿었다. 너희는 그것을 보고도 끝내 뉘우치지 않았으며, 그를 믿지 않았다"라고 했다.[22]

이처럼 예수가 예루살렘에 입성하여 성전을 뒤엎고, 가르치며, 치유하는 일이 생기자, 유대 종교지배자들은 자신들의 권위와 기득권에 위협을 느끼고, 예수께 찾아와 시비를 걸었던 것이다. 그리하여 결국 종교지배층들과 예수는 돌이킬 수 없는 적대관계로 들어설 수밖에 없었던 것이다.

2. 십자가형: 어찌하여 저를 버리시나이까

(1) 십자가의 길을 예비함

예수는 자신의 죽음과 부활에 대해 여러 차례 제자들에게 말씀하셨다. 마가복음 8장 29-31절에서 처음 베드로가 "주는 그리스도시나이다"라고 고백한 뒤에, 예수는 "인자가 많은 고난을 받고 장로들과 대제사장들과 서기관들에게 버린바 되어 죽임을 당하여 사흘 만에 살아나야 할 것을 비로소 그들에게 가르치시되"라고 말씀하고 있다. 그 뒤로도 예수는 자신의 죽음과 부활에 대해 여러 차례 말씀하고 있다.[23]

예수의 십자가 사건에 관한 예고의 사이사이에는 예수의 뜻을 이해하

---

22 마태복음 21장 31-32절.
23 예수의 죽음과 부활에 대한 말씀이 기록된 것은 이러하다. 마태복음 16장 21절, 마태복음 17장 22-23절, 마태복음 26장 2절; 마가복음 8장 31절, 마가복음 9장 30-32절, 마가복음 10장 32-34절, 마가복음 14장 18-28절; 누가복음 9장 22절, 누가복음 18장 31-33절, 누가복음 22장 14-20절.

지 못하는 제자들의 한심한 이야기가 배치되어 있다. 그리하여 예수의 제자들은 수난의 현장에서 점점 멀어지는 양태를 보이고 있었다. 수석제자 베드로는 예수가 그의 죽음을 예언하자 이를 말렸다. 또한 제자들끼리 예수의 정권이 수립될 경우 높은 자리를 누가 차지할 것인가에 대해 다투기도 했으며, 심지어 야고보와 요한은 어머니까지 동원하여 예수가 왕이 될 때 높은 자리를 달라고 청탁함으로써 다른 제자들로부터 분노를 사기도 했다. 이처럼 제자들이 예수정권이 수립될 경우에 대비하여 자기들끼리 권력다툼을 벌이고 있을 때, 대사제들과 율법학자들은 본격적으로 예수를 체포하여 죽일 궁리를 하기 시작했다.

예수는 제자들과 함께 떡과 포도주로 최후의 유월절 만찬을 베풀고, 마지막으로 제자들을 축복했다. 이러한 준비를 마치고 예수는 절대 절명의 고독감을 느끼며 겟세마네 동산으로 가서 죽음을 맞이하기 위한 최후의 기도를 했다. 이때 예수의 심정을 마가복음 14장 33-40절에서는 아래와 같이 기록하고 있다.

예수께서 제자들에게 이르시되 '내가 기도하는 동안에 너희는 여기 앉아 있어라' 하시고, 베드로와 야고보와 요한을 데리고 가셨다. 예수께서는 심히 두려워하며, 괴로워하셨다. 그래서 그들에게 말씀하시기를 '내 마음이 심히 괴로워 죽을 지경이다. 너희는 여기 머물러서 깨어 있어라' 하셨다. 그리고 조금 나아가서 땅에 엎드려 될 수만 있으면 이때가 자기에게서 비껴가게 해 달라고 기도하셨다. 예수께서 이렇게 말씀하셨다. '아바, 아버지여 아버지께서는 모든 것이 가능하사오니 이 잔을 내게서 옮기시옵소서. 그러나 나의 원대로 마시고 아버지의 뜻대로 하옵소서.' 이런 기도를 마치고 제자들에게로 돌아오니 제자들이 자고 있었다. 이에 예수는 베드로에게 말씀하시되 '시몬아 자느냐? 네가 잠깐 동안도 깨어 있을 수 없더냐. 시험에 들지 않도록 깨어 있어

기도하라. 마음은 굴뚝같으나 육신이 약하구나' 하시고는 다시 나아가 동일한 기도를 하셨다.

자신의 죽음을 앞두고 마지막으로 마음을 가다듬어 기도하는 예수의 인간적인 고뇌가 아직 먹물자국이 채 마르지 않은 한 폭의 동양화처럼 엄숙하고 사실적으로 그려져 있다.

겟세마네는 '기름을 짜는 틀'이란 뜻이다. 겟세마네는 예루살렘 동쪽 기드론 시내 건너편, 곧 예루살렘에서 여리고로 가는 도로 위쪽인 감람산 서편 기슭에 위치한 동산이다. 이곳에 감람기름을 짜는 틀이 있다 하여 겟세마네란 지명이 붙여졌다.[24]

이곳에서 예수는 기름을 짜내듯 땀이 핏방울같이 되도록 간절하게 기도했다. 이는 내 뜻을 꺾고 십자가를 지는 일이 얼마나 어려운 일인가를 드러낸 것이다. 예수는 고민하고 슬퍼하사 그의 고통을 표현하기를, "내 마음이 매우 고민하여 죽게 되었으니 너희는 여기 머물러 나와 함께 깨어 있으라"(마태복음 26장 37-38절)라고 했으며, "이 잔을 내게서 옮기소서. 그러나 나의 원대로 마시옵고 아버지의 원대로 하옵소서"(마가복음 14장 36절)라고 하기도 했다.

이러한 겟세마네 기도는 예수가 앞으로 닥칠 고난에 대해 매우 고통스럽고 두려워하는 인간적인 측면과 함께 하나님과의 관계의 깊이를 보여주며, 그의 사명에 대한 순종과 신앙을 표현한 것이다. 또한 그의 기도는 우리 모두가 겪을 수 있는 고통과 고난에 대한 예언이기도 하다. 특히 겟세마네 기도는 예수가 자신의 죽음을 통해 인류의 죄를 속죄하고 구원의 계획을 이루기 위해 어떤 고통도 감내하려는 의지를 나타낸 것이다. 그의

24 「겟세마네」, 『라이프성경사전』, m.terms.naver.com.

희생과 사랑은 우리의 영원한 구원과 새로운 삶의 시작을 위한 것이다.[25]

한편 향유옥합사건은 예수의 공생애를 마무리하는 사건이다. 이는 사복음서에 다 기록되어 있다. 요한복음에 따르면 마리아는 예수의 발에 향유를 부었다. 제자들은 이를 단순히 경제논리로 인식하여 낭비로 보았으나, 예수는 자신의 장례를 위한 것이라고 칭찬했다. 향유는 그 시대에 매우 값비싼 것으로 여겨졌으며, 이를 사용하여 예수를 존경하는 것은 그의 귀한 존재를 인정하는 표현이었다. 또한 향유는 주로 시체를 매장하기 전에 사용되었는데, 이는 마리아가 예수의 죽음을 예상하고 그를 위한 마지막 예비를 한 것으로 보고 있다. 더 나아가 향유는 왕이나 중요한 인물에게 기름을 부어서 증명하는 행위였다. 마리아가 예수에게 향유를 부은 것은 예수를 그리스도, 즉 기름 부은 자로서의 왕으로 인식하고 경배한 것이기도 했다. 특히 마리아의 행동은 예수가 그녀를 얼마나 사랑하고 관심을 가지고 있는지에 대한 그녀의 신뢰와 믿음의 표현이었다.[26]

또한 유월절은 오순절, 장막절과 더불어 유대인들의 가장 큰 절기 가운데 하나이다. 유월절은 유대인들의 조상이 애굽의 노예생활로부터의 해방을 기념하고, 하나님을 경외하는 절기로 유대인에게는 중요한 신앙적·역사적인 날이었다. 따라서 유월절에는 많은 순례객들이 모여 들었는데, 팔레스타인에서 뿐만 아니라 해외에 거주하는 디아스포라 유대인들도 이 절기를 지키기 위해 예루살렘에 몰려들었다. 때문에 이러한 큰 절기에는 소요와 봉기가 일어날 수 있는 가능성이 컸다. 그래서 예루살렘의 치안을 담당한 자들은 경계를 강화하지 않으면 안 되었다. 성전의 치안은 당시 대사제 가야바(Caiaphas)와 그 밖의 대사제들이 책임 지고 있었다.[27] 그런데

---

25 「겟세마네 기도」, Chat GPT 3.5; 「겟세마네 기도의 의미」, Chat GPT 3.5.
26 「예수에게 향유옥합을 부은 행위의 의미」, Chat GPT 3.5.
27 김명수, 『역사적 예수의 생애』, 128쪽.

당시 유대 종교지배층들은 유월절에 흉계로 예수를 어떻게 잡아 죽일까 방도를 궁리했다.[28]

유월절에 예수를 죽이려 한 이유는 다양한 측면이 있다. 먼저 이는 하나님의 구원계획에 따른 것이었다. 하나님은 그의 구원계획에 따라 이스라엘 민족에게 어린 양을 잡아 그 피를 문지방에 바르게 함으로써 애굽에 대한 심판인 장자의 죽음으로부터 면하게 하셨으며, 이스라엘 민족을 애굽으로부터 해방시켜 주셨다. 그리하여 고난의 장소인 애굽을 탈출한 날을 기념하는 절기가 유월절이다. 그리고 급히 서둘러서 애굽땅을 떠나야 했던 이스라엘 민족은 누룩 없는 빵을 준비하여 먹었다. 이를 일러 '고난의 떡'이라 불렀으며, 이를 기념하여 무교절이라 하여 유월절과 함께 기념했다. 이처럼 어린 양의 피로 이스라엘 백성을 구원했던 것처럼 하나님은 인류를 구원하기 위한 계획을 성취하고자 예수를 유월절 어린 양으로 삼아 십자가형에 처하도록 하신 것이다.[29]

즉 유월절 어린 양의 실체가 바로 예수이다. 이에 대해 세례 요한은 자신에게 세례를 받으러 오시는 예수를 보고 말하기를, "세상 죄를 지고 가는 하나님의 어린 양"(요한복음 1장 29절)이라고 지칭한 바 있다.

또한 앞서 언급했듯이 예수의 가르침과 행동은 유대교 종교지도자들의 권력구조와 권위에 도전하고, 유대교의 제도와 관행을 깨는 것이었다. 특히 종교지도자들과 예수 사이에는 예수가 하나님을 대신하는 듯한 말과 행동을 함으로써 골 깊은 갈등을 낳았다. 더 나아가 예수가 대중들에게 광범위한 인기를 끌었기 때문에 민란을 선동한다고 여겼다. 그리고 봉기가 일어나면 그들이 누리던 권력을 빼앗긴다고 생각했다.[30] 때문에 이들

---

28 누가복음 22장 1-6절; 마태복음 26장 1-5절; 마가복음 14장 1-2절.
29 「Deuteronomy 16: 1-3」, 『Good News Bible』, United Bible Societies, 1976.
30 리처드 보컴 저, 김경민 역, 『예수 생애와 의미』, 180-181쪽.

은 많은 사람들이 모이는 유월절에 공개적으로 예수를 죽임으로써 그들의 기득권과 전통적인 유대교를 지키고자 한 것이다.

한편 유월절은 로마 제국에 대한 불만이 발현될 수 있는 좋은 환경을 제공해 준다. 예수의 권위는 로마 제국의 권위에도 도전적이었기 때문에 유월절을 통해 로마 제국의 주의를 끌어내 예수를 죽이려 했던 것이다. 특히 유월절은 많은 유대인들이 그들의 정치적 메시아를 기대하고 있는 시기였다. 그러나 예수는 그들의 기대와는 다른 형태의 메시아로 나타나 이들과 갈등을 일으켰다. 따라서 이를 이용하여 많은 사람들이 모이는 유월절에 예수를 죽이려는 계획을 세운 것이다.[31] 이에 동원된 가룟 유다는 스승인 예수를 은 삼십에 팔아버렸다.

그러나 인간의 배신은 하나님의 계획을 가로막지 못한다. 가룟 유다의 배신은 하나님의 뜻을 실행하는 과정에서 비록 악한 의도로 행해지기는 했으나, 하나님은 이조차도 이용하여 인류의 구원을 이루시는 분이시다. 십자가의 길은 배신조차도 껴안아서 모든 것을 포용하고, 회복하며, 새로운 구원의 길을 열어주는 것이다.[32]

(2) 십자가형

예수가 체포되어 십자가형에 선고되기까지의 재판과정은 대제사장 가야바의 장인이었던 안나스(Annas)의 예비심문에 이어 산헤드린 공회에서의 가야바의 심문, 그리고 빌라도의 1차 심문, 헤롯 안티파스의 심문, 빌라도의 2차 심문, 최종판결인 십자가형 등으로 이어졌다. 그리고 하루 밤과 하

---

31 「유월절을 당하여 예수를 죽이려 한 이유」, Chat GPT 3.5.
32 조정민 목사, 「배신하고 입 맞추다-마가복음 14장 43-52절」, 베이직교회, 2019.2.15; 조정민 목사, 「배신까지 껴안는 길」, 베이직 교회, 2019.2.12.

루 낮 동안 일사천리로 치러진 체포와 심문 및 처형이라는 예수사건의 재판과정은 분명히 로마 당국과 예루살렘 성전 지배세력이 공권력을 통해 치밀하게 계획하여 처리한 사건이었다. 특히 예수에 대한 재판이 총독 빌라도의 관저에서 벌어지게 된 사실은 로마체제에 대한 항거를 기소하는 정치적 성격을 띤 것이었다. 이는 대제사장들과 서기관 및 장로들이 빌라도에게 예수를 끌고가서 다음과 같이 고소한 사실에서 드러나고 있다.

> 우리가 이 사람을 보매 우리 백성을 미혹하고, 가이사(로마 황제)에게 세금 바치는 것을 반대하며, 자칭 그리스도, 곧 왕이라 했습니다... 그 사람은 갈릴리에서 시작하여 여기(예루살렘)에 이르기까지, 온 유대를 누비며 가르치면서 백성들을 선동하고 있습니다.[33]

이렇게 해서 역사상 최악의 사법권 남용이 발생했다. 예수에 대한 십자가형이라는 판결과 처벌은 사법적인 결과를 미리 정해놓고 결정한 불공평한 재판이었다. 그것은 법률의 정신을 위반했고, 증거와 논증의 원칙을 무시했으며, 많은 증인들의 증언이 모순되고 부정확했다. 또한 판결에 이르는 적절한 법적 절차도 따르지 않았다. 비겁에서 위증과 군중재판에 이르기까지, 사법의 정의를 위태롭게 하는 모든 사악함과 허약함이 거기 깃들어 있었다. 즉 예수의 십자가 판결은 인간의 죄악과 부당함의 상징으로 나타난다.[34]

대제사장들과 장로들과 서기관들은 새벽부터 산헤드린 공회원 모두와 함께 의논하고 예수를 결박하여 끌고가서 빌라도에게 넘겨주었다. 산헤드

---

33 누가복음 23장 2절.
34 폴 존슨 저, 이종인 역, 『예수 평전』, 알에이치 코리아, 2012, 230쪽; 「예수 십자가형의 판결이 지니는 불의함과 불공평함에 대해」, Chat GPT 3.5.

린 공회는 예수의 재판에서 중요한 역할을 했다. 유대 종교지도자들은 예수의 가르침과 활동을 종교적으로 신성모독적이라고 판단하여 그를 유대법에 따라 죽이기를 원했다. 따라서 산헤드린은 예수의 사건을 심리하고, 유대인 사회의 관점에서 그를 판단하여 처벌했다. 산헤드린 공회는 낮에 열리는 것이 관행이었으나, 예수는 예외로 밤에 체포되어 밤에 재판을 받았다. 그러나 유대인들은 로마 제국의 통치 하에 있었으므로 예수에 대한 사형집행권은 로마 당국에 있었다. 이에 따라 예수는 로마 총독인 빌라도에게 송치되어 로마법에 따라 재판을 받게 된 것이다.[35]

당시 이스라엘은 로마제국 총독의 직접적인 통치 하에 있었고, 사형을 내릴 수 있는 기관도 총독부여서, 사형제도가 제한되어 있었다. 따라서 무자비한 살인이나, 쿠데타 정도가 되지 않고서는 사형판결을 내릴 수 없었다.[36] 그래서 사형집행권이 없었던 당시 종교지도자들은 예수가 유대법상 사형에 처할 죄를 지었다고 선고해야 했고, 빌라도에게 예수가 중한 반란죄를 저지른 죄인이라고 설득해야 했다. 그런데 예수가 자신이 메시아임을 표방하고 다녔음을 시인하게 한다면 빌라도를 설득하기는 쉬운 일이었다. 로마인들의 언어로 메시아는 '유대인의 왕'이었으므로 그를 가이사에게 맞서는 반역자라고 이야기 할 수 있었다.[37]

그리하여 예수를 '유대인의 왕'으로 칭하여 반란을 도모한 정치범으로 규정해서 십자가형에 처한 것이다. 그렇기 때문에 '유대인의 왕'이란 죄패를 십자가 머리에 붙이게 되었던 것이다.[38]

예루살렘의 종교지도층이 예수를 기소한 죄목은 바로 '신성모독죄'와

---

35 「산헤드린 공회와 예수의 재판」, Chat GPT 3.5.
36 「예수」, 「나무위키」, namu.wiki, 2023.11.13.
37 리처드 보컴 저, 김경민 역, 「예수 생애와 의미」, 182쪽.
38 「예수」, 「나무위키」, namu.wiki, 2023.11.13.

예수의 사상과 활동

240

더불어 로마에 저항하는 '대중반란 선동죄'였다. 예수는 종교운동을 했을 뿐, 정치적 행동은 하지 않았기에 부당한 처벌을 받았다는 생각은 피해야 한다. 고대사회에서 종교와 정치는 그렇게 단순히 분리되지 않았기 때문이다.[39] 빌라도는 예수께 정치범의 죄목을 확인하기 위해 "네가 유대인의 왕이냐"라고 물었다. 이 질문은 예수가 로마 제국의 안정을 위협하는 반란세력의 지도자인지 여부를 확인하고자 한 것이다.[40] 빌라도는 유대인들이 예수를 로마의 통치에 도전하는 유대인의 왕으로 포장하여 이를 이용해서 죽이려는 사실을 알고 있었다.

빌라도는 예수의 긍정적인 대답, 즉 "네 말이 옳도다"(마태복음 27장 11절)라는 말씀과는 달리, 실제로는 예수가 로마에 저항하는 유대인의 왕이 아니라고 판단했다. 그래서 그는 예수가 죄가 없으신 것을 알고, "그가 행한 일에는 죽일 일이 없느니라. 그러므로 때려서 놓겠노라"(누가복음 23장 15절)라고 말했다. 빌라도는 예수가 처형되는 것을 원하지 않았다. 왜냐하면 유대 지도자들이 증대하는 예수의 인기 때문에 순전히 시기심으로 행동하고 있다고 생각했기 때문이다. 동시에 그는 유대 당국자들이 예수를 향해 퍼붓

---

39 김행선, 『동서양 고전의 이해』, 410쪽; 리처드 보컴 저, 김경민 역, 『예수 생애와 의미』, 178쪽.
40 마태복음 27장 11절; 「빌라도가 예수에게 네가 유대인의 왕이냐고 물은 것의 의미」, Chat GPT 3.5; 「빌라도가 예수에게 네가 유대인의 왕이냐고 물은 것의 의미」, Chat GPT 3.5; 빌라도는 AD 26년에 로마 황제 디베라우스에 의해 유대의 5대 총독으로 임명되어 약 10년간 재직한 통치자였다. 본명은 본디오 빌라도이다. 총독 취임시 로마 황제상을 그린 군기를 들고 예루살렘에 입성하거나, 수도의 건설자금을 예루살렘 신전의 금고에서 유용하고, 이에 항의하는 유대인들을 학살하는 등 로마의 권력을 배경으로 고압적인 반유대정책을 폈다. 그는 민란이 일어나면 자신의 리더십에 문제가 있다는 증거가 되므로 어떤 수단과 방법을 쓰더라도 막아야 했다. 그는 간단하게 자신의 권한과 책임을 전가하여 유대인들이 원하는 것을 들어주면 의외로 문제가 쉽게 끝날 수 있기 때문이다. 대제자장들과 장로들은 자신들의 부와 지위를 위해, 총독은 자신의 자리와 권력을 위해, 그리고 백성들은 은혜를 저버린 채 예수 그리스도를 십자가에 못 박았다. 그 후 빌라도는 실정을 거듭한 결과 36년에 사마리아의 민중학살사건으로 로마에 소환되어 자살했다고도 전해지는 데, 그리스도교도가 되었다는 전승도 있으며, 콥트 교회나 에디오피아 교회는 그와 그의 아내를 성인으로 받든다. 행복한 순례자, 「책임져야 할 결과-마태복음 27장 11-26절」, m.blog.naver.com, 2021.3.31; 「빌라도」, 「종교학대사전」, 네이버지식백과, m.terms.naver.com; 「빌라도」, 「두산백과」, 네이버지식백과, m.terms.naver.com.

는 신학적 비난에 대해서는 충분히 이해하지 못하거나, 관심을 기울이지 않았다. 게다가 그의 아내가 그에게 사람을 보내어 그녀가 꿈에 예수로 인해 애를 많이 태웠음을 알리며, 그 의로운 예수에게 아무런 상관도 하지 말 것을 호소하는 긴급한 메시지를 전했기 때문이다.[41]

그래서 빌라도 총독은 예수의 무죄함을 말하며 유월절 특사 사면령으로 예수를 방면하려 했다. 그러나 대제사장들과 장로들이 난색을 표하며 말하기를, "이 사람을 방면하는 것은 로마 황제 가이사의 충신이 아닙니다. 무릇 자기를 유대인의 왕이라 하는 자는 가이사를 반역하는 것입니다"(누가복음 19장 12절)라고 하면서 군중들을 뒤에서 선동했다. 그리하여 군중들은 큰 소리로 재촉하여 예수를 십자가에 못박기를 구하니, 그들의 소리에 빌라도는 굴복한 것이다. 군중들은 예수를 정치적인 메시아로 생각하여 로마제국의 압제로부터 정치적 해방과 구원을 얻고자 했으나, 십자가 앞에서 무력한 예수의 모습에서 아무런 희망을 발견하지 못했다. 그리하여 차라리 열심당원으로 독립투사였던 바라바에게서 희망을 발견하고, 그를 석방하기를 원했던 것이다.

결국 빌라도는 예수에게 십자가형이라는 사형판결을 내렸다. 그 이유는 다양한 역사적, 정치적, 종교적 요인이 복합적으로 작용한 결과였다. 우선 빌라도는 로마 제국의 통치를 견고히 유지하기 위해 유대인들의 불만을 피하고, 그들과의 긴장관계를 최소화 해야 했기 때문에, 로마 제국의 권위를 유지하면서도 유대 종교지도자들의 요구에 따라 예수를 십자가에 못박는 결정을 내렸던 것이다. 또한 빌라도는 로마 제국의 총독으로서 로마의 이익과 안정을 유지해야 했다. 당시 유대 백성들은 줄곧 소요사태

---

41 안드레아스 J. 쾨스텐버거·저스틴 테일러 저, 이광식 역, 『예수의 마지막 일주일』, CH북스, 2014, 174쪽.

를 일으켜 왔으며, 총독으로서 빌라도의 주된 일은 무슨 대가를 치르든 치안을 유지하는 일이었다. 따라서 로마 제국의 안정에 위협적인 인물인 예수를 예방적 차원에서 십자가 처형을 언도했던 것이다.[42] 정의가 실현되지 않는 권력과 권능은 무능이다. 정의가 실현될 때 권능과 권력은 정당성을 갖는다.[43]

결국 예수는 '유대인의 왕'이라는 죄목으로 로마 제국이 만든 십자가에서 죽어야 했다.[44] 이 죄패로 빌라도는 한편으로 죄 없는 사람을 처형하도록 한 자기 행동을 정당화하였으며, 예수는 공식적으로 '정치적 반역자'이자 '유대인의 왕'을 자처한 반동분자로 십자가형에 처해졌던 것이다.[45]

고대사회에서 십자가는 가장 고통스럽게 사람을 죽이는 방법이었으며, 사회적으로 거부감과 수치심을 느끼게 하는 최후의 방법이었다. 로마인들이 십자가 처형을 처음 고안해낸 것은 아니지만, 그들에게 십자가형은 제국의 힘과 질서를 유지하기 위한 필수적인 수단이었다. 그들은 처형자가 십자가 위에서 느리게, 질식해 죽어가게끔 형을 집행했으며, 처형 장소는 의도적으로 공공장소를 택했다. 십자가 처형의 참혹한 모습을 사람들에게 보여주어 혹시 모를 반란의지를 꺾으려 했던 것이다.[46] 십자가 처형은 공포감을 심어주기 위한 의도로 실시된 권력의 공적인 표명이었다.[47]

'십자가형'이란 돌로 치고, 칼로 치며, 화형 등에 의존하고 있었던 이스라엘 민족의 사형제도가 아니다. 십자가형은 본래 동방에서 기원한 것으로 로마인들이 카르타고의 페니키아인들로부터 받아들인 형벌제도였

42 「빌라도가 죄 없는 예수를 십자가형에 처한 이유」, Chat GPT 3.5.
43 김희룡 목사, 성문밖교회 설교, 2023.10.8.
44 리처드 보컴 저, 김경민 역, 『예수 생애와 의미』, 183쪽.
45 안드레아스 J. 쾨스텐버거·저스틴 테일러 저, 이광식 역, 『예수의 마지막 일주일』, 195-196쪽.
46 리처드 보컴 저, 김경민 역, 『예수 생애와 의미』, 175-176쪽.
47 리처드 호슬리 저, 박홍용 역, 『예수와 권세들』, 한국기독교연구소, 2020, 277쪽.

다. 로마시대 '십자가형'이란 처음에는 신분이 천한 노예나, 천민에 대한 사형방법으로 시작되었으나, 이후에는 암살자, 도적, 반역자, 반란을 일으킨 식민지인들에게 적용되었던 처형제도였다.

십자가 처형의 희생자들은 발가벗겨졌으며, 팔뚝이 가로대에 못으로 박히거나, 혹은 가로대에 묶인 채 세워져서 말뚝에 고정되거나 못박혔다. 몸도 고정 걸쇠에 얹혀 부분적으로 지탱되었고, 발은 말뚝에 묶이거나 발 뒤꿈치를 뚫은 못으로 고정되었다. 죽음은 질식사 할 때까지 천천히 진행되었다. 세네카(Lucius Annaeus Seneca)는 저주 받은 나무에 매달리는 것은 고통 속에서 시간을 보내고, 서서히 죽어가며, 극심한 고통이 오랫동안 지속되면서 호흡을 질질 끄는 것이라고 말했다.[48]

예수의 십자가 처형은 군중들이 보는 앞에서 공개적으로 집행되었으며, 예수의 좌우에 강도들을 함께 세웠다. 이는 대중들이 유대인의 왕으로 세웠던 예수를 강도와 같은 수준으로 전락시키고, 더 나아가 철저하게 유대인의 민족의식을 말살시키려는 정치적 의미가 내포된 것이었다. 또한 당시 로마 당국은 다시는 유대인들이 '메시아 왕권'에 대한 희망을 품지 못하도록 그들의 메시아 대망사상을 영원히 십자가에 못박으려 했던 것이다.

예수는 십가가형에 처해지는 과정에서 숱한 조롱과 야유를 받아야 했다. 로마 병사들은 예수에게 왕의 옷인 자색 옷을 입히고, 가시 면류관을 예수의 머리에 씌우며, "유대인의 왕이여 평안할 지어다"라고 조롱했으며, 갈대로 그의 머리를 치고, 침을 뱉었다. 그리고 무리들도 십자가에 못박히는 예수를 보고 비웃고 모욕했다. 이러한 조롱과 수치는 예수의 고통과 수난을 더욱 심화시켰다. 더구나 예수는 철야 심문과 함께 심한 채찍질을 받아 빈사상태에 빠졌다. 채찍질은 아주 심한 형벌이었다. 채찍질은

---

48 위의 책, 278-279쪽.

예수를 비난하고, 그가 선언한 왕권인 하나님 나라를 조롱하며 그에게 고통을 주는 일환으로 이루어졌다. 예수에게 가해진 채찍에는 날카로운 동물의 뼈와 쇳조각, 유리조각이 달려 있었다. 덩치 좋은 로마 군병들이 이러한 채찍으로 예수의 온 몸을 가리지 않고 장시간 내리쳤으며, 그의 살은 찢어져 피가 터지고, 근육까지 너덜너덜 찢겨져 나갔다. 그리고 예수의 머리에 씌운 가시나무관은 움직일 때마다 머리를 찔러서 피가 나고 고통스러웠다. 이러한 고문은 예수의 신체적 고통을 증가시키고, 그의 죽음을 가속화시켰다. 십자가형을 당하는 사형수는 보통 9시간 동안 죽음과 사투를 벌이게 된다. 그러나 예수의 경우 6시간 만에 숨을 거두었다. 이는 십자가형을 받기 전에 이미 감당할 수 없는 정신적, 육체적 고통을 받았기 때문이다. 그 증거 중 하나가 예수의 옆구리에서 나온 피와 물이다.(요한복음 19장 34절) 데이비스(C.Truman Davis)에 따르면 "예수의 옆구리에서 피와 물이 흘러나왔다는 것은 극심한 고통 속에 심장이 파열되어 죽었다는 것을 의미한다"라고 밝혔다.[49]

그리하여 심신이 지칠 대로 지쳐 있었던 청년 예수는 골고다(해골의 곳이라는 뜻) 언덕을 향해 자신의 처형대인 십자가를 짊어지고 갈 힘조차 없어 구레네 사람 '시몬(Simon)'이 대신 지고 가게 되었다. 병사들이 지나가는 그에게 억지로 예수의 십자가를 대신 지고 가게 했던 것이다. 구레네는 지금의 북아프리카 리비아의 도시로, 포로시기에 디아스포라 유대인이 집단 거주하고 있었던 곳이다. 아마도 시몬은 유월절을 지키기 위해 한 달이나 걸리는 먼거리를 이동하여 예루살렘에 왔다가 피투성이가 된 예수의 모습을 보게 되었던 것이다. 시몬은 예수의 십자가를 대신 짊어짐으로써 예수

---

49 「예수가 십자가형에 처해지는 과정에서 받은 조롱과 수치」, Chat GPT 3.5; 「예수에게 가해진 채찍질」, Chat GPT 3.5; 「유월절 어린 양 실체이신 예수님-유월절 어린 양, 예수님의 희생」, godspassover.com, 2017.3.11.

의 고통과 십자가의 의미를 알게 되는 영광을 누리게 되었다.[50] 그의 아들인 루포(Rufus)는 뒤에 초대교회의 지도자로 성장했다.

예수가 사랑하던 남성 제자들은 스승의 고난을 외면한 채 다 흩어져 도망했고, 심지어 그의 수제자였던 베드로 역시 그를 세 번 씩이나 부인했다. 단지 갈릴리에서부터 예수를 따라다니던 여인들만이 멀리서 가슴을 치고 슬피 울며, 골고다로 가는 그의 뒤를 쫓았다. 예수가 옷을 다 벗기운 채로 십자가에 달리자, 지나가는 사람들이 머리를 흔들면서 그를 모욕하며 말하기를, "아하! 성전을 허물고 사흘만에 짓겠다던 자여, 네가 너를 구원하여 십자가에서 내려오라"라고 했다. 그와 같이 대제사장들과 서기관들도 함께 희롱하여 서로 말하되, "그가 남은 구원하였으되 자기는 구원할 수 없도다. 이스라엘의 왕 그리스도가 지금 십자가에서 내려와 우리가 보고 믿게 할지어다"라고 했다.[51]

예수의 십자가 좌우편에 있던 한 명의 사형수까지 하나님을 부인하고 예수를 조롱했다. 그러나 또 한 명의 사형수는 하나님을 인정하고 예수께 구원을 부탁했다. "당신의 나라가 임하실 때에 나를 기억하소서." 이에 예수는 말씀하시기를, "오늘 네가 나와 함께 낙원에 있으리라"라고 하셨다.[52]

예수는 이 모든 것을 참으며, 십자가 위에서 아래와 같은 단말마적인 비명을 지른다. 예수는 "엘리 엘리 라마 사박다니", "나의 하나님, 나의 하나님, 어찌하여 나를 버리시나이까?"라고 울부짖으셨다.(마가복음 15장 34절)

---

50 마가복음 15장 21-22절; 「예수의 십자가를 대신 짊어진 구레네 사람 시몬」, Chat GPT 3.5; 곰팅이의 하늘우체통, 「구레네 사람 시몬이 체험한 십자가(눅 23: 26-38)」, m.blog.naver.com, 2023.12.14.

51 마태복음 27장 39-43절; 마가복음 15장 29-31절; 누가복음 23장 27절.

52 누가복음 23장 42-43절; 예수와 함께 십자가에서 처형된 강도 두 사람은 실제로는 열심당원이었거나, 적어도 로마제국에 반대하여 십자가형에 처해진 자들로 추정하고 있다. 왜냐하면 마가복음 15장 27절에 나오는 강도 두 사람은 헬라어 '레스타이'를 번역한 말인데, 이 단어는 열심당원이라는 뜻도 있기 때문이다. 「열심당」, 「위키백과」, ko.m.wikipedia.org.

이 울부짖음은 예수가 사람들뿐 아니라 하나님으로부터도 버림받은 절대적인 고통과 외로움을 경험하면서 하나님의 계획과 자신의 사명에 대해 깊이 고뇌하는 모습을 보여준다. 이 구절은 예수의 인간적인 측면과 동시에 하나님의 신비한 계획과 인류에 대한 그의 사랑을 보여주는 중요한 증거였다.[53]

그러나 하나님은 어떤 대꾸도 아니하신다. 끝내 침묵으로 일관하신다. 도대체 어디에서 하나님을 만날 수 있을까? 도대체 어디에서 하나님의 음성을 들을 수 있을까? 복음서 기자는 분명하게 말한다. 십자가 위에서 이다! 다른 데서가 아니다. 고난 속에서 이다. 십자가에 달리신 그분에게서 하나님을 만나고, 십자가에 달린 그분의 절규 속에서 하나님의 음성을 들을 수 있다.[54]

하나님은 인류의 영원한 구원의 근원이 되시기 위해 십자가의 고통을 당하신 것이다. 어떤 종교에서도 울부짖는 신은 없었다. 어떤 종교에서도 십자가에서 부르짖는 신은 없었다. 어떤 종교에서도 십자가에서 죽어가는 신은 없었다.[55] 예수의 울부짖음은 그분이 우리의 인간적인 상황과 고통을 짊어지시고, 이에 공감하시고 위로하시는 분임을 드러내는 것이다. 즉 예수는 그 시대 백성들이 겪는 고통을 온몸으로 받아낸 메시아였다.

골고다에 이르렀을 때 누군가 진통의 효과가 있는 몰약을 탄 포도주를 예수에게 권하자, 그는 이를 마시기를 거부했다. 그는 마지막 순간까지 온몸으로 이 세상의 생생한 고통을 느끼면서 죽고자 한 것이다. 이것이야말로 예수의 처절한 사투였다.[56]

53 「나의 하나님 어찌하여 나를 버리시나이까의 의미」, Chat GPT 3.5.
54 김명수, 『역사적 예수의 생애』, 265쪽.
55 조정민 목사, 「예수가 울부짖다-마태복음 27장 45~56절」, 베이직교회.
56 김용옥, 『도올의 마가복음 강해』, 597쪽.

그러나 예수는 이내 "내가 세상을 이기었노라"(요한복음 16장 33절), 또는 "다 이루었다"(요한복음 19장 30절)라고 말한 뒤 머리를 떨어뜨리고 숨을 거두었다. 이때 그의 나이는 33세(기원후 29년 경)였다. 그는 '십자가', 즉 당시 이스라엘 역사의 총체적 모순과 민족적 죄악의 멍에를 짊어지고 세상을 떠났던 것이다. 이스라엘 민족의 위대한 별과 같은 존재인 청년 선지자 예수의 죽음은 그를 따르던 대중들의 철저한 패배이기도 했다.

사랑하는 아들을 내어 주신 이해할 수 없는 하나님! 침묵 속에 계시는 하나님은 아들 예수가 죽으셨을 때 성소의 휘장을 찢으셨다. 이보다 더 엄청난 사건은 없었다. 성소의 휘장이 찢어진 사건의 의미는 예수의 죽음으로 인해 예전의 제도와 통치체제가 끝났음을 의미한다. 이는 예수의 죽음이 율법의 끝과 새로운 양식의 시작을 알리는 것이다. 이는 예수가 성경에 예언된 메시아로서의 역할을 완수하고, 새로운 양식, 새로운 질서의 시대를 시작했음을 나타낸다. 또한 이는 하나님께로 나아가는 길에 더 이상 사제의 중재나 성소를 통한 접근이 아니라, 예수를 통한 직접적인 하나님과의 관계가 시작되었으며, 예수를 믿으면 구원받을 수 있다는 새로운 시대, 새로운 언약이 시작되었음을 알리는 것이다.[57]

또한 마태, 마가, 누가복음서는 예수의 죽음이 어둠 속에서 이루어진 중대한 사건임을 드러내고 있다. 예수는 12시부터 오후 3시(제육시부터 제구시)까지 죽어갔고, 거기에는 완전한 어둠이 있었다. 이는 초자연적인 어둠이었다. 이렇게 낮 동안에 이루어진 어둠은 바로 하나님의 탄식과 심판의 표징이었으며, 인간의 무지와 죄의 상황을 나타낸 것이다.[58]

---

57 「예수의 죽음 이후 성전이 찢어진 의미」, Chat GPT 3.5; 「예수의 죽음 이후 성소의 휘장이 찢어진 의미」, Chat GPT 3.5.

58 Timothy Keller, op.cit, pp. 219-220; 안드레아스 J. 쾨스텐버거·저스틴 테일러 저, 이광식 역, 『예수의 마지막 일주일』, 202쪽; 마태복음 27장 45절.

로마 군대의 꽃인 백부장은 예수의 죽음을 끝까지 지켜보고 이렇게 외쳤다. "이 사람은 진실로 하나님의 아들이었도다."(마가복음 15장 39절) 이 말은 백부장이 로마 병사이자 로마 제국의 대표자이면서도 예수를 인정하고, 예수의 신성을 강조한 것이다. 그런데 로마 제국은 권력과 신성이 긴밀하게 연관되어 있었기 때문에, 이 발언은 당시 신의 아들로 인식된 로마 황제에게 도전한 것으로 목숨을 건 위험한 것이었다.

그리고 예수의 십자가형을 구경하러 모인 무리들은 가슴을 치며 돌아갔고(누가복음 23장 48절), 예수를 섬기며 갈릴리에서부터 따라온 많은 여자들이 거기 있었다. 예수의 십자가 곁에는 그 어머니와 이모인 살로메, 글로바의 아내 마리아와 막달라 마리아가 서 있었으며,(누가복음 19장 25절) 이외에도 작은 야고보와 요세의 어머니 마리아, 그리고 예수와 함께 예루살렘에 올라온 여자들도 많이 있었다.(마가복음 15장 40~41절)

예수는 박애의 화신이었고, 그의 십자가 희생은 이 지상의 삶과 이후의 모든 시대에 보여준 최고의 사랑이었다.[59] 즉 십자가의 길은 하나님 나라를 건설하기 위한 마지막 완성의 길이었다.

예수의 죽음으로 이제 새롭게 살게 된 우리는 어떻게 살아야 할까? 우리는 그의 가르침과 행동에 따라 서로 사랑하고 이해하며, 용서와 관용의 정신을 실천하여 분쟁과 갈등을 해소해야 한다. 또한 예수는 가난한 이들과 억압받는 사람들을 위해 일하셨다. 따라서 우리는 공정하고 정의로운 세상을 만들기 위해 노력하고, 가난하고 억압받는 이를 도와야 한다. 더나아가 예수의 섬김의 정신에 따라 우리 역시 다른 이들을 섬기며, 서로에게 선물이 되는 관계를 맺어나가야 한다.

---

59 폴 존슨 저, 이종인 역, 『예수 평전』, 114쪽.

3. 부활: 죽은 자 가운데서 살아나시다

기독교에서는 예수가 죽음을 당한 후 세 번째 날에 부활하여 죽음을 이기고 살아나셨다고 믿는다. 따라서 예수의 부활은 기독교에서 중요한 신앙의 근간 중 하나이다. 예수의 부활은 기독교의 본질이자, 복음의 핵심이다. 그의 부활은 죽음과 죄에 대한 승리를 상징하며, 그의 부활을 믿는 것은 새로운 삶과 영원한 생명을 받는 것을 의미한다. 이러한 부활신앙은 기독교인들에게 큰 희망과 안정감을 제공하며, 그들의 삶과 믿음을 지탱하는 중요한 요소이다. 더 나아가 예수의 부활은 그의 신성성과 구원역사를 확인하는 중요한 사건으로, 그가 하나님의 아들이며, 인류의 구원자임을 입증한다. 이에 대한 증거로 제시되는 것이 바로 예수의 무덤이 '빈 무덤'이라는 것과 그의 제자들이 부활 후 그를 본 증언이 있다.[60]

'부활하신 주님'으로서의 예수는 일반적으로 정의하는 것과 같은 역사적 사건이 아니다. 그러나 이는 결코 그리스도로서의 예수가 진짜가 아니라는 주장이 아니라, '부활의 예수'는 부활 신앙에 기초한 믿음에 근거한다는 말이다.

기독교는 예수가 그리스도임을 믿고 고백하는 신앙공동체이다. 그리고 '예수는 그리스도이다'라는 신앙고백은 예수의 부활에 근거한다. 만약 십자가의 죽음으로 예수의 일생이 막을 내렸다면 이러한 고백은 생겨날 수도 없었을 것이다. 그러므로 예수의 부활은 전 기독교 복음의 사활을 건 결정적 사건이며, 가장 원초적이고 근원적인 신앙고백이라고 할 수 있다. 그러나 예수의 부활사건은 시간과 공간적 한계로 인해 오늘날 우리가 직접 체험할 수는 없다. 따라서 우리가 이에 접근할 수 있는 유일한 통로

---

60 「예수와 부활」, Chat GPT 3.5.

는 복음서에 기록된 증언이다. 그럼에도 불구하고 오늘날 우리의 입장에서 과연 예수의 부활을 전하는 복음서의 증언은 믿을 만한 것인가? 초대교회와 16세기 이전의 전통적인 성경연구 방법에 있어서는 복음서의 부활사건을 추호도 의심없이 그대로 받아들였다. 그러나 이는 18세기 이후부터 합리주의와 낭만주의에 의해 강력한 도전을 받았으며, 19세기의 자유주의와 20세기의 역사주의에 의해 부활사건의 역사성 부인과 부활신앙의 불필요성이 강력하게 주장되기에 이르렀다. 심지어 예수의 부활을 역사적 사건이 아닌 '신화'라고 해석하며, 역사적인 예수의 사건에서 제외하기에 이르렀다.[61]

그러나 예수부활의 신앙이 발생된 원초적 사건과 동기는 무엇인가? 또한 '예수가 다시 살아나셨다'라는 말이 지니는 역사적 의미는 무엇인가? 자유주의 입장에서 예수의 생애를 연구한 학자 중 가장 대표적인 사람이었던 하르낙(Adolf Harnack)은 예수의 부활을 다루면서 신약성경 자체가 '빈 무덤'의 부활 메시지와 예수의 나타나심, 그리고 다른 한편으로 부활신앙을 구분하고 있다고 하면서 이렇게 말하고 있다. "무덤과 예수의 나타남에서 무엇이 발생했건 한 가지는 확실하다. 이 무덤이 죽음이 정복되고, 영생이 있다는 파괴될 수 없는 신앙의 산실이 된 것이다." 즉, 하르낙의 입장은 '빈 무덤'과 예수의 부활로부터 죽음을 극복한 승리인 부활신앙을 구분하고, 중요한 것은 부활의 역사성이 아니요, 오히려 죽음을 극복했다고 생각하는 '부활신앙'이라는 것이다.[62]

예수는 거듭해서 제자들에게 "나는 죽을 것이요, 사흘 만에 다시 살아날 것이다"라고 말씀하셨다. 그러나 아무도 예수의 부활에 대해 기대하지

---

61 박경만, 「복음서의 부활신앙 그 원초성에 관한 연구」, 서울신학대학 석사논문, 1987, 1-7쪽.
62 위의 논문, 28-29쪽.

예루살렘 입성과 십자가형
251

않았다. 다만 천사들이 예수의 빈 무덤 앞에서 여인들에게 "너희가 그가 너희에게 말한 것처럼 그를 볼 것이다"라고 상기시켜 주었다. 예수의 부활한 몸은 살과 뼈를 가졌다. 부활한 예수는 유령이 아니다. 그의 제자들은 그를 알아볼 수 있었고, 만질 수 있었으며, 함께 대화를 나누었다.[63] 이런 점에서 예수의 부활은 역사성을 띠고 있다.

그러나 앞서 언급했듯이 예수의 부활을 믿는 '부활신앙'은 생물학적인 질문에 답변하지 않는다. 따라서 '부활신앙'은 현실의 고통이나 폭력구조에 대한 저항을 종교적으로 승화시킨 사상이다. 특히 예수의 죽음 이후 대중들 간에 '들불'처럼 퍼져나간 '부활신앙'은 대중들이 무참하게 로마의 식민지배 및 사회모순의 구조에 의해 희생되어 갔던 상황에서 '죽음의 권세', '지배세력'에 저항하여 갖게 된 확고한 신념이라 할 수 있다.

대제사장들과 바리새인들은 예수가 생전에 "사흘 후에 다시 살아나리라"고 한 말을 기억하고, 예수의 제자들이 그 시체를 훔쳐가서 대중들에게 부활신앙을 퍼뜨려 이전보다 더 사태를 악화시키게 될 것을 두려워한 끝에, 빌라도와 의논하여 경비병으로 하여금 사흘까지 예수의 무덤을 굳게 지키게 했다. 이들은 예수가 죽은 뒤에도 대중들에게 파급되는 그의 영향력을 두려워하여 예수를 영원히 '역사의 패배자'로 유폐시키고, 로마 식민체제와 예루살렘 성전체제의 승리를 영속화시키려 했던 것이다.[64]

그러나 상황은 바뀌었다. "예수가 부활했다", "그가 다시 살아 우리 가운데 왔다"라는 소식이 퍼졌다. 이것은 역사의 일시적인 패배를 딛고 우뚝 일어선 대중들의 외침이었다. 따라서 "예수가 죽은 자 가운데서 다시 살아나셨다"라는 부활소식은 '사망의 권세'를 이기고, 지배세력에 대해 강

---

63 Timothy Keller, op.cit, pp. 236-238.
64 마태복음 27장 62-66절; 김행선, 『동서양 고전의 이해』, 414쪽.

력하게 저항하는 혁명적인 대중선언이었던 것이다. 반역의 땅, 갈릴리로부터 들려온 예수의 부활소식은 분명 예수의 죽음 이후 더욱 짙어진 역사의 어둠 속에서 절망을 가르고, 새벽을 깨우는 '계명성(鷄鳴聲)'이었다.

당시 대제사장들과 바리새인 및 서기관들은 바로 이러한 혁명적인 상황을 우려하면서 세간에 예수가 부활했다는 소식이 퍼지자 무덤을 지키던 경비병들에게 뇌물을 주면서, "예수의 제자들이 밤중에 와서 우리가 잠든 사이에 시체를 훔쳐갔다"라는 유언비어를 퍼뜨릴 것을 사주했다.[65]

그러나 종교지도층의 음모에도 불구하고 예수의 부활소식은 그 동안 역사적 패배감에 젖어 있었던 대중들의 마음속에 죽음을 불사하는 역사적 부활신앙으로 표출되었다. 안식일이 다 지나고, 안식 후 첫 날이 되려는 새벽에 무덤을 찾아갔던 여인들의 용기와 믿음, 그리고 예수에 대한 사랑은 예수의 부활을 전하는 첫 증인이 되는 원동력이었다. 그들은 예수의 몸에 향품을 바르기 위해 향품을 준비하고 무덤으로 갔다가 예수의 부활소식을 천사로부터 듣게 되었다. 그 중에서도 잘 알려진 여인들은 막달라 마리아와 야고보의 어머니 마리아와 살로메였다. 이들은 예수의 제자들에게 예수의 부활의 진실을 전하는 데 중요한 역할을 했다. 이 여인들의 증언은 기독교에서 부활의 중요한 증거로 여겨지고 있다.[66]

부활한 예수는 처음 막달라 마리아에게 나타나셨으며, 여인들을 통해 제자들에게 갈릴리로 가서 예수를 보라고 전했다. 제자들은 여자들의 말을 듣고도 깨닫지 못하고, 그녀들의 말이 허탄한 듯이 들려 믿지 않았다. 베드로와 요한만 무덤에 달려가서 확인하고 놀랍게 여기며 집으로 돌아갔다. 엠마오로 가던 두 제자들도 부활하신 예수를 만났을 때 미처 그분을

---

65 마태복음 28장 11-15절.
66 김행선, 『동서양 고전의 이해』, 414쪽; 마태복음 28장 1-10절; 마가복음 16장 1-11절; 「예수 부활의 첫 증인이 된 여인들에 관해」, Chat GPT 3.5.

알아보지 못했다. 그러나 제자들은 예수의 무덤이 비어 있음을 발견하고, 그 후에 예수가 부활하신 것을 경험함으로써 복음이 시작되었다. 예수는 여러 차례 제자들을 찾아가서 그들을 격려하고 믿음을 회복시켜 주었다. 그의 부활은 제자들이 처음에 두려움과 혼란 속에 있을 때 그들에게 희망과 평안을 주었다. 예수는 제자들의 의심을 해소하고, 자신의 부활을 증명하기 위해 자신의 상처를 직접 보여주기도 했다. 이러한 예수의 사랑은 예수의 부활이 단순히 그의 삶의 끝이 아니라, 영원한 생명과 희망의 시작임을 확실하게 알려주었다.[67]

빈 무덤은 예수의 죽음과 부활의 신앙적 근간이 되고, 부활의 증거가되며, 죽음의 권세를 깨뜨리고 새로운 삶의 가능성을 열어주는 특별한 의미를 지닌다. 빈 무덤은 예수를 십자가에 못 박았던 모든 권력과 모든 기존의 틀이 무너지게 되는 것을 의미한다.[68] 복음서는 부활하신 예수가 제자들보다 먼저 갈릴리로 가실 것이며, 거기서 그분을 만나게 될 것이라고 전하고 있다. 갈릴리 지방은 예수운동의 첫 무대였고, 예수가 제자들을 부르고, 대중 속으로 들어가 대중과 만난 장소였다. 여기서 대중들은 부활하신 예수를 만나 첫 믿음과 열정을 회복하고 다시 일어서기 시작했으며, 예수는 활활 불타오르는 '생명의 꽃'으로 부활하고 있었다. 이제 그는 대중들 속에서 부활하여 이스라엘 민족이라는 갇혀진 틀을 박차고, 세계 역사를 향해 그 '진리의 생명탑'을 이어가는 인류의 영원한 횃불로 다시 태어난 것이다.[69]

예수의 부활은 죽음의 권세를 끊고, 인류에게 새로운 삶을 가져다 주

---

67 「부활하신 예수는 제자들을 찾아가신 사랑의 추적자」, Chat GPT 3.5; 「예수의 빈 무덤과 복음의 시작」, Chat GPT 3.5.

68 「예수의 빈 무덤의 의미」, Chat GPT 3.5; 김희룡 목사, 「빈 무덤」.

69 최태수 목사, 「처음으로 돌아가라」, 영등포중앙교회 주일설교, 2024.3.31; 김행선, 「동서양 고전의 이해」, 414–415쪽.

는 구원의 중요한 상징이다. 그의 부활로 인해 죽음 저편에 새로운 생명이 나타나, 옛 세계는 소멸되고, 새 세계가 시작되었다.[70] 이것이 부활의 비밀이며, 예수의 부활은 기독교의 본질이자, 복음의 핵심이다. 그리하여 예수의 부활을 기념하는 부활절은 기독교 세계에서 가장 큰 축제 중 하나이다. 부활절은 새로운 삶과 희망의 상징이다.

한때 실망하여 갈릴리로 돌아가서 다시 생계로 복귀하려 했던 제자들은 갈릴리에서 부활한 예수를 만나게 되었다. 그리하여 각성한 제자들에 의해 예수운동은 보다 더 높은 질적 단계로 비약하기 시작했으며, 하나님 나라의 건설운동은 광범한 대중들 속에서 강인한 생명력으로 다시 일어서게 되었다. 이런 점에서 예수의 부활이 지니고 있는 신비한 비밀이란 바로 죽음의 권세를 이긴 '대중들의 일어서는 역사' 속에 내재해 있었던 것이다. 이제 대중들은 메시아 왕국의 확고한 주체세력으로 떠오르게 되었으며, 죽음을 무릅쓰고 청년 선지자 예수가 전한 진리를 전파하기 시작했다. 대중들 한 명, 한 명이 곧 부활한 '예수의 실체'였다. 그리하여 예수운동은 광범한 대중운동으로 확산되어 갔다. 그 결정체가 바로 '교회의 건립'이다.

한편 교회건립과 예수운동의 확산과정에서 예수의 제자들은 전열을 가다듬고 하나님 나라를 건설하는 핵심적인 지도부가 되어서 예수를 담대하게 증언하다가 스승의 길을 따랐다.[71] 초기 기독교에 대한 박해는 64년

---

70 칼 바르트, 『교의학 개요』, 복 있는 사람, 2022, 196쪽.

71 '야고보'는 사도 중에서 제일 먼저 로마 황제 가리굴라에 의해서 유다총독이 된 헤롯 아그릿바 시대에 칼로 목이 잘리는 죽음을 당했으며, '베드로'는 로마에서 머리를 아래로 거꾸로 달리는 십자가 처형으로 순교했다. 베드로의 형제인 '안드레'는 그리스의 파드라에서 장엄하게 X형의 십자가에 처형되었고, '빌립' 역시 소아시아에서 순교했다. 또한 '마태'는 에디오피아에서 칼로 처형이 되고, '바돌로매'는 아르메니아에서 몽둥이로 처형을 당한 후 참수를 당했다. '도마'는 인도에서 창으로 산 채로 몸을 관통하여 순교했고, 작은 '야고보'는 예루살렘의 높은 탑에서 내어 던져졌으나 그래도 목숨이 붙어있어 톱으로 토막을 내는 참혹한 처형을 당했다. '다대오'는 메소포타미아에서 화살로 사살되었

로마의 네로 황제에 의한 잔혹한 탄압으로부터 시작되었으며,[72] 3세기 중엽에는 데키우스(Decius) 황제, 그리고 디오클레티아누스(Diocletianus) 황제 때 그 절정을 이루었다. 네로 황제에 의해 순교한 대표적인 인물이 바로 '베드로'와 '사도 바울'이다. 특히 로마에 어떤 재난이 일 때마다 로마의 시민들은 "크리스천을 사자에게로"라고 외치며, 초대 기독교인들을 로마의 원형극장으로 끌고 가서 잔인하게 살해했다.

그러나 이러한 순교의 피는 오히려 기독교 성장의 씨앗이 되었고, 박해와 탄압이 가중될수록 개종자들은 늘어만 갔다. 이같이 굽힐 줄 모르는 순교정신과 개종의 역사운동은 바로 기독교의 생명력과 부활신앙 때문이었다. 그 결과 마침내 313년 콘스탄티누스(Constantinus) 대제때 기독교는 당시 세계를 제패하고 있었던 로마제국의 힘을 꺾고 '공인'받았으며, 더 나아가 392년 테오도시우스(Theodosius) 황제에 의해서 로마제국의 '국교'로 승격되었다. 이로써 기독교는 세계사에 뿌리를 내릴 수 있는 결정적 계기를 마련했으며, 서양사상의 뿌리로 확고한 기틀을 잡게 되었다.

거대한 로마제국 및 고도의 그리스 문화는 초대 교회가 팔레스타인이라는 좁은 공간으로부터 벗어나 세계적인 보편사상으로서 성장하며, 기독

다. 젤롯당의 '시몬'은 페르시아 가까운 곳에서 불한당의 습격을 받아 목숨을 잃었다. 이 밖에도 '마가'를 비롯해서 예수가 죽은 이후 사도들이 가룟 유다 대신 세운 사도인 '맛디아', 그리고 사도들이 집사로 선출한 '스데반' 등이 복음을 전파하다가 순교했다. 맛디아는 유대에서 전도하다 돌에 맞아 순교한 것으로 전해진다. 김행선, 『동서양 고전의 이해』, 415-416쪽 각주 194); 「맛디아」, 『라이프성경사전』, m.terms.naver.com.

72 네로는 처음에 선정을 했지만 차츰 폭정을 해 주위에 있던 세네카와 페트로니우스 같은 학자와 예술가들도 기분 내키는 대로 사형에 처했다. 어머니, 아내, 형제들을 비롯해서 많은 사람들을 살해했기 때문에 그는 '폭군의 대명사'처럼 일컬어졌다. 그러나 로마의 궁정에서 음모·암살 따위는 네로의 시대뿐만 아니라 일상사처럼 행해지는 일이었다. 따라서 네로만을 특별히 폭군으로 부르는 것은 적당치 않다는 견해도 있다. 그에게 그러한 악명이 붙은 것은 바로 기독교 박해 때문이라는 것이다. 46년에 로마에 큰 화재가 났는데, 이것이 그가 방화한 것이라는 소문이 돌았다(나중에 사실이 아님이 차츰 판명되었다). 네로는 그것을 기독교 교도에게 전가해 그들을 박해했다고 한다. 이는 그 이후에 이루어진 기독교 박해의 시초를 연 큰 사건이었기 때문에 나중에 기독교 교도가 실력을 지니게 되면서부터 그를 폭군의 대명사로 부르게 됐다. 남궁원·강석규, 『세계사』, 일빛, 1997, 65-66쪽.

교 복음의 씨앗이 자랄 수 있는 훌륭한 옥토였다. 특히 강한 군대를 내세워 여러 국토를 통일한 로마제국은 '모든 길은 로마로'라는 기치 하에 동서남북의 벽을 뚫고, 훌륭한 군사 및 교통 도로를 만들었기 때문에 기독교 사상은 이러한 길을 통해서 원활하고 신속하게 전 세계로 뻗어 나갈 수 있었다. 그리하여 예수의 생명은 서양뿐만 아니라, 아시아·남미·아프리카 등 세계 구석구석에서 고통받는 자들, 애통하는 자들, 가난한 자들, 소외된 자들, 그리고 심지어는 죄인들의 마음속에서 갓난아이와 같은 생명의 힘으로 다시 태어났던 것이다.

참고문헌

1. 성경전서

『성경전서 개역 한글판』, 대한성서공회, 1986.
『성경전서』(표준 새 번역 현대어), 대한성서공회, 1993.
『톰슨 2 주석성경』, 기독지혜사, 1988.
『Note 여백성경 개역개정』, 생명의 말씀사, 2022.
『Good News Bible』, United Bible Societies, 1976.

2. 논저

강정식, 『세계문화사』, 형설출판사, 1994.
강준민, 『주기도문은 하나님의 마음입니다』, 토기장이, 2016.
게리 윌스 저, 권혁 역, 『예수의 네 가지 얼굴』, 돋을새김, 2009.
김근수, 『행동하는 예수』, 메디치미디어, 2014.
김명수, 『역사적 예수의 생애』, 한국신학연구소, 2004.
김병삼 목사, 「하나님의 임재가 인생을 바꾼다」, 영등포중앙교회 수요부흥집
        회, 2024.2.28.
김용옥, 『도올의 마가복음 강해』, 통나무, 2019.
김진호 편, 『예수 르네상스』, 한국신학연구소, 1996.
김판임, 『천재 예수, 그 생각을 탐하다』, 동연, 2022.
김행선, 『동서양 고전의 이해』, 이회, 1999.

김형석, 『예수-성경 행간에 숨어 있던 그를 만나다』, 이와우, 2015.

김희룡 목사, 성문밖교회 설교, 2023.10.8.

김희룡 목사, 「부르심과 따름」, 성문밖교회 주일설교, 2024.1.21.

김희룡 목사, 「빈 무덤」, 성문밖교회 주일설교, 2024.3.31.

김희룡 목사, 「생명의 말씀」, 성문밖교회 주일설교, 2024.4.7.

남궁원·강석규, 『세계사』, 일빛, 1997.

루돌프 불트만 저, 허혁·김경희 공역, 『예수』, 새글사, 1972.

리처드 A.버릿지 저, 손승우 역, 『복음서와 만나다-예수를 그린 네 편의 초
　　　상화』, 비아, 2017.

리처드 보컴 저, 김경민 역, 『예수 생애와 의미』, 비아, 2016.

리처드 호슬리 저, 박흥용 역, 『예수와 권세들』, 한국기독교연구소, 2020.

목창균, 「종말론 논쟁」, 두란노, 1998.

박경만, 「복음서의 부활신앙 그 원초성에 관한 연구」, 서울신학대학 석사논문,
　　　1987.

박경훈, 「산상수훈에 나타난 예수의 윤리」, 장로회신학대학 석사논문, 1997.

백금산, 『예수님의 산상설교』, 부흥과 개혁사, 2011.

벡토니우스 H.J.군네벡 저, 문희석 역, 『이스라엘 역사』, 한국신학연구소,
　　　1975.

안드레아스 J. 쾨스텐버거·저스틴 테일러 저, 이광식 역, 『예수의 마지막 일
　　　주일』, CH북스, 2014.

안셀름 그륀 저, 김선태 역, 『예수, 자유의 길』, 분도출판사, 2004.

R.A. 호슬리 저, 이준모 역, 「정치적 예수에 대한 역사적인 물음」, 김진호 편,
　　　『예수 르네상스』, 한국신학연구소, 1996.

R.C. 스프로울 저, 이은이 역, 「어떻게 기도할까?-주기도문의 바른 이해와
　　　적용」, 생명의 말씀사, 2013.

요세푸스 저, 김지찬 역, 『유대고대사 2』, 생명의 말씀사, 2023.

요세푸스 저, 박정수·박찬웅 공역, 『유대전쟁사』 1, 나남, 2008.

정승우, 『예수, 역사인가 신화인가』, 책세상, 2005.

정용석, 『예수-어느 갈릴리 랍비 이야기』, 동연, 2022.

최태수 목사, 「신앙의 우선순위」, 영등포중앙교회 주일설교, 2023.11.12.

최태수 목사, 「은혜를 입은 자여」, 영등포중앙교회 주일설교, 2023.12.10.

최태수 목사, 「성도의 모습」, 영등포중앙교회 주일설교, 2024.1.7.

최태수 목사, 「최고의 감동; 헌금」, 영등포중앙교회 주일설교, 2024.1.21.

최태수 목사, 「최고의 헌신-제자」, 영등포중앙교회 주일설교, 2024.1.28.

최태수 목사, 「최고의 축복, 은혜」, 영등포중앙교회 주일설교, 2024.2.25.

최태수 목사, 「때문에 신앙」, 영등포중앙교회 고난주간 특별새벽기도회 설교, 2024.3.27.

최태수 목사, 「섬기러 오신 예수님」, 영등포중앙교회 고난주간 특별새벽기도회 설교, 2024.3.28.

최태수 목사, 「처음으로 돌아가라」, 영등포중앙교회 주일설교, 2024.3.31.

칼릴 지브란 저, 박영만 역, 『사람의 아들 예수』, 프리윌, 2016.

칼 바르트, 『교의학 개요』, 복 있는 사람, 2022.

폴 존슨 저, 이종인 역, 『예수 평전』, 알에이치 코리아, 2012.

한정섭, 『예수님의 생애와 열두 제자』, 부흥과 개혁사, 2013.

허호익, 「예수의 탄생과 헤롯왕의 통치」, 『새가정』, 2015.2.

허호익, 『예수는 달랐다』, 동연, 2022.

혼 소브리노 저, 김근수 역, 『해방자 예수』, 메디치미디어, 2015.

Timothy Keller, *Jesus The King*, Previously Published as King's Gross, 2016.

3. 인터넷과 유튜브

「가나나인 시몬-열심당 시몬」, m.blog.naver.com, 2017.1.18.

「겟네마네」, 『라이프성경사전』, m.terms.naver.com.

곰팅이의 하늘우체통, 「세례 요한이 여자가 낳은 자 중에 가장 큰 자인 이유-마태복음 11장 11절」, m.blog.naver.com, gomtinghouse,

2016.12.23.

곰팅이의 하늘우체통, 「구레네 사람 시몬이 체험한 십자가(눅 23: 26-38)」,
    m.blog.naver.com, 2023.12.14.

구원자, 「사도 도마」, m.blog.naver.com, 2023.10.8.

「글로바」, 『라이프성경사전』, m.terms.naver.com.

「글로바」, 『위키백과』, ko.m.wikipedia.org.

김근수, 「가난한 예수31; 예수를 도운 여인들」, www.catholicpress.kr,
    2016.5.10.

김기석 목사, 「나는 부활이요 생명이다-요한복음 37강(11장 17-27절)」, CBS
    성서학당.

김기석 목사, 「나를 본 자는 아버지를 보았다-요한복음 46강(14장)」, CBS
    성서학당.

김용옥, 「세례 요한은 누구인가-마가복음 강해 4」, 유튜브.

「나다나엘」, 『라이프성경사전』, m.terms.naver.com.

「니고데모」, 『라이프성경사전』, m.terms.naver.com.

「다대오」, 『라이프성경사전』, m.terms.naver.com.

라일라, 「하나님의 도화지-마태복음 4장 12-25절」, m.blog.naver.com,
    2021.10.2.

「마가」, 『라이프성경사전』, m.terms.naver.com.

「마태」, 『라이프성경사전』, m.terms.naver.com.

「마태」, 『미술대사전(인명편)』, m.terms.naver.com.

「마태」, 『인명사전』, m.terms.naver.com.

「마태복음 9장 9절」, dkramy, m.blog.naver.com, 2021.1.18.

「맛디아」, 『라이프성경사전』, m.terms.naver.com.

「바리새파」, 『라이프성경사전』, m.terms.naver.com.

바이블패스워드, 「갈릴리 바다, 게네사렛 호수, 디베랴 바다」, m.blog.naver.
    com, 2021.6.2.

백장로, 「마태복음 10장 1-15절」, m.blog.naver.com, 2021.5.30.

백장로, 「예언을 성취한 겸손한 왕의 행진-마태복음 21장 1-11절」, m.blog.

naver.com, 2021.7.5.

복을 받는 교회와 나, 「열심당 제자 시몬(눅 6:12-16)」, gsamil.tistory.
　　com/m/7567302, 2022.11.12.

「복음서」, 「교회용어사전」, m.terms.naver.com.

「복음서」, 「두산백과」, m.terms.naver.com.

「복음서」, 「위키백과」, ko.m.wikipedia.org.

「빌라도」, 「두산백과」, 네이버지식백과, m.terms.naver.com.

「빌라도」, 「종교학대사전」, 네이버지식백과, m.terms.naver.com.

「빌립」, 「라이프성경사전」, m.terms.naver.com.

「사도 요한」, 「나무위키」, namu.wiki, 2023.11.8.

「사도 토마」, 「위키백과」, ko.m.wikipedia.org.

사랑누리, 「의식전환-마태복음 9장 9-17절」, m.blog.naver.com, 2021.8.7.

송태근 목사, 「인간의 조건-마가복음 10강(2장 13-17절)」, CBS 성서학당,
　　2020.6.12.

송태근 목사, 「슬기로운 종은 누구인가-마태복음 71강(24장 45-51절)」,
　　CBS 성서학당, 2022.11.1.

「안드레」, 「라이프성경사전」, m.terms.naver.com.

「안드레」, 「미술대사전(인명편)」, m.terms.naver.com.

「안드레」, 「인명사전」, m.terms.naver.com.

「야고보」, 「라이프성경사전」, m.terms.naver.com.

「야고보(알패오의 아들)」, 「위키백과」, ko.m.wikipedia.org.

「열심당」, 「두산백과」, m.terms.naver.com.

「열심당」, 「라이프성경사전」, m.terms.naver.com.

「열심당」, 「위키백과」, ko.m.wikipedia.org.

「에세네파」, 「국어사전」, m.searth.naver.com.

「에세네파」, 「나무위키」, namu.wiki, 2023.11.7.

「에세네파」, 「나무위키」, namu.wiki, 2024.2.28.

「에세네파」, 「위키백과」, ko.m.wikipedia.org.

엘림교회, 「부활논쟁-마태복음 22장 23-33절」, m.blog.naver.com,

2022.11.7.

「예루살렘 성전」, 『나무위키』, namu.wiki, 2023.12.26.

「예수」, 『나무위키』, namu.wiki, 2023.11.13.

「유다(다대오)」, 『두산백과』, m.terms.naver.com.

「유다 이스카리옷」, 『나무위키』, namu.wiki, 2023.10.30.

「유월절 어린 양 실체이신 예수님-유월절 어린 양, 예수님의 희생」, godspassover.
　　　com, 2017.3.11.

「작은 야고보」, 『스톤위키』, www.stonecry.org/wiki.

잠근동산, 「새 사람의 삶의 태도-요한복음 3장 1-10절」, m.blog.naver.com,
　　　2022.1.29.

조정민 목사, 「배신까지 껴안는 길-마가복음 14장 12-21절」, 베이직교회,
　　　2019.2.12.

조정민 목사, 「배신하고 입 맞추다-마가복음 14장 43-52절」, 베이직교회,
　　　2019.2.15.

조정민 목사, 「예수가 울부짖다-마태복음 27장 45-56절」, 베이직교회.

「주기도문」, 『교회용어사전』, m.terms.naver.com.

「주기도문」, 『라이프성경사전』, m.terms.naver.com.

카알 21의 heritage, 「부활신앙을 증명하라; 마태복음 22장 23-33절」,
　　　kkarl21.tistory.com, 2023.2.9.

한기채 목사, 「예수님의 제자 1강 인도자 안드레」, CBS 성서학당.

해월 정선규, 「의식전환-마태복음 9장 9-17절」, m.blog.naver.com, 2022.10.16.

행복한 순례자, 「책임져야 할 결과-마태복음 27장 11-26절」, m.blog.naver.
　　　com, 2021.3.31.

4. 뤼튼 AI 검색, Chat GPT 3.5